·추·천·사·

우리 목회자에게 부여된 설교의 특권은 어떤 것과도 비교할 수 없는 영광이며 또한 어깨를 누르는 부담이기도 합니다. 어떤 이들은 진리보다도 설교를 멋지게 하려고 하기도 하고 본인의 성숙의 무게보다 더한 말들을 하려고도 합니다.

이런 때에 찰스 스윈돌 목사님의 신약 인사이트 시리즈가 나오게 된 것은 모든 목회자들을 위한 축복이라고 생각합니다. 그는 50년 가까이 사역을 하면서 단 한 번의 소란스러운 소문도 내지 않고 모든 교인에게 존경을 받은 목회자입니다. 탁월한 삶의 안목으로 진리를 발견하고, 가장 풍성한 언어로 본문의 강해를 전하는 목회자입니다. 그런가 하면 그는 가장 말씀을 잘 교육하는 달라스 신학교를 맡아 후학들을 교육하여 미국에서 가장 영향력 있는 신학교로 발전시켜나갔습니다.

이 책은 그의 50년 말씀 강해 사역의 결산입니다. 어렵고 난해한 설명이 아니라 진리에 대한 분명한 이해와 전 생애를 통해 입증한 진리의 말씀을 그만이 할 수 있는 언어의 연금술사적 표현으로 이 강해를 완성했습니다. 이 시리즈는 가볍고 빈약한 말씀으로 얼룩진 한국 교회의 강단에 풍성한 말씀의 은혜를 가져다줄 것입니다. 성경 본문을 다시 보게 만들고, 진리의 깊은 뜻에 목회자 자신이 먼저 은혜를 받게 하며, 전해야 할 메시지를 분명하게 정리해 주는 가이드가 될 것입니다. 한국 강단에 말씀이 흥왕되기를 간절히 바라며 젊은 목회자뿐만 아니라, 말씀 앞에 오늘도 씨름하며 간절히 사모하는 모든 설교자에게 진심으로 이 책을 권합니다.

홍정길 목사_남서울은혜교회 원로 목사

찰스 스윈돌은 우리 시대 하나님의 선물입니다. 그는 가장 신실한 강해 설교의 모본을 보이신 분입니다. 그는 학자는 아니지만 언제나 본문에 성실한 설교자입니다.

그는 주석/ 석의의 기본을 중시하면서 본문을 강해하는 분입니다. 그러면서 탁월한 적용으로 우리를 삶의 마당으로 안내합니다. 이번에 도서출판 디모데가 『찰스 스윈돌의 신약 인사이트』 시리즈를 펴낸 것에 대해 한국 교회와 더불어 축하하며 기뻐하고 싶습니다.

그만큼 한국 교회 강단이 풍성해질 것을 기대하기 때문입니다. 설교자들은 옷을 팔아서라도 이 시리즈를 비치하고, 모든 성경 연구자는 새로운 재산 목록으로 이 시리즈를 추가하십시오. 이 시리즈가 오늘의 허약한 강단을 부요하게 하고, 위기에 처한 한국 교회를 살리는 보약이 될 것을 예감합니다. 진지하게 말씀을 묵상하는 모든 이에게 이 책은 우리 시대의 동의보감이 될 것입니다. 찰스 스윈돌이 이미 끼친 영향력보다 더 오래, 그리고 더 깊게 이 시리즈는 말씀을 연구하는 모든 사람의 길잡이가 될 것입니다.

함께 귀한 보화를 나누는 기쁨으로 이 책을 추천합니다.

이동원 목사_지구촌교회 원로 목사

찰스 스윈돌 목사님은 저 개인의 판단으로는 현재 생존하고 있는 설교자 가운데 최고의 설교자라고 늘 생각해왔습니다. 제가 미국에 거주했던 오랜 시간 동안 기회가 있을 때마다 스윈돌 목사님의 설교를 들으면서 하나님의 말씀이 얼마나 귀하고 위대한 진리인지를 강하게 느끼곤 했습니다. 특히 설교를 전달하는 그분의 능력은 누구와도 비교가 되지 않습니다. 사실 이러한 판단은 저만의 느낌이 아니고 그분의 설교를 들어본 전 세계 수많은 기독교인들이 같은 판단을 하고 있다고 생각합니다. 스윈돌 목사님의 설교는 거의 강해식 설교인데 성경 말씀의 현실적 가치를 남김없이 드러내줍니다. 설교자들이 본받아야 할 모델임에 틀림없습니다. 달라스 신학대학원 총장을 은퇴한 스윈돌 목사님은 달라스에 교회를 개척하신 후 오늘까지도 설교를 하고 계십니다. 그 설교 시리즈를 〈인사이트 포 리빙〉(Insight for Living)이라 부릅니다. 이번에 디모데에서 출판한 『찰스 스윈돌의 신약 인사이트』 시리즈는 그분의 설교를 주석 형태로 정리하여 출판한 것으로서, 비록 활자화된 책이 그분의 현장 설교를 그대로 반영할 수는 없겠지만, 그래도 그분의 탁월한 말씀 선포를 최대한 반영한 것이라 할 수 있습니다. 한국의 모든 목회자와 신학생과 한국 교회에 이 시리즈가 소중한 자료로 사용되어지고, 독자들에게 큰 은혜를 끼치게 될 것을 기대해마지 않습니다.

김상복 목사_세계복음주의연맹(WEA) 회장, 할렐루야교회 원로 목사

포스트모던 시대에 살고 있는 현대 크리스천들과 목회자들과 선교사들에게 있어서 가장 큰 취약점은 날이 갈수록 성경 말씀이 그들로부터 멀게 느껴진다는 사실이다. 찰스 스윈돌 목사님의 설교와 성경 강해는 이런 추세를 돌이키고도 남음이 있음을 지난 47여 년 동안 그의 설교를 듣고 하나님의 말씀이 주는 감동을 다시 찾은 미국 교회 회중들에 의해 충분히 입증된 바 있다. 이 『찰스 스윈돌의 신약 인사이트』 시리즈도 현대 한국 크리스천들과 목회자들과 선교사들로 하여금 말씀에 대한 이해와 적용을 할 수 있도록 도움으로써 다시 한 번 성경의 원저자가 의도했던 감동을 주기에 충분할 것이다.

성경 말씀이 처음 선포되었을 때 이를 들은 회중에게 일어났던 임팩트가 재현되기 위해서는 최소한 다음 두 가지 여건이 재조성되지 않으면 안 된다. 첫째, 하나님이 원래 의도하셨던 대로 그 의미(meaning)가 정확하게 전달되어야 한다. 둘째, 듣는 이들의 마음속에 말씀이 들어가서 하나님이 그 말씀을 통해 의도하셨던 일이 신명하게 드러나야 한다. 이럴 때 비로소 우리는 전해진 말씀이 자신들과 연관성(relevance)이 있다는 사실을 피부로 느끼게 될 것이다. 이를 다시 한국 상황에 맞게 정리하면 성경에 대한 이해와 아울러 이 말씀을 듣는 회중, 즉 한국 사람들의 마음에 대한 이해가 깊지 않으면 안 된다는 말이다. 이에 한 가지 중요한 요소를 더 보탠다면 이 둘 사이에 다리를 놓는 것, 즉 커뮤니케이션이 잘 되어야 한다는 것이다.

이 시리즈는 이 세 가지 모두를 탁월하게 이해한 이 시대의 가장 저명한 강해자 가운데 한 사람이 그의 전 생애를 건 결실이기도 하다. 이를 사용하는 한국 크리스천들과 목회자들과 선교사들에게도 다시 한 번 하나님의 말씀이 가슴속 깊이 파고들어가 원저자이신 성령이 의도하신 대로의 메시지에 따라 삶이 변화되며, 급기야 그 가치관과 세계관이 성경적이 되어 더 이상 얄팍한 크리스천이라는 비난을 받지 않게 되기를 간절히 기원하며 이 시리즈를 모든 사람에게 추천한다.

이태웅 목사_한국글로벌리더십연구원 원장

찰스 스윈돌 목사님은 우리 시대 최고의 목회자요 설교자로서 이미 수많은 저서를 통해 우리에게 잘 알려진 존경받는 저술가이기도 하다. 『찰스 스윈돌의 신약 인사이트』 시리즈는 목회자에게 유익을 주는 또 하나의 저서이다. 이 책은 목회자들의 설교나 성경 공부 준비에 아주 요긴한 좋은 지식을 제공하고 있어 대단히 유익하다.

김경원 목사_서현교회

"나는 성경 말씀을 고찰하고 선포하는 일에 중독되었다고 서슴없이 말할 수 있습니다." 이것은 찰스 스윈돌 목사님이 서문에서 고백한 내용이다. 그는 설교자로서 하나님의 말씀을 정확하고, 명료하고, 현실적이고, 통찰력 있게 전달하고자 애썼으며 이 일에 자신의 전 생애를 헌신했다. 이 책은 지난 50여 년 동안 설교하고 가르치면서 하나님의 진리를 이해하고 설명하고 적용한 귀한 책이다.

김병삼 목사_만나교회

찰스 스윈돌 목사님은 본문 주해와 적용에 탁월한 강해 설교자이다. 그에게는 원어로 말씀을 분석하는 지력과 말씀을 삶에 실제적으로 적용하는 통찰력이 있다. 그에게는 하나님의 말씀인 로고스(Logos), 그 말씀을 자신 있게 전하는 설교자의 에토스(Ethos), 그리고 열정과 헌신으로 가득한 설교자의 파토스(Pathos)가 있기에 이 시리즈가 말씀을 사랑하는 평신도와 목회자에게 큰 유익이 되리라 확신한다.

노창수 목사_워싱턴 중앙장로교회

찰스 스윈돌은 모든 사역자에게 존경을 받는 분입니다. 그분의 분명한 성경 강해와 실천적인 적용의 원리는 모든 곳, 모든 사람에게 깊은 영향력을 끼치고 있습니다. 이번에 디모데에서 출간된 『찰스 스윈돌의 신약 인사이트』 시리즈는 설교를 준비하는 신학생으로부터 담임목사에 이르기까지 매 주일 말씀을 선포하는 사역자들의 목마름을 해갈시켜줄 좋은 도움서입니다. 모든 분들의 일독을 적극 추천합니다.

박은조 목사_샘물교회

지난 반세기를 말씀을 전하는 일에 헌신해온 찰스 스윈돌 목사님은 과연 이 시대 가장 탁월한 설교자답게 모든 설교자를 위하여 대단히 귀한 선물을 준비했다. 설교자 치고 자료의 중요성을 모르는 사람이 어디 있을까? 이번에 그가 펴낸 이 새로운 시리즈는 어렵고 난해한 주석들과 너무도 평범한 설교집들 사이에서 방황하던 설교자들에게 마침표를 찍어줄 것이다.

박정근 목사_부산영안침례교회

내가 처음 강해 설교를 배운 후 연습을 위해 참고한 것이 찰스 스윈돌의 성경 공부였다. 그가 말씀을 묵상한 내용은 깊이도 있지만 적용의 포인트가 아주 신선했다. 무엇보다도 의사소통에 천재적인 능력을 보여주었다. 그는 자신이 강조하는 것처럼 성경 신학자는 아니다. 그럼에도 불구하고, 아니 그렇기 때문에 그의 성경 해석은 모든 사람에게 쉽게 전달이 된다. 이 시리즈는 성경을 공부하는 사람들에게 부담을 주지 않으면서도 실제적으로 많은 도움을 줄 것이다.

방선기 목사_직장사역연구소 소장

신약의 성경들과 관련된 주석들을 많이 읽어보았지만 찰스 스윈돌 목사님의 시리즈만큼 인사이트풀한 책은 없었습니다. 방대한 자료를 제시하며 깊이 있게, 여러 가지 관점으로 볼 수 있도록 인도하는『찰스 스윈돌의 신약 인사이트』시리즈는 신기할 정도로 한결같이 친절하고 생생한 언어를 사용해 성경의 원저자들을 만난 것 같은 기분을 느끼게 합니다. 가르치는 사람이라면 꼭 읽고 공부하시기를 권합니다. 다만, 이 책을 펼치시기 전에 조심해야 할 일이 있습니다. 이 책을 읽는 사람이라면 누구나 이 시리즈의 전도사가 될 것이기 때문입니다.

서정인 목사_한국컴패션 대표

명료하면서도 풍성한 표현, 정확하면서도 깊은 이해, 어렵지 않으면서도 부족함이 없는 성경 해석서가 있기를 바라왔는데 주님은 그런 축복을 찰스 스윈돌 목사님을 통해 우리에게 주셨습니다. 훌륭한 목회자로, 탁월한 설교자로서 그의 47년 목회 사역의 귀중한 자료들을 망라한 이 책을 말씀에 대한 갈증을 느끼는 모든 목회자, 특별히 설교를 준비하는 모든 설교자에게 진심으로 권합니다.

이찬수 목사_분당우리교회

오늘날 교계의 가장 빼어난 지도자 가운데 한 분으로 나는 주저 없이 찰스 스윈돌 목사님을 꼽는다. 그는 탁월한 지도력을 갖춘 목회자이고, 건강한 신학적 안목을 지닌 성경 강해자이며, 선명한 복음을 선포하는 설교자이다. 그러나 내가 그를 존경하는 진짜 이유는 말과 행실이 일치하는 그의 성숙한 신앙 인격 때문이다. 평생 스캔들 한 번 없이 수많은 사람들에게 거룩한 영향력을 미친 그의 47년 사역의 결정체가 책자로 출간되었다니 말할 수 없이 기쁘고 감사하다. 전통적 주석과 달리 성경을 통합적으로 꿰어내는 통찰력이 그의 라디오 사역인 〈인사이트 포 리빙〉(Insight for Living)을 연상시킨다. 이 보석 같은 책자를 모든 성도와 신학도와 설교자에게 자신 있게 추천한다.

정민영 선교사_WBT 부총재

찰스 스윈돌 목사님은 우리에게 잘 알려져 있는 목사님이다. 그가 가진 성경 공부와 강해 설교에 대한 탁월한 은사는 우리로 하여금 성경을 전체적으로 그리고 세밀하게 바라볼 수 있도록 도와준다. 그리고 그가 저술한 여러 책들은 누구나 성경을 바로 이해할 수 있도록 도와줄 뿐만 아니라 말씀을 삶에 적용하고 실천하는 데 대단히 훌륭한 가이드가 된다. 이번에 디모데에서 출판한 『찰스 스윈돌의 신약 인사이트』 시리즈는 목회자들의 설교 사역에 대단히 큰 도움을 줄 것이라고 확신한다.

정주채 목사_향상교회

드디어 기다리던 작품이 나오게 되어 기쁘다. 찰스 스윈돌, 그는 실천적 성경 해석가요 본문을 살아나게 하는 설교자이다. 그는 '그때 거기서' 주어졌던 말씀을 '지금 여기에서도' 적용되도록 실용적 인사이트를 준다. 특히 그는 어느 본문에서도 예수 그리스도가 나타나도록 설교의 절정을 이루는 원리와 비법을 자연스럽게 제시해준다. 그래서 말씀을 듣는 사람들을 부활의 능력으로 소생시켜준다. 이것이 그가 만들어내는 인사이트 주석의 핵심이다.

조봉희 목사_지구촌교회(서울)

본문에 대한 세밀한 통찰력과 시대를 읽어내는 예리한 지성이 청중을 사로잡는 수사학과 버무려진 책이다. 본문을 통하여 하나님의 음성을 읽어내는 영성과 그 음성을 청중의 삶에 적용하기 위한 찰스 스윈들의 열정과 사랑이 집대성되었다. 이 책에는 천상의 소리를 지상의 소리로 만드는 비법이 고스란히 담겨 있다.

최명덕 목사_건국대학교 교수

『찰스 스윈돌의 신약 인사이트』 시리즈를 통해 찰스 스윈돌 목사님을 우리 개인의 서재로 초대하고, 그분과 함께 목회 동역자로 일할 수 있는 길이 가능해졌다. 성경에 대한 그분의 애정과 깊은 영성은 모든 목회자에게 엄선된 자료, 탁월한 분석과 요약, 놀라운 통찰력, 감동과 도전을 준다. 우리는 더 이상 성경 본문 속에서 방황할 필요가 없다. 왜냐하면 이제 성경의 핵심으로 바로 뛰어들어갈 수 있기 때문이다.

홍인종 목사_장로회신학대학원 교수

찰스 스윈돌의 신약 인사이트

데살로니가전·후서

Swindoll's Living Insights NT Commentary #10: 1, 2 Thessalonians

※본문의 성경은 한글개역개정을 사용하였습니다. 별도의 경우 따로 표기해두었습니다.

찰스 스윈돌
신약 인사이트 시리즈

윤종석 옮김

SWINDOLL'S NEW TESTAMENT INSIGHTS

1 & 2 Thessalonians

데살로니가전·후서

디모데
Timothy Publishing House

차례

■ **지도·도표·사진과 보충설명 목록**

머리말

60년이 넘도록 나는 성경을 애독해왔습니다. 성경을 향한 그 사랑에 내가 해병대 복무 중에 받은 복음 사역으로의 부르심이 더해져 나는 달라스 신학교에 입학하게 되었습니다. 그 4년 동안 나는 하나님의 말씀을 사랑하는 훌륭한 하나님의 사람들 밑에서 수학하는 특권을 누렸습니다. 그분들은 무오한 하나님의 말씀을 추앙하고, 신중하게 가르치며, 열정적으로 설교하고, 행동으로 실천하는 모범을 보여주었습니다. 나는 내 것이라고 선포된 위대한 유업에 대해 하나님께 감사하지 않고 보낸 주가 한 주도 없었습니다! 하나님의 진리를 이해하고 설명하고 적용하는 일에 이토록 헌신하도록 나를 키워준 그 훌륭한 신학자들과 멘토들에게 나는 영원한 빚을 지고 있습니다.

45년 이상을 나는 이 일에 정진해왔습니다. 그리고 얼마나 이 일을 사랑하는지 모릅니다! 고백하건대 나는 성경 말씀을 고찰하고 선포하는 일에 중독되었다고 서슴없이 말할 수 있습니다. 그렇기 때문에 이 시리즈—특히 하나님이 기록하신 말씀 속에 담겨진 진리를 설명하고 이해를 돕는—는 내 삶에서 매우 중요한 의미를 가집니다. 오랜 세월 힘을 다해 성경을 성실하게 연구하면서 발견한 소중한 서적들을 모아 널찍한 서재를 만들었습니다. 생의 마지막 날까지 내 인생의 가장 중요한 목표는 하나님의 말씀을 정확하고, 명료하며, 현실적이고, 통찰력 있게 전달하는 것입니다. 찾아볼 수 있는 많은 정보가 담겨진 신뢰할 만한 서적들이 없었다면 나의 작업은 몇 십 년 전에 '고갈'되어버렸을 것입니다.

내가 가장 많이 그리고 즐겨 사용한 책들은 성경의 본문을 더 잘 이해하는 데 유용한 책들입니다. 대부분의 주석가들이 그렇듯이 나는 끊임없이 나의 재능을 연마하고 더 날카롭게 해줄 문헌들을 찾고 있습니다. 다시 말해서, 복잡한 것을 단순하고 이해하기 쉽게 만들어주고, 내가 살고 있는 21세기 세상의 관점에서 신성한 진리와의 관련성을 볼 수 있게 해주는 통찰력 있는 해설과 눈으로 보는 듯한 생생한 서술을 제공하며, 그 진리들을 내가 쉽게 잊지 못하도록 마음속 깊이 새겨주는 자료들을 찾는다는 뜻입니다. 그런 책을 발견하면 나는 그것을 손에서 놓지 않고 탐독한 후에 나중에 다시 찾아보기 위해 내 서재에 보관합니다. 그리고 정말로, 나는 자주 그 책들을 찾아봅니다. 신선한 통찰이 부족하거나 적합한 이야기나 예화가 필요할 때, 또는 본문 해석이 잘 풀리지 않아 빠져나올 방법을 찾을 수 없을 때 찾아볼 수 있는 자료들이 있다는 게 얼마나 다행인지 모릅니다. 열정적인 주석가들에게 서재는 반드시 있어야 합니다. 나의 멘토 중 한 분이 이런 말을 한 적이 있습니다. "도대체 다른 어디에서 자네 손바닥에 만 명의 교수를 올려놓을 수 있겠나?"

최근에 나는 내가 방금 설명한 것과 같은 충분한 자료들이 턱없이 부족하다는 사실을 알게 되었습니다. 그리고 문제를 한탄하기보다는 내가 그 해답의 일부가 되자는 생각을 품게 되었습니다. 그러나 그 해답은 큰 임무를 떠맡는 것이 될 터였습니다. 신약의 모든 책과 편지들을 망라하는 저술 작업은 너무나 벅차고 두렵게 느껴졌습니다. 그러나 내가 지난 50년이 넘도록 신약 성경의 대부분을 가르치고 설교했다는 사실을 깨달았을 때 안도감이 밀려왔습니다. 내 자료 파일들은 이 시대의 필요에 부응하는 새로운 의미가 보태어져 세상에 나가 주님의 신선한 말씀을 갈망하는 사람들의 삶에 적용되기를 기다리며 숨어 있던 메시지들에 대한 주석들로 가득했습니다. 이거면 됐다! 나는 그 모든 파일을 바탕으로 신약 주석을 집필하기로 계획을 세웠습니다.

직접 편집을 해준 마크 게이더(Mark Gaither)와 마이크 스비겔(Mike Svigel)의 지칠 줄 모르는 노고에 감사의 마음을 전합니다. 그들은 신약 성경 27권의 각 장과 구절들을 모두 섭렵하는 작업을 멋지게 해냈습니다. 그들은 원고를 성경 본문에 충실하고 흥미롭고 독창적이면서도 읽기 편한 문체로 다듬고 자연스럽게 내 목소리가 드러나게 해주었습니다. 그 과정을 지켜보는 것은 또 다른 즐거움이었습니다.

내가 50년이 넘도록 섬겨온 미국 여러 지역의 교인들에게도 깊은 감사를 드립니다. 매년 하나님의 메시지를 지키고 전달하는 소명을 수행하면서 그분들의 사랑, 지원, 인내 그리고 수많은 격려의 말을 들을 수 있었던 것은 행운이었습니다. 나는 목자로서 그 양 떼들을 이루 말할 수 없이 사랑했습니다. 또한 내가 지금 기쁨으로 섬기고 있는 텍사스 주 프리스코에 있는 스톤브라이어 교회(Stonebriar Community Church)의 양 떼들은 더더욱 그렇습니다.

마지막으로, 공부와 설교와 글쓰기에 중독된 나를 이해해준 아내 신시아(Cynthia)에게 감사합니다. 아내는 내가 이 일을 하는 것을 한 번도 반대한 적이 없습니다. 언제나 내가 최선을 다하도록 격려해주었습니다. 그녀의 애정 어린 지원과 더불어 35년이 넘도록 인사이트 포 리빙(Insight for Living)을 훌륭히 이끌어온 그녀의 헌신에 힘입어 "때를 얻든지 못 얻든지" 나의 소명에 충실할 수 있었습니다. 평생을 함께 사역하면서 형성된 동역자로서의 관계는 그렇다 치더라도, 나에 대한 그녀의 헌신이 없었다면 이 시리즈는 결코 시작되지 못했을 것입니다.

이 책에 당신의 손길이 닿을 수 있어서 그리고 궁극적으로 당신의 서가에 놓일 수 있게 되어서 정말 기쁩니다. 나의 끊임없는 기도와 바람은 이 책들이 당신이 성경을 공부하고 적용하는 데 유용하게 쓰이는 것입니다. 내가 오랜 세월에 걸쳐 깨달았듯이 당신 또한 하나님의 말씀은 시대를 초월하는 진리라는 사실을 깨닫는 데 이 책이 도움이 되기를 기도합니다.

"풀은 마르고 꽃은 시드나
우리 하나님의 말씀은 영원히 서리라"(사 40:8).

찰스 스윈돌(Charles Swindoll)
텍사스 주 프리스코

스트롱 번호 체계

찰스 스윈돌의 신약 인사이트 주석은 스트롱의 단어 연구 번호 체계를 사용하여 초보자와 경험자를 막론하고 성경 학도들이 성구사전, 사전, 신학사전 등 유익한 원어 자료를 더 신속하고 간편하게 찾아볼 수 있도록 했다. *Strong's Exhaustive Concordance of the Bible*을 통해 보편화된 스트롱 번호 체계는 대다수 성경 헬라어 및 히브리어 참고문헌에 쓰이고 있다. 고대 히브리어, 아람어, 헬라어 철자에 익숙하지 않은 이들도 해당 번호만 찾아보면 각 단어에 대한 정보를 바로 얻을 수 있다. 애매한 활용과 어형 변화의 사전적 형태를 신속히 찾아볼 수 있어 성경 원어를 아는 이들에게도 도움이 된다. (로고스 역간 『개역개정 · 개역한글 비교 성구사전 스트롱 원어코드』를 참고하라–역주.)

본문에 헬라어 단어를 언급할 때마다 괄호 안에 스트롱 번호를 병기했다. 예컨대 '사랑'을 뜻하는 헬라어 단어 *agapē*(26)의 경우 스트롱 번호 체계와 연계된 모든 헬라어 자료에 같은 번호 26이 쓰인다.

간혹 본문에 히브리어 단어가 언급될 때도 있는데 스트롱 히브리어 번호는 헬라어 번호와는 완전히 별개로 앞에 H가 붙는다. 예컨대 '속죄소'를 뜻하는 히브리어 단어 *kapporet*(H3727)는 '속량하다, 선물로 호의를 얻다'는 뜻의 *kopher*(H3722)에서 파생되었다.

데살로니가전서 인사이트

바울의 삶과 사역을 실제와 다르게 그려서는 안 된다.
그의 사례는 이상과 현실 사이에서 벌어지는 긴장을 단적으로 보여준다.
그리스도인의 삶과 사역이
고생과 고난과 분투와 불안으로 덮인 길일진대
우리도 그대로 서술해야 한다.
반대로 끝없는 성공과 안락과 행복과 평온이라는 이상을 상상한다면
막상 현실에 대처하기가 얼마나 힘들겠는가!

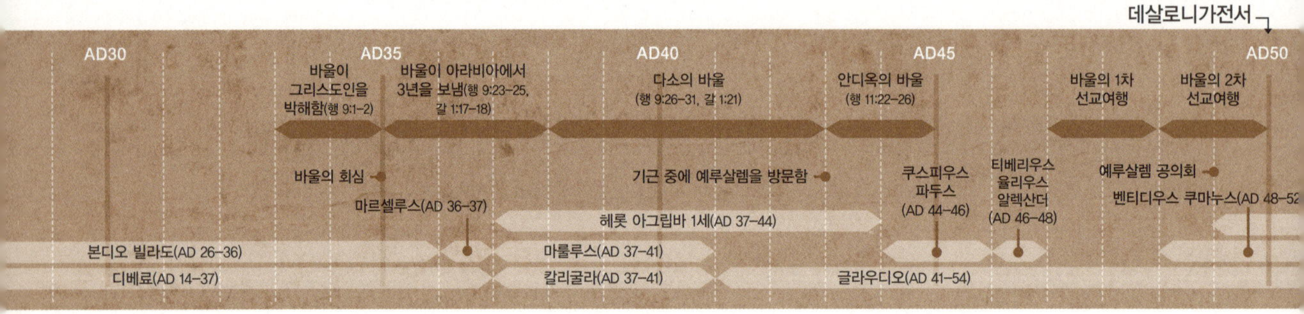

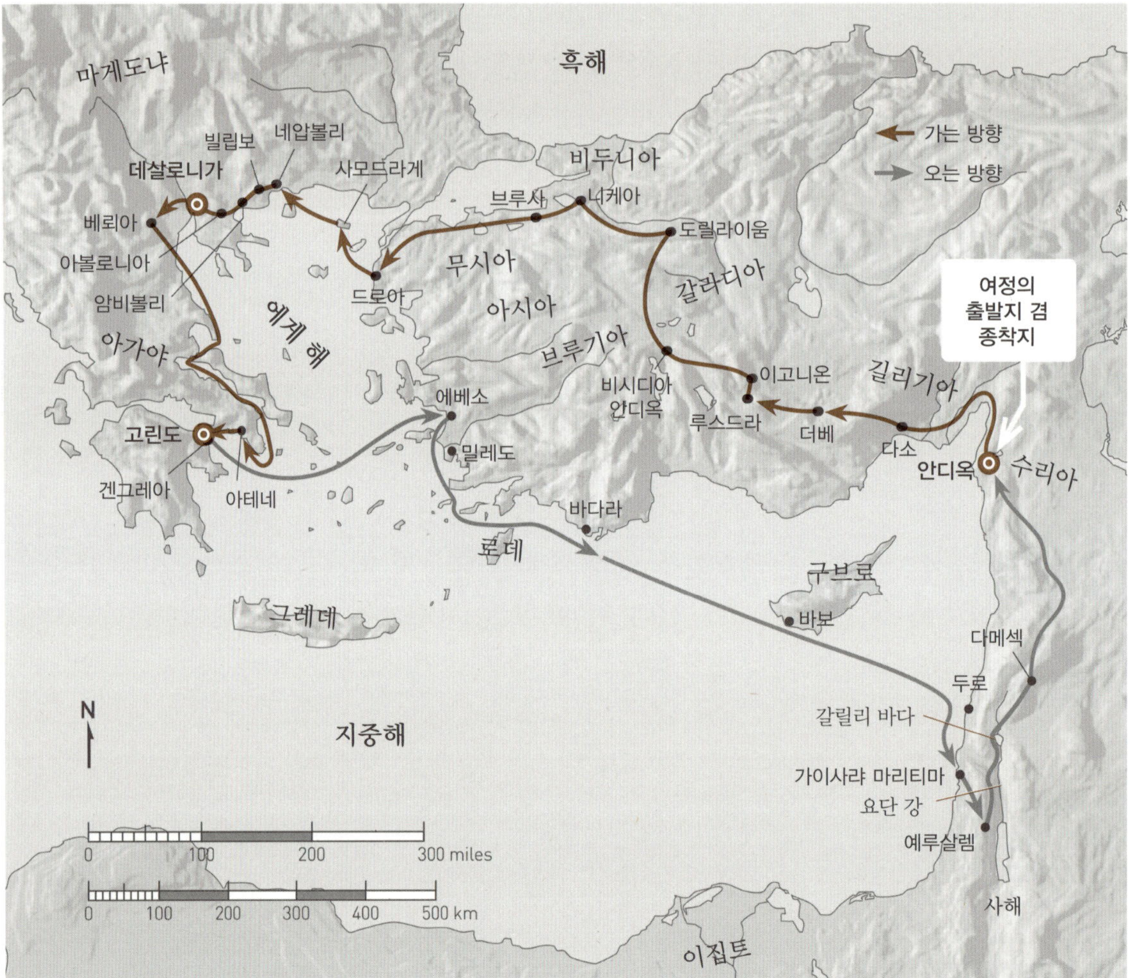

바울의 2차 선교여행. 바울과 실라는 2차 선교여행 중에 데살로니가에서 말씀을 전했다. 그 노정은 소아시아 일대를 지나 마게도냐와 아가야(현재의 그리스)로 이어졌다. 현지의 일부 유대인이 바울이 전한 메시지를 문제 삼아 데살로니가 신자들을 박해하고 바울과 실라를 추방하여 그들은 다시 여정에 오를 수밖에 없었다. 나중에 그들은 고린도에서 데살로니가 신자들에게 편지를 썼다.

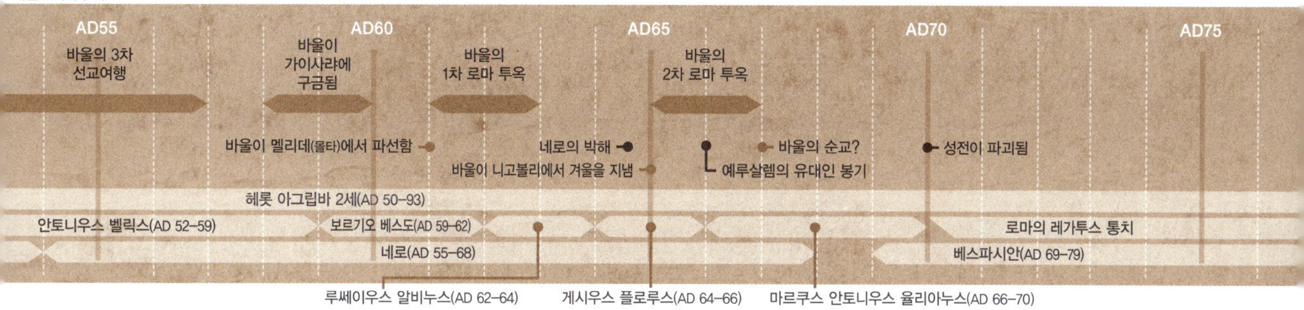

데살로니가전서

서론

1세기의 사도 바울이 21세기로 넘어와 텔레비전에 출연한다면 내 생각에 인터뷰 진행자는 그의 이력을 이런 식으로 소개할 것이다.

> 오늘은 영광스럽게도 바울 사도님이 이 자리에 나와주셨습니다. 따로 소개가 필요 없는 분일 텐데요. 사도들의 사도인 그는 교회 개척의 대가로서 유럽 전역에 성공적인 사역 지부를 설립했고, 건강한 결혼 생활과 가족 관계의 전문가이자 다수의 베스트셀러를 지은 저자입니다. 또 인기 있는 강사로서 수많은 사람에게 메시지로 감화를 끼치고 있습니다!

그사이에 바울의 안색은 기겁하여 납빛으로 변했다가 다시 당혹감에 붉어질 것이다. 마침내 카메라가 그에게 집중되면 당황했던 표정이 정중한 미소로 바뀌면서 그는 과찬의 소개말을 손사래로 일축하며 이렇게 바로잡을 것이다.

한눈에 보는 데살로니가전서

단락	과거에서 현재로 넘어오다	미래를 위해 현재를 살아가다
주제	← 뒤를 돌아보다	앞을 내다보다 →
	•감사 •기억 •인정 •소문	•개인적 관심 •위로와 안도
		•성적 순결 •긴박한 예언
	•양 떼 앞에 선 목회자 •목회자를 향한 양 떼의 반응	•깨어 있으라! •서로 위로하라! •화목하게 살라!
핵심 용어	진노…믿음, 소망, 사랑…강림…위로하다	
	본받는 자 수고	거룩하게 하심 끌어올리다
본문	1:1–3:13	4:1–5:28

> 나는 사도 중에 말째요 지극히 작은 자입니다. 그 직함을 받을 자격조차 없다고 생각합니다. 교회 개척의 대가라니, 무슨 뜻인지는 몰라도 나는 아닙니다. 사실 동역자의 도움 없이 된 일은 하나도 없으며…사역 리더십의 원칙을 어긴 일이라면 그들 모두를 합한 것보다 내가 더 많을 겁니다. "결혼 생활과 가족 관계"의 전문가란 말은 또 어디서 왔는지 모르겠군요. 나는 기혼자도 아니고 독신 생활을 선호합니다. 다수의 책을 쓸 때도 거의 매번 도움을 받았을 뿐 아니라 정확히는 책이 아니라 편지입니다. 내 글로 혹시 돈을 번 사람이 있다면 분명히 나는 아닙니다! 게다가 인기 있는 강사라고요? 글쎄요, 나는 설교하다 동네에서 쫓겨나고 구타당하고 체포되고 돌에 맞았습니다! "약하고" 말이 "시원하지 않다"는 말도 들었고요(고후 10:10-역주). 선생님, 지금 누구를 소개하시는지 모르겠으나 내 얘기는 아닌 듯합니다!

데살로니가에 보낸 바울의 첫 편지로 들어가기에 앞서, 분명히 우리는 올바른 시각을 견지할 필요가 있다. 바울의 삶과 사역을 실제와 다르게 그려서는 안 된다. 그의 사례는 이상과 현실 사이에서 벌어지는 긴장을 단적으로 보여준다. 그리스도인의 삶과 사역이 고생과 고난과 분투와 불안으로 덮인 길일진대 우리도 그대로 서술해야 한다. 반대로 끝없는 성공과 안락과 행복과 평온이라는 이상을 상상한다면 막상 현실에 대처하기가 얼마나 힘들겠는가! 바울은 이 서신에서 삶과 사역을 자신의 사역 팀과 데살로니가 교인들이 겪었던 현실 그대로 다룬다. 그런 현실은 모든 신실한 그리스도인에게도 동일한 것이며, 닥쳐오는 시험과 유혹을 이겨내려는 우리에게도 그래야 한다.

데살로니가전서의 핵심 용어

ὀργή [*orgē*, 오르게] *(3709)* '진노', '노함'

'진노'라는 단어를 들으면 사람들은 흔히 죄에 노하시는 하나님의 속성을 떠올리거나 구원받지 못한 이들에게 임할 영원한 최후 심판을 생각한다(살전 2:16, 참조. 롬 1:18). 그러나 이 서신의 다른 두 곳(살전 1:10, 5:9)에서 바울이 쓴 이 단어는 현세에 이 땅에서 받는 심판, 특히 그리스도의 재림으로 이어질 마지막 심판들을 가리키는 경향이 있다. 하나님이 노하시는 그 특정한 시기를 일컬어 흔히 '대환난' 또는 '종말'이라 한다.

πίστις, ἀγάπη, ἐλπίς [*pistis, agapē, elpis*, 피스티스, 아가페, 엘피스] *(4102, 26, 1680)* '믿음', '사랑', '소망'

보통 '신학적 덕목'이라 불리는 이 세 요소는 바울의 저작에서 그리스도인의 삶을 이루는 기초다. 바울은 고린도전서 13장 13절에서 "믿음, 소망, 사랑, 이 세 가지는 항상 있을 것"이라 했다. 그보다 몇 년 전에 데살로니가에 보낸 편지에서도 이 세 요소는 중추적 역할을 한다(살전 1:3, 5:8). 그의 저작에서 '피스티스'는 믿음, 확신, 의지, 신뢰를 가리킨다. 이는 그리스도인의 삶의 출발점일 뿐만 아니라(엡 2:8) 특히 이 서신에서 그리스도인답게 사는 기초이기도 하다(살전 1:3, 8, 3:2, 6-7, 10, 5:8). 데살로니가전서에서 '아가페'는 믿음과 연관된다. 데살로니가 교회 신자들의 관계에서도 아가페가 특징을 이루고, 그리스도 예수님을 알게 된 결과도 사랑의 수고로 나타난다. '엘피스'의 개념은 이 서신에서 특히 중요하다. 우리의 시선을 위쪽과 앞쪽으로 돌려 그리스도의 재림과 또 우리가 받을 복이 결국 실현될 것을 바라보게 하기 때문이다(1:3, 2:19, 4:13, 5:8).

παρουσία [*parousia*, 파루시아] *(3952)* '현존', '강림', '도래'

그리스도의 재림은 이 서신의 모든 장에서 직간접으로 되풀이되는 굵직한 주제다(1:10, 2:19, 3:13, 4:15, 5:23). 이 단어에는 물리적 '현존'이라는 중립적 의미도 있지만, 바울이 그리스도와 연관시켜 쓸 때는 "말세에 세상을 심판하려고 영광 중에 오시는 메시아의 강림"을 뜻한다.[1] 그리스도의 강림은 악인에게는 두려운 일이지만 그리스도인에게는 소망과 기쁨을 준다.

παρακαλέω [*parakaleō*, 파라칼레오] *(3870)* '격려하다', '위로하다', '위안하다', '돕다'

십자가를 지시기 전에 예수님은 자신이 하늘로 올라가 "보혜사"(*paraklētos*, 3875) 곧 성령 하나님을 보내겠다고 제자들에게 약속하셨다. 성령은 그들을 가르치시고(요 14:26), 예수님을 증언하시며(요 15:26), 영원히 그들과 함께 계실 분이다(요 14:16). 바울이 이해하기로 교회 안에서 성령의 사역은 그분이 내주하시는 신자들을 통해 이루어진다(고전 12:4-11). 따라서 바울이 "권면하다", "경계하다, "굳건하게 하다, "덕을 세우다" 같은 단어들과 함께 이 동사를 서신에 수시로 쓴 것은 당연한 일이다(살전 2:11, 3:2, 5:11). 위대한 위로자이신 성령의 공동체로서 성령 충만한 사역의 주목적은 서로 위로하는 것이다(4:18).

데살로니가에 불어닥친 폭풍과 그 오랜 영향

데살로니가에서 박해의 폭풍이 바울과 실라와 디모데를 덮친 지 1년쯤 지났다. 폭풍의 여파로 그 도시에서 태동한 신생 교회는 아직 자라지도 못한 채 지쳐 휘어져 있었다. 태양이신 주님의 빛이 더 필요했다. 그래야 비바람에 지친 잎사귀의 물기가 마르고, 축 늘어진 가지에 생기가 돌아 알찬 열매를 맺을 터였다.

내막은 이렇다. 1차 선교여행(행 13:1-14:28) 후에 사도들과 교회 지도자들은 예루살렘에서 공의회로 모여 논의한 끝에 유대주의자들의 거짓 가르침을 단호히 배격했다(행 15:1-35). 1차 선교여행과 공의회 사이에 바울은 안디옥에서 갈라디아 교인들 앞으로 편지를 보내, 바나바와 함께 세운 어린 교회들에게 그런 율법주의의 위협에 맞서 굳건하게 서도록 격려했다. 그 후 그는 공의회의 결의문을 손에 굳게 들고, 온 길을 되돌아가 그 교회들을 다시 방문하기로 했다. "우리가 주의 말씀을 전한 각 성으로 다시 가서 형제들이 어떠한가 방문하자"(행 15:36). 그런데 요한 마가를 대동할 것이냐의 문제로 사이가 틀어진 바울과 바나바가 끝내 갈라서고 말았다(행 15:37-39). 그리하여 2차 선교여행에서 바울은 바나바와 동행하지 않고 실라(일명 실루아노)를 사역의 오른팔로 택했다(행 15:40).

2차 선교여행 도중에 바울과 실라는 루스드라에서 디모데라는 청년을 만났다. 믿는 집안 출신인 디모데는 신자들 사이에서 평판이 아주 좋았다(행 16:1-2). 당연히 좋은 인상을 받은 바울은 젊은 디모데를 청하여 선교의 모험에 합류하게 했다. 본래 바울은 기존 교회들을 굳건하게 세워줄 요량으로 무난한 여행을 계획했던 것 같은데 성령의 뜻은 달랐다. 일행이 여러 지역으로 들어가려 할 때마다 예수님의 영이 번번이 막으셨다(행 16:6-8). 그들은 소아시아를 가로질러 서쪽으로 점점 더 밀리다가 결국 에게 해안에 이르렀다(18페이지 "바울의 2차 선교여행" 지도 참조).

그때 뜻밖의 일이 벌어졌다. 바울이 밤중에 환상을 받았는데, 바다 건너 마게도냐로 와서 그곳에 복음을 전해달라는 내용이었다(행 16:9-10). 드로아에서 배에 오른 일행은 네압볼리를 거쳐 빌립보에 이르렀다. 주님의 역사로 많은 사람의 마음이 녹아 예수 그리스도의 복음을 받아들였다(행 16:11-15). 그런데 마음이 완고하게 닫힌 영적인 적들이 빌립보의 시 지도자들을 선동하여 바울과 실라를 대적하게 했다. 결국 둘은 체포되어 매를 맞고 옥에 갇혔다(행 16:16-24).

감옥에서 풀려난 기적의 여파로 로마 간수 일가족이 구원받는 일까지 있은 뒤로(행 16:25-40) 바울과 실라와 디모데는 빌립보를 떠나 데살로니가로 가서 그 도시의 유대인 회당에서 메시아가 오셨음을 선포했다(행 17:1). 복음의 진리를 믿는 사람이 점점 더 늘어났는데 특히 하나님을 경외하는 이방인이 많았다. 여러 해 동안 회당 주변을 맴돌면서도 유대

고대 데살로니가의 단면(데살로니가전서 1:1)

데살로니가는 훗날 마게도냐 왕이 된 그리스의 카산드로스 장군이 BC 315년에 세운 도시다. 나중에 주요 무역항 겸 군사 요충지로 발전했다.

바울의 2차 선교여행 당시(AD 49-52년경) 데살로니가는 마게도냐의 수도이자 인구가 가장 많은 도시로 20만 명이 넘는 규모를 자랑했다. 육지로나 바다로나 번성한 교역로에 위치한 이 도시는 북적거리는 무역의 중심지였다. 윌리엄 바클레이(William Barclay)는 이런 도시가 복음 전파에 지니는 전략적 중요성을 이렇게 지적했다. "기독교가 그곳에 정착된다면 동으로는 에그나티아 길을 따라 아시아 전체가 정복되기까지, 서로는 심지어 로마 시를 휩쓸기까지 퍼져나가도록 되어 있었다. 기독교가 데살로니가에 전래된 것이 세계 종교로 탈바꿈하는 데 중대한 기틀이 되었다."[2]

1세기경 데살로니가에 로마 제국의 쇼핑센터로 건설된 아고라의 잔해

데살로니가는 로마 제국의 자유 도시였으므로 황제의 끊임없는 간섭 없이 시정(市政)에 어느 정도 자치를 누렸다. 그러나 시 지도자들이 평화와 안전을 유지하지 못하거나 로마 쪽에 선동과 반역의 의심을 산다면, 그런 귀한 지위를 상실할 수도 있었다. 유대인의 사주로 시끄럽게 그리스도인들을 대적한 폭도는 바울과 실라에게 그 두 가지 혐의를 모두 씌웠다(행 17:6-7). 이 사건으로 데살로니가의 정치와 경제와 종교가 그리스도인들을 대적하는 바람에 아직 어린 이 교회는 불안정한 상황에 처했다.

교로 개종하지 않던 이들이었다. 유대교 회당 지도자들은 유대인과 의로운 이방인이 모두 메시아 예수님께로 개종하는 모습을 보고 시기했다(행 17:5). 그래서 대적하는 유대인들이 장터에서 이교도 무장대를 소집했으나 바울과 실라를 찾아내지는 못했다. 그 대신 그들은 새로 믿은 데살로니가 신자들 몇을 잡아다가 연좌제로 죄를 덮어씌웠다. "천하를 어지럽게 하던 이 사람들이 여기도 이르매 야손이 그들을 맞아들였도다 이 사람들이 다 가이사의 명을 거역하여 말하되 다른 임금 곧 예수라 하는 이가 있다 하더이다"(행 17:6-7). 이 아찔한 일이 있은 뒤로 바울과 실라는 데살로니가에서 추방되어 밤중에 그곳을 떠나야만 했다(행 17:9-10).

연약한 신생 교회를 두고 온 지 몇 달이 지나자 바울과 실라는 "참다 못하여"(살전 3:1) 젊은 디모데를 데살로니가에 보내 신자들의 형편을 살피게 했다. 그런데 바울과 실라가 이 어린 교회를 그토록 우려했다면, 왜 아테네나 고린도의 사역을 잠시 접어두고 직접 북쪽의 마게도냐로 돌아가 도움을 베풀지 않았을까? 왜 사역 팀에서 가장 어리고 경험도 없는 디모데를 보냈을까?

www.HolyLandPhotos.org

누가는 데살로니가의 통치자들을 폴리타르케스(*politarchēs*, 4173)라는 독특한 단어로 표현했다. 이것은 사도행전 17장 6절과 8절에만 나오는 단어다(개역개정에는 "읍장들"로 옮겨져 있다-역주). 1877년에 고대 데살로니가의 발굴 현장에서 발견된 비문(사진)에도 이 도시의 통치자들이 똑같은 단어로 지칭되어 있다.[3]

데살로니가전서가 기록된 배경

언제 기록했는가?
바울의 2차 선교여행 기간 중인 AD 50년경에 기록했다.

어디서 기록했는가?
고린도(아가야 성)에서 써서 데살로니가(마게도냐 성)로 보냈다.

누가 기록했는가?
바울이 편지를 썼고 실라(실루아노)와 디모데도 공저자다.

왜 기록했는가?
신자들이 계속 믿음과 소망, 사랑 안에서 고난을 견디며 주의 재림을 기다리도록 격려하려고 썼다.

사실 야손이 데살로니가 교회를 대표하여 기탁한 법정 보석금(행 17:9)에는 소요의 주동자로 지목된 바울과 실라가 그 도시에 다시 오지 않는다는 약속도 아마 포함되어 있었을 것이다. 두 사람이 그곳에 다시 나타날 경우 십중팔구 상당액의 보석금을 몰수했을 것이다. 어쨌든 데살로니가에 갔던 디모데가 돌아오자 바울과 실라는 신자들이 박해 속에서도 영적으로 강건하다는 소식에 뛸 듯이 기뻤다. 이에 세 사람은 고린도에서 데살로니가 교회에 편지를 써 그들의 견고한 신앙을 인정해주고, 더 분발하도록 권면하며, 주의 재림을 기다리는 그들에게 장래에 있을 일을 가르쳐주었다.

서신 개괄

바울이 데살로니가에 보낸 첫 편지는 짧은 편이지만 1세기 교회를 가장 긍정적이고 통찰력 있게 묘사한 글 가운데 하나다. 데살로니가 그리스도인들의 믿음과 사랑과 소망은 전염성이 아주 강했다. 신자들을 격려하려는 일념에서 바울의 기본 메시지는 구원의 모든 시제에 걸쳐 있다. 과거에서부터 현재로 넘어와 미래를 내다본다. 사실 이 서신의 기본 메시지는 이렇게 요약할 수 있다. 과거와 미래에 걸맞게 믿음과 사랑과 소망 안에서 살아가라.

이 책은 크게 두 단락으로 구분할 수 있다.

과거에서 현재로 넘어오다(1:1–3:13). 이 단락에서 바울은 데살로니가 교인들의 믿음과 사랑과 그리스도에 대한 소망을 언급하며(1:3) 과거의 중요한 사건들을 회고한다. 그들은 복음을 뜨겁게 받아들였고(1:5), 사도들의 삶과 사역을 본받았으며(1:6), 마게도냐 온 지역에 믿음과 사랑과 소망의 본이 되었다(1:7–10). 이어 바울은 자신이 그들에게 실천했던 사역

방식을 상기시킴으로써(2:1–12) 그들도 자신처럼 사역 중에 당하는 고난을 견디도록 격려한다(2:13–20). 다행히 과거에 데살로니가 교인들에게 뿌려진 믿음과 사랑의 씨앗은 박해와 고생을 견뎌냈을 뿐 아니라 실제로 자라서 바울의 기대 이상으로 현재 속에 꽃을 피웠다(3:1–13).

미래를 위해 현재를 살아가다(4:1–5:28). 편지의 둘째 단락에서 바울은 데살로니가 교인들에게 그리스도의 재림을 소망하면서 계속 거룩하게 살도록 권면한다. 도덕적 순결에 대한 직언으로 시작한 그는(4:1–8) 이어 서로 사랑할 것과 외부인들 사이에서 단정하게 사는 것으로 믿음과 사랑을 표출할 것을 격려한다(4:9–12). 드디어 그리스도의 재림에 대한 박진감 넘치는 본문에서 바울은 이 교인들의 소망을 일깨운다. 주 예수님이 자신의 교회와 영원히 함께 살고자 하늘에서 다시 오실 때, 그들도 진노에서 건짐을 받고 죽음에서 부활하여 동료 신자들과 재회할 것이다(4:13–5:11). 그런데 이렇게 그리스도의 재림을 상기시키는 목적은 단지 미래에 일어날 일을 알리기 위해서가 아니라 현재의 그들을 변화시키기 위해서다. 그래서 바울은 이 짤막하지만 영광스러운 서신을 과거와 미래에 걸맞게 믿음과 사랑과 소망 안에서 살아가라는 속사포 같은 권면으로 마무리한다(5:12–28).

주

1. Walter Bauer 외, *A Greek-English Lexicon of the New Testament and Other Early Christian Literature* (Chicago: University of Chicago Press, 2000), 780.
2. William Barclay, *The Letters to the Philippians, Colossians, and Thessalonians*, 개정판, The New Daily Study Bible Series(Philadelphia: Westminster, 1975), 181.(『바클레이 신약주석 시리즈 8: 갈라디아 · 에베소 · 빌립보 · 골로새 · 데살로니가』 기독교문사 역간)
3. 다음 책을 참조하라. Clyde E. Fant & Mitchell G. Reddish, *Lost Treasures of the Bible: Understanding the Bible through Archaeological Artifacts in the World Museums*(Grand Rapids: Eerdmans, 2008), 366–368.

과거에서 현재로 넘어오다

데살로니가전서 1:1–3:13

책의 첫 석 장에는 목회를 대하는 바울의 심정과 사역 방식이 드러나면서, 신자로서만 아니라 사역자로서도 그리스도인의 소명을 위해 부지런히 힘써야 함이 강조된다. 그래서 이번 단락은 자신의 신앙을 이해하려는 새 회심자들에게 특히 적절하다. 그들은 떠나온 삶을 돌아보아야 하고, 주의 재림을 기다리는 동안 살아가야 할 새로운 삶을 내다보아야 하기 때문이다. 아울러 이 단락은 젊은 목사를 비롯하여 교회 사역에 동참하는 모든 사람에게 매우 중요한 통찰을 제시한다. 바울은 그들이 본받을 만한 사역 전략을 공개한다.

핵심 용어

μιμητής [*mimētēs*, 미메테스] *(3402)* '본받는 자', '따르는 자'

그리스도는 승천하시기 전에 제자들에게 "가서 모든 민족을 제자로 삼"으라고 명하셨다(마 28:19). 바울이 가르친 제자도에는 본받음이 포함된다. 이는 합당한 모본의 발자취를 따른다는 뜻이다(살전 1:6, 2:14). 그는 신자들에게 자신을 본받으라고 가르쳤는데(고전 4:16), 바울이 그리스도를 본받았기에(고전 11:1) 자연히 그들도 하나님을 본받게 된다(엡 5:1). 이렇게 남의 모범을 본받고 따르는 과정을 통해 우리도 남에게 그리스도의 본보기가 된다(살전 1:7).

κόπος [*kopos*, 코포스] *(2873)* '수고', '힘써 일함', '피로'

흔히들 바울이 믿음과 행위를—또는 은혜와 수고를—대립 개념으로 본다며 그를 오해할 때가 있다. 그러나 그는 그리스도인의 삶에서 믿음과 수고의 밀접한 관계를 보았다. 이 서신에서 바울은 신자들의 "믿음의 역사와 사랑의 수고(코포스)"를 칭찬했고(1:3), 또 그들에게 자신의 "수고(코포스)와 애쓴 것"을 상기시켰다(2:9). 그가 쓴 이 헬라어 단어는 "짐스러운 활동에 임한다"는 뜻이다.[1] 물론 구원은 행위와 무관하게 오직 믿음으로 말미암아 은혜로 주어진다(엡 2:8–9). 그러나 참된 신자라면 마땅히 구주를 위해 사랑으로 충실하게 수고해야 한다. 즉 힘써 일해야 한다. 그분이 친히 큰 희생을 치러 우리를 구원하셨기 때문이다.

본질을 제대로 갖춘 교회(데살로니가전서 1:1–10)

1바울과 실루아노와 디모데는 하나님 아버지와 주 예수 그리스도 안에 있는 데살로니가인의 교회에
편지하노니 은혜와 평강이 너희에게 있을지어다 2우리가 너희 모두로 말미암아 항상 하나님께 감사
하며 기도할 때에 너희를 기억함은 3너희의 믿음의 역사와 사랑의 수고와 우리 주 예수 그리스도에
대한 소망의 인내를 우리 하나님 아버지 앞에서 끊임없이 기억함이니 4하나님의 사랑하심을 받은 형
제들아 너희를 택하심을 아노라 5이는 우리 복음이 너희에게 말로만 이른 것이 아니라 또한 능력과
성령과 큰 확신으로 된 것임이라 우리가 너희 가운데서 너희를 위하여 어떤 사람이 된 것은 너희가
아는 바와 같으니라 6또 너희는 많은 환난 가운데서 성령의 기쁨으로 말씀을 받아 우리와 주를 본받
은 자가 되었으니 7그러므로 너희가 마게도냐와 아가야에 있는 모든 믿는 자의 본이 되었느니라 8주
의 말씀이 너희에게로부터 마게도냐와 아가야에만 들릴 뿐 아니라 하나님을 향하는 너희 믿음의 소
문이 각처에 퍼졌으므로 우리는 아무 말도 할 것이 없노라 9그들이 우리에 대하여 스스로 말하기를
우리가 어떻게 너희 가운데에 들어갔는지와 너희가 어떻게 우상을 버리고 하나님께로 돌아와서 살아
계시고 참되신 하나님을 섬기는지와 10또 죽은 자들 가운데서 다시 살리신 그의 아들이 하늘로부터
강림하실 것을 너희가 어떻게 기다리는지를 말하니 이는 장래의 노하심에서 우리를 건지시는 예수시
니라

균형은 "양극단 사이를 오가다 잠시 스쳐가는 평형"으로 절묘하게 정의되곤 한다. 불균형 내지 극단주의보다 더 신자의 영적 성장이나 교회의 영적 건강에 해로운 것은 내 생각에 많지 않다. 그리스도인과 교회는 늘 고약한 비관론과 순진한 이상론 사이를 왔다 갔다 하는 것 같다. 고집스레 과거에 집착하거나 막연히 미래로 기울어진다. 지도자를 숭배할 정도로 우상화하다가 어느새 비판이 지나쳐 반항하기에 이른다.

그리스도인의 삶과 사역에서 균형 잡힌 시각을 유지하는 열쇠는 **현실성**이다. 바로 이 균형이 데살로니가에 보낸 바울의 첫 편지에 제시된다. 데살로니가 교회는 그 교회를 세운 첫 교사들인 바울과 실라와 디모데를 본받아 극단주의로 흐르지 않고 그리스도인의 놀라운 증언을 유지했다. 어떻게 그들은 과거와 현재와 미래를 늘 균형 잡힌 시각으로 볼 수 있었을까? 평형의 3대 덕목인 믿음과 사랑, 소망에 끊임없이 헌신한 결과였다.

—1:1–2—

흔히 데살로니가전서를 바울 서신이라 칭하지만 서두에 "바울과 실루아노와 디모데"(1:1)가 공저자로 밝혀져 있다. 서론에서 보았듯이 실라(본문에 실루아노로 지칭된)는 바나바와 바울이 사역 전략상 갈라선 뒤로 바나바를 대신하여 바울의 사역에 오른팔 역할을 하는 동역자가 되었다.

사도행전 15장 40절에 보면 바나바와 제법 격하게 충돌한 뒤로 "바울은 실라를 택한 후에" 안디옥을 "떠나" 이른바 2차 선교여행에 올랐다. 여행의 조종사는 분명히 바울로 기술되었고 실라는 부조종사였다. 따라서 발신자가 바울과 실라와 디모데로 나와 있긴 해도 데살로니가전서는 바울 서신으로 보는 게 옳다. 배후의 중심 저자는 바울이고 실라와 디모데는 편지에 동의하고 지지했다. 그러나 셋 다 데살로니가 신자들과 가깝게 지냈다. 세 사람 모두가 건네는 인사말을 듣고 그들은 틀림없이 큰 힘을 얻었을 것이다.

바울이 이 교회에 대해 어떻게 말하는지 보라. 그들은 "하나님 아버지와 주 예수 그리스도 안에"(살전 1:1) 있었다. 주변 상황과 무관하게 "하나님 안"과 "그리스도 안"에 있는 것, 이것이 그들을 증명하는 참 정체였다. 그들은 예수님과 아버지의 손안에서 이중으로 안전했다. 바울의 이 말은 그 교회에 갑절의 격려가 되었다. 그들은 자신들이 사회적, 종교적, 문화적, 심지어 정치적 갈등의 한복판에서 생존에 필요한 본질을 제대로 갖추었는지 의아해했기 때문이다. 당면한 여러 위기에 비추어볼 때 "은혜와 평강이 너희에게 있을지어다"라는 바울의 통상적 안부는 데살로니가 교인들에게 특별히 구체적 의미로 다가왔을 것이다. 그들이 견디려면 은혜가 필요했고, 또 끝없는 갈등을 덜어줄 평강이 절실했다.

솔직히 어서 잊어버리고 싶은 대상도 있다. 그들은 우리를 세워주기보다 무너뜨리고 해를 끼친다. 그러나 어떤 사람은 잊으려 해도 잊히지 않는다. 그들은 우리를 있는 그대로 받아주고, 계속해나갈 힘을 주며, 진정성을 다해 대하고, 응원과 격려로 우리를 굳건하게 해준다. 바울에게 데살로니가 신자들이 그랬다. 바울은 그들을 머릿속에서 떨쳐낼 수 없었다. 늘 그들을 위해 기도했다(1:2). 여러 달 전에 그곳에서 펼쳤던 사역은 뜨거웠지만 기간이 짧았다. 그런데도 데살로니가 신자들을 기억하는 바울의 마음에는 애정이 담겨 있었다.

—1:3–5—

데살로니가 교인들로 인해 하나님께 감사드린 바울은 특히 더 감사한 그들의 세 가지 기본 자질을 기억했다. 진정한 신자들의 삶 속에 성령의 역사로만 이루어질 수 있는 그 자질이란 곧 "믿음의 역사"와 "사랑의 수고"와 "소망의 인내"다(1:3).

흔히 우리는 믿음과 사랑과 소망을 주변 사람들 눈에 보이지 않는 내면의 자질과 덕목으로 여긴다. 그러나 바울이 생각한 믿음은 역사를 낳고, 사랑은 수고로 나타나며, 소망은 그것을 품은 사람의 인내로 드러난다. 이런 영적 꽃이 바울에게 얼마나 아름답고 향기롭게 보였겠는가! 그는 자신이 데살로니가에 심은 씨앗이 싹을 틔웠는지 확실히 알기도 전에 선교지를 등져야만 했었다. 그런데 디모데가 가져온 고무적인 소식이 바울의 기운을 북돋워 주었다. 그들에게서 드러나는 명백한 믿음과 사랑과 소망을 보며 바울과 실라는 데살로니가 신자들과 하나님의 관계가 참되고 올바르다는 확신을 얻었다. 그들의 신분은 그리스도 안의 사랑하는 형제자매요 하나님의 택하심을 받은 자였다(1:4).

"우리 복음이 너희에게 말로만 이른 것이 아니라"(1:5)는 문구에서 바울의 교육 방법을 엿볼 수 있다. 그는 메시지만 전달하고 다음 전도 대상자에게로 넘어간 게 아니다. 바울에게 복음이란 그저 논리정연한 일련의 말이 아니었다. 그는 군중 앞에 서서 "예수님이 오셔서 여러분의 죄를 위해 죽으시고 다시 살아나셨습니다. 오직 그분을 믿어야만 구원받습니다…다음!"이라고 외친 게 아니다. 마치 우편배달부가 편지를 전달하듯 그저 메시지만 전달한 게 아니다.

말에 능력이 뒤따랐다. 바울은 그들의 집과 삶과 심령 속으로 들어갔다. 성령이 큰 확신을 주셨다(1:5). 당연히 메시지는 데살로니가 교인들의 머릿속에 들어가는 데서 그치지 않았고, 마음만 훈훈하게 한 것도 아니다. 그들에게서 믿음과 사랑과 소망의 역사가 드러났다! 그들은 바울 일행에게서 능력 있게 살아 역사하는 신앙의 모범을 보았다. 선교 팀은 그들을 품고, 그들 가운데서 살며, 그들의 삶에 자신들을 쏟아부었다.

—1:6–8—

바울은 데살로니가 신자들로 인해 하나님께 감사하고(1:1–2) 그들을 기억한 뒤에(1:3–5) 그들을 인정해주었다. 격려의 말로 그들의 어깨에 팔을 두르고, 자신이 떠나온 뒤 그들이 이루어온 믿음의 진척을 칭찬했다. 그가 인정한 내용은 두 가지다.

첫째, 바울에게 개인적으로 보여준 그들의 반응을 인정했다(1:6). 그들은 바울의 영적 행보와 주님의 의로우신 모범을 본받았다. 환난 중에도 하나님의 말씀을 기쁜 마음으로 받았다. 얼마나 기적처럼 복음을 받아들였던가! 세상의 관점에서 보면 손해뿐인데도 그들은 그리스도를 위해 모든 것을 버렸다.

둘째, 공적으로 보여준 그들의 신앙을 인정했다(1:7–8). 그들은 신자에게나 비신자에게나 본이 되었다. 데살로니가가 위치한 마게도냐를 통과하여 아가야의 여러 도시로 남하하면서 바울이 금세 알게 된 사실이 있었다. 데살로니가 신자들의 믿음이 훌륭하다는 소문이 그의 걸음을 앞질러 이미 파다했다. 그 믿음이 어찌나 확연했던지 주변 일대 골짜기와 시골과 도시마다 메아리쳤다. 그들의 기독교는 전염성이 있어 바울이 이동하는 속도보다 빠르게 퍼져나갔다!

—1:9–10—

감사와 기억과 인정을 거쳐 드디어 바울은 곳곳에 울려 퍼지던 소문의 내용을 소개한다. 바울이 가는 곳마다 데살로니가 신자들에 대해 거듭 들은 말은 무엇인가? 그들의 믿음에 대한 소문이 어떠했기에 사람들에게 예수 그리스도의 기쁜 소식을 전하려는 바울과 동역자들의 길을 닦아주었는가?

첫째, 바울이 듣기로 그들은 대사도인 바울과 그 동료들과의 관계를 즐거워했다. "우리가 어떻게 너희 가운데에 들어갔는지"(1:9) 데살로니가 신자들은 복음을 뜨겁게 받아들였는데 그게 다른 사람들에게도 옮겨붙어, 그들도 똑같이 바울과 실라와 디모데의 말을 열심히 듣고자 했다. 둘째, 데살로니가 신자들이 우상에게서 하나님께로 돌이켜 오직 그리스도께만 헌신했다는 소식이 바울에게 자꾸 들려왔다(1:9).

이제 이 신자들의 삶에 두 가지 목표가 생겨났다. "살아계시고 참되신 하나님을 섬기는" 일과 "그의 아들이 하늘로부터 강림하실 것을 기다리는" 일이었다. 그들은 현재의 삶에 책임감을 가지면서도 미래의 삶을 대비하고 있었다. 주님의 재림만 학수고대하느라 현재를 내팽개치지도 않았고, 세상사에 너무 몰두한 나머지 미래를 망각하지도 않았다. 오히려 우상숭배를 회개하고 개종했던 과거의 믿음에 균형을 맞추어, 현재 속에서 사랑을 추구했고 그리스도의 재림을 미래의 소망으로 품었다. 그분은 장래 어느 날 세상에 쏟아질 진노에서 신자들을 건지실 분이다(1:10).

이 두 구절에서 내게 무엇이 보이는지 아는가? 책임감과 준비성이 함께 보인다. 그들은 잃어버린 영혼에게 진리를 전했고 구원받은 무리 가운데서 진리를 실천했다. 동시에 그들은 그리스도가 언제라도 오실 수 있음을 알고 대비했다. 그분은 쌓인 진노를 세상에 쏟으시기 전에 그들을 심판에서 건져주실 분이었다. 여기 균형이 있다. 그들은 마치 그분이 점심 식사 전에 오실 것처럼 살면서도, 한편으로 재림이 우리 생애 이후로 아득히 지체될 수도 있음을 알며 행동했다.

데살로니가 교회는 돈도 많지 않고, 교세도 작으며, 유명한 교사도 없었을 수 있다. 그러나 굳건한 믿음과 행동하는 사랑과 한결같은 소망이 있었다.

본질을 제대로 갖춘 교회였다.

적용: 데살로니가전서 1:1–10

세 방향의 헌신

간결하고 힘찬 이 서신은 서두부터 우리에게 세 방향으로 헌신할 것을 도전한다. 각각 구원받은 사람, 구원받지 못한 사람, 그리스도를 향한 헌신이다.

첫째, 동료 그리스도인을 향한 헌신에서 바울의 권면은 하나님의 한 가족인 우리가 서로 수용과 지원과 격려를 아끼지 말아야 함을 일깨워준다. 믿음의 역사, 사랑의 수고, 소망의 인내에 탁월해지도록 말이다.

둘째, 비신자를 향한 헌신에서 바울의 권면은 살아계신 하나님의 말씀이 모든 잃어버린 영혼에게 우리 삶과 행동으로 입증되어야 함을 가르쳐준다. 데살로니가 신자들의 평판은 원근 각처로 퍼져나갔다(1:8-10). 증인이 되어 구원받지 못한 사람에게 복음을 전할 때 우리에 대한 평판이 우리가 하는 말의 증언과 일치해야 한다. 입술의 말로만 아니라 삶의 행위로도 그리스도를 증언해야 한다.

셋째, 그리스도를 향한 헌신에서 바울의 권면은 우리를 구주와 떼어놓으려는 일체의 방해물에서 벗어날 것을 촉구한다. 그래야 우상숭배에서 해방된다. 우상이란 생각, 우선권, 목표, 철학, 직업, 꿈, 사람 등 우리를 그리스도께 온전히 헌신하지 못하도록 막는 것이면 무엇이든 될 수 있다. 우상에서 해방되면 거침없이 전폭적으로 그리스도께 헌신할 수 있다.

효과가 보장된 리더십 유형(데살로니가전서 2:1-12)

1형제들아 우리가 너희 가운데 들어간 것이 헛되지 않은 줄을 너희가 친히 아나니 2너희가 아는 바와
같이 우리가 먼저 빌립보에서 고난과 능욕을 당하였으나 우리 하나님을 힘입어 많은 싸움 중에 하나
님의 복음을 너희에게 전하였노라 3우리의 권면은 간사함이나 부정에서 난 것이 아니요 속임수로 하
는 것도 아니라 4오직 하나님께 옳게 여기심을 입어 복음을 위탁 받았으니 우리가 이와 같이 말함은
사람을 기쁘게 하려 함이 아니요 오직 우리 마음을 감찰하시는 하나님을 기쁘시게 하려 함이라 5너희
도 알거니와 우리가 아무 때에도 아첨하는 말이나 탐심의 탈을 쓰지 아니한 것을 하나님이 증언하시
느니라 6또한 우리는 너희에게서든지 다른 이에게서든지 사람에게서는 영광을 구하지 아니하였노라
7우리는 그리스도의 사도로서 마땅히 권위를 주장할 수 있으나 도리어 너희 가운데서 유순한 자가 되
어 유모가 자기 자녀를 기름과 같이 하였으니 8우리가 이같이 너희를 사모하여 하나님의 복음뿐 아니
라 우리의 목숨까지도 너희에게 주기를 기뻐함은 너희가 우리의 사랑하는 자 됨이라

9형제들아 우리의 수고와 애쓴 것을 너희가 기억하리니 너희 아무에게도 폐를 끼치지 아니하려
고 밤낮으로 일하면서 너희에게 하나님의 복음을 전하였노라 10우리가 너희 믿는 자들을 향하여 어떻
게 거룩하고 옳고 흠 없이 행하였는지에 대하여 너희가 증인이요 하나님도 그러하시도다 11너희도 아
는 바와 같이 우리가 너희 각 사람에게 아버지가 자기 자녀에게 하듯 권면하고 위로하고 경계하노니
12이는 너희를 부르사 자기 나라와 영광에 이르게 하시는 하나님께 합당히 행하게 하려 함이라

요즘 세상에는 성실한 마음과 유능한 재주를 겸비한 강인하고 어진 리더십이 부족하다. 그런데도 리더십에 대한 책자, 강의, 집회, 전문가는 세상에 넘쳐난다. 이런 상품은 참신한 개념과 새로운 기술과 실제적 원리로 우리의 효율성과 성공률을 높여줄 것을 약속한다. 그

런 조언이 통할 때도 있다. 그러나 일련의 술책과 상투적 수법으로는 재충전되거나 해방의 기쁨을 누리기보다 오히려 좌절과 낭패감만 맛보기가 더 쉽다.

리더십과 리더십 유형에 대해 이토록 요란하게 법석을 떠는 이유는 무엇인가? 한 기관이 성공하려면 반드시 리더십이 필요하기 때문이다. 국가, 스포츠팀, 기업, 학교, 가정, 군대, 교회 등 어느 기관이나 다 마찬가지다. 성공과 발전의 비결은 책임자에게 있다.

그렇다면 리더십이란 무엇인가? 한마디로 '감화를 끼치는 영향력'이다. 리더십이란 사람의 마음과 생각에 동기의 불을 지펴 불가능한 줄로만 알았던 일을 행하게 하는 힘이다. 이를테면 패배하기 직전의 군대를 규합하여 승리를 쟁취한다. 겨우 과락을 면할 정도의 학급을 소생시켜 시험에서 최고점을 맞게 한다. 자멸할 위기에 처한 교회를 일신하여 새로운 사명감과 폭발적 성장으로 이끈다. 기업에서 훌륭한 지도자는 능히 사기를 진작시켜 수익률을 높인다. 가정에서 훌륭한 지도자는 강인한 성품을 유산으로 남긴다.

이는 훌륭한 지도자가 하는 일이다. 하지만 지도자의 됨됨이를 묘사하거나 거기에 도달하는 법을 규명하기란 여간해서 쉽지 않다. 여러 성공한 지도자를 분석하다 보면 표면상의 명백한 유사성을 찾는 데 치중하기 쉽다. 지도자의 기질은 제각각이다. 그러나 모두의 소양을 관통하는 공통점이 하나 있으니 바로 대인 친화력이다. 테드 엥스트롬(Ted Engstrom)은 자신의 저서 『기독교 지도자가 되는 길』(*The Making of a Christian Leader*)에서 이렇게 설명했다.

> 미국의 위대한 기업가 존 D. 록펠러는 "나는 세상의 어떤 능력보다도 사람을 다루는 능력에 보수를 더 지급하겠다"고 말했다. 미국 경영자협회에 따르면 설문 조사에 응한 2백 명의 경영자 중 절대다수가 경영자에게 가장 중요한 기술은 단연 대인 친화력이라고 답했다. 같은 조사에서 경영진은 그 능력을 지능, 결단력, 지식, 업무 수완보다 더 우위에 두었다.[2]

정말 흥미롭다. 훌륭한 리더십을 위해 기질과 기술과 지능보다 더 중요한 게 바로 관계다. 내가 수십 년의 목회 사역에서 직접 배운 바도 그렇고, 사도 바울도 2장의 첫 열두 구절에서 바로 그 점을 우리에게 예증한다.

2:1–2

우선 바울은 2장 서두에서 과거부터 언급한다. 바울이 독자들과 함께 보낸 시간은 5–6주에 불과했으나 그가 데살로니가에 개척한 교회는 1년 후에도 승승장구했다. 성령이 계속 데살로니가 사람들 가운데 역사하여 그들을 제자로 훈련하시고 그 지역에 전염성 있는 증인으로 세우셨다. 바울이 나중에 보낸 디모데도 그들을 방문하여 바울이 시작했던 교육 사역을 지속했다.

이어 바울은 그들의 주의를 돌려 여러 기억을 슬라이드 쇼처럼 보여준다. 그들의 현재에 영향을 미치는 과거의 일을 상기시킨 것이다. 보다시피 그는 데살로니가 신자들이 과거의 경험을 통해 이미 알고 있는 내용을 자꾸 다시 언급한다. 이런 문구는 과거에 대한 기념품 역할을 한다. 그것은 과거에 집착하게 하려는 게 아니라 과거를 통해 의욕을 불러일으키기 위함이다.

- "너희가 친히 아나니"(2:1).
- "너희가 아는 바와 같이 우리가 먼저 빌립보에서 고난과 능욕을 당하였으나"(2:2).
- "너희도 알거니와 우리가 아무 때에도 아첨하는 말이나…아니한 것을"(2:5).
- "형제들아…너희가 기억하리니"(2:9).
- "너희가 증인이요"(2:10).
- "너희도 아는 바와 같이"(2:11).

바울은 그들이 무엇을 기억하기를 바란 것일까? 무엇보다 자신이 그들을 방문한 일이 "헛되지 않은 줄을"(2:1) 그들이 알기를 바랐다. "헛되지"에 해당하는 헬라어 단어는 목적이나 진정성 없이 허망한 상태를 뜻한다.[3] 그런데 바울의 방문은 목적과 의미가 있었다. 그가 바란 것 이상의 성과가 있었다.

물론 일이 다르게 풀릴 수도 있었다. 사실 바울과 실라는 데살로니가에 들어갈 때 장식된 수레를 타지도 않았고, 색종이 테이프가 뿌려지는 행진도 없었다. 그들을 영접하는 환영 마차도 없었고, 시의회 고관들이 구원의 전령인 하나님의 대사들을 안내하지도 않았다.

반대로 그들은 빌립보에서 심히 능욕당한 채 초라한—어쩌면 아예 만신창이가 된—모습으로 왔다. 그때 바울과 실라는 로마 시민인데도 재판 없이 공적으로 옷이 벗겨졌고 매를 맞았으며 투옥되었다(행 16:19-24). 하지만 그들은 이런 극심한 박해와 고생에도 아랑곳없이 데살로니가로 건너와 담대히 말씀을 전했다(살전 2:2).

바울과 실라는 빌립보에서 데살로니가로 계속 진행하지 않고 항구 쪽으로 길을 돌이킬 수도 있었다. 아직도 얼얼한 패배의 흉터를 안고 배에 올라 안디옥으로 돌아갈 수도 있었다. 데살로니가로 향하기 전에 빌립보의 로마인과 시 관리에게 거부당한 일 때문에 스스로 실격이나 자격 미달로 느낄 수도 있었다. 그러나 그들은 위대한 지도자라면 누구나 조만간 배우는 사실을 알고 있었다. 즉 약점이 꼭 결격 사유가 될 필요는 없다는 것이다. 최고의 지도자라도 더러는 과거의 흉터가 있다. 고통과 고난, 파국과 실수, 좌절은 다 우리에게 인내와 오래 참음과 긍휼과 소망을 가르쳐줄 수 있다. 남에게 본이 되는 효과적 리더십의 필수 요소다.

—2:3-6—

지도자로서 당신 삶에 없어야 할 요소가 있다. 이번 본문에 최소한 네 가지 부정적 요소가 나오는데, 모두 데살로니가 신자를 향한 바울의 호소에서 건질 수 있다. 그의 리더십 유형은 의지적으로 이런 특성을 삼갔다. 우리도 각자의 영향권에서 지도자로 섬기려면 이를 잘 살펴 삶에서 제거해야 한다.

첫째, 바울은 속임수를 쓰지 않았다(2:3). 집집이 돌아다니며 홀리는 눈짓과 교묘한 수법으로 자신이 원하는 바를 얻어내려 하지 않았다. 그는 감언이설이나 절반의 진실만을 늘어놓는 사기꾼이 아니었다. 아무런 속셈 없이 데살로니가 사람들에게 정직하게 말했다. 아무 거짓 없는 진실한 사람의 초상이었다. 그의 마음은 단순했고 생각은 순수했다. 바울은 겉과 속이 같은 사람이었다. 꿍꿍이속을 품거나 남을 조종하거나 일구이언할 줄 몰랐다.

둘째, 바울은 사람의 비위를 맞추지 않았다(2:4-5). 그렇다고 기회 있을 때마다 일부러 남의 기분을 상하게 했다는 말이 아니다. 진실하지 않은 아첨을 삼갔다는 뜻이다. 그는 회심자를 얻어내려고 변칙을 쓴다든가 거부당하지 않으려고 메시지를 유화하지 않았다. 간단히 말해 아첨과 비위 맞추기는 정서 불안의 징후다. 그런 사람은 양다리를 걸치고 서서 양쪽 모두의 호감을 탐하며, 결정을 보류한 채 대중이 어느 쪽으로 기우는지 살핀다. 바울은 자신이 "아무 때에도 아첨하는 말이나…아니한 것"(2:5)이라 했다. 말과 행위로 오직 하나님을 기쁘시게 하려는 일념뿐이었다. 갈라디아서 1장 10절에서도 "이제 내가 사람들에게 좋게 하랴 하나님께 좋게 하랴 사람들에게 기쁨을 구하랴 내가 지금까지 사람들의 기쁨을 구하였다면 그리스도의 종이 아니니라"고 말했다. 우리도 그의 전략을 본받아야 한다. 남이야 어떻게 생각하든 하나님 앞에서 옳은 길을 가라.

셋째, 바울은 탐심이 없었다(2:5). 사람의 마음속 동기를 훌로 꿰뚫어 보시는 하나님을 증인 삼아 그는 자신과 실라와 디모데가 데살로니가 교인들에게 말씀을 전할 때 "탐심의 탈을 쓰지 아니"했다고 맹세했다(2:5). 탐심은 그저 더 가지려는 욕심이 아니라 끝없이 더, 더, 더 가지려는 욕심이다.

탐심이 극으로 치달으면 시기와 질투와 탐욕의 뿌리가 된다. 남의 것까지 손에 넣으려고 집착한다. 그 대상도 돈과 재물만이 아니다. 우리는 영광을 탐하여 늘 자신이 주목받으려 할 수 있다. 성취와 숫자, 권력과 영향력, 명성에 대해서도 탐욕을 품을 수 있다. 탐심을 죽이려면 절제가 필요하다. 그러면 동기가 순수해져 효과가 보장된 리더십 유형을 갖출 수 있다.

끝으로, 바울은 권위를 내세우지 않았다(2:7). 그는 그리스도가 직접 뽑으신 사도로서 성령의 능력으로 놀라운 기적들을 행했고, 다른 교회들에서도 권위를 인정받았다. 그만큼 최고의 대우를 받을 권리가 있었다. 그러나 그는 겸손히 데살로니가 사람들을 섬겼다. 사람의 영광을 구하거나 사도직을 패로 쓰지 않았다. 직권 남용은 영적 지도자에게 특히 솔깃한 유혹이다. 구성원들이 지도자를 떠받드는 경향이 있기 때문이다. 다른 사람들이 우러러볼 때 그것을 싫어할 사람이 누가 있겠는가? 그러나 이런 권위주의 유형은 자칫 무례함과 독재적 방식을 낳는다. 리더십에 필요한 견제와 감시를 거부할 수 있다. 그러면 그게 시한폭탄이 되어 지도자 자신과 기관을 폭발과 붕괴 쪽으로 몰아간다.

바울의 데살로니가 사역은 오늘 우리가 사역을 어떻게 이끌어야 하는지를 알려주는 모범이다. 그가 역설했듯이 바울 일행은 사역할 때 속임수나 아첨이나 탐심이나 교만으로 강압하지 않았다. 우리도 바울처럼 정직하고 투명하며 너그럽고 겸손하게 사역을 이끌어야 한다.

—2:7–11—

지금까지 바울은 남의 본이 되도록 부름받은 사람들이 삼가야 할 몇 가지 부정적 특성을 경고했다. 이제 지도자가 갖추어야 할 긍정적 특성으로 넘어간다. 이런 특성은 하나님을 영화롭게 하고 맡겨진 사람들을 복되게 한다.

첫째, 바울은 필요에 민감했다(2:7). 바울 일행은 데살로니가 신자들에게 거칠거나 둔감하지 않고 오히려 자녀를 돌보는 유모처럼 유순했다(2:7). 어머니의 역할에 이기심이란 없다. 어머니는 늘 자녀에게 자신을 내준다. 바울은 데살로니가의 갓난아기 신자들을 부드럽고 자상하게 품어주면서 하나님의 말씀이라는 양식으로 양육했다(벧전 2:2). 이타적으로 헌신하여 그들의 바람과 두려움을 이해하고 진정한 필요를 채워주었다.

둘째, 바울은 사람들을 향한 애정이 깊었다(살전 2:8). 데살로니가 신자들을 귀히 여기며 끈끈한 형제애로 사랑했다. 그들은 스스럼없이 바울을 가까이할 수 있었다. 아랫사람들에게 안전거리를 유지하는 일부 지도자와 달리 바울은 곁을 주기를 꺼린다든지 엄격한 사무적 관계에 집착하지 않았다. 오히려 사람들을 사랑하고 영육 간의 필요를 채워주는 데 온 힘을 다했다.

셋째, 바울은 투명성과 진정성의 본을 보였다(2:8–10). 바울은 데살로니가 사람들에게 진리의 메시지를 전했을 뿐 아니라 솔선하여 일상생활 속에 그 복음을 실천했다. 머잖아 새 신자들은 물론 비신자들까지도 그의 진정성을 보고 마음이 끌렸다. 그는 자신이 전하는 원리대로 살고자 애썼다. 행동과 메시지가 일치하는 지도자만이 영향을 끼치고 동기를 불러일으킬 수 있다.

넷째, 바울은 열렬히 인정해주었다(2:11). 부모나 코치라면 누구나 이해하겠지만 그는 자신이 권면과 위로와 경계로 그들을 열렬히 인정해주었음을 상기시켰다. 풋볼 선수 아들을 응원하는 아빠처럼 바울 일행도 교회의 새 신자들을 응원했다. 그들에게 그런 격려가 얼마나 요긴했던가! 그들은 영적 구타에 멍들고 유대인과 이방인 양쪽 모두에게서 시달린 상태였다. 비틀비틀 경기장을 나가 사이드라인에 주저앉기가 얼마나 쉬웠겠는가. 그런데 바울이 아버지처럼 자애로운 마음으로 그들을 인정하고 독려해주었다. 이게 바로 효과적인 리더십이다. 팀이 좌절감과 패배감에 빠져 있을 때도 이런 코치는 열정을 다하여 팀이 목표를

묵상의 서재

"당신은 안 어울립니다"(데살로니가전서 2:3-11)

"당신은 안 어울립니다!" 그 남자가 내게 말했다.

어느 목회자 수련회에서 내 강의를 여러 번 듣고 나서였다. 아마도 그는 고상한 색상의 양복, 빳빳한 흰색 셔츠, 단추를 채운 칼라, 꽉 조여 맨 넥타이, 주머니 가득한 팸플릿, 흠정역 성경책 등 무난하고 전형적인 모습의 설교자를 예상했던 모양이다.

자신의 기대에 어긋난 내게 그는 의혹의 눈길을 보냈다. "당신은 안 어울립니다. 도대체 왜 이러는 겁니까? 당신은 뿌리가 근본주의라면서 들어보면 근본주의자가 아닙니다. 신학이 좁은데 그렇다고 경직된 건 아닙니다. 하나님을 진지하게 대하면서도 내일이 없을 것처럼 웃습니다. 확신이 단단하면서도 율법주의적이지 않습니다." 결정타는 그다음에 나왔다. "게다가 긍휼히 여기는 마음까지 있습니다!"

그 말에 내가 뭐라고 하겠는가? 내 정체를 제대로 파악한 사람에게 말이다. 다만 마지막 한 마디가 나를 깊은 생각에 빠뜨렸다. 이튿날 아침에 잠이 깨서도 그 말이 떠올랐다. 게다가 긍휼히 여기는 마음까지 있다니! 마치 없어야 할 게 있다는 듯이 말이다. 다시 말해서 성경 진리와 복음 전파와 사역에 헌신한 사람은 남의 필요를 염려해서는 안 된다. 인간의 상한 마음, 굶주림, 질병, 망가진 삶, 고민, 정서 불안, 실패, 불만 따위에 신경 쓰지 말라. 이는 다 현세적이고 수평적인 고생에 불과하기 때문이다. 그런 문제라면 자유주의 목회자나 전문 상담자에게 맡겨두라.

솔직히 그게 때로 우리의 실상이 아닌가? 보수적으로 될수록 긍휼은 줄어드는 것 같지 않은가? 물론 예외도 있겠지만 일반적으로 그렇다는 말이다.

하지만 왜 양자택일이어야 하는가? 왜 양쪽을 겸비할 수는 없는가? 교리적으로 건전하면서도 마음에 긍휼을 품는 게 성경의 모델이건만 언제부터 우리는 거기서 벗어났는가? 바울은 데살로니가 사람들 가운데서 사역할 때 신학적 확신과 긍휼히 여기는 마음 둘 다를 보여주었다. 그들 가운데 살면서 그들을 사랑하고 가르치고 말씀을 전했다(살전 2:7-11). 언제부터 우리 머릿속에 "아니, 양쪽 다는 안 된다. 둘 중 하나만 택해야 한다!"는 생각이 굳어졌는가?

이제 우리는 그 틀을 깨고 주위를 놀라게 해야 한다. 긍휼 때문에 진리에 갈급해지고 진리 때문에 긍휼이 싹터야 한다. 우리만 그러는 게 아니다. 바울과 실라와 디모데도 데살로니가에서 사역할 때 바로 그런 모습을 보였다. 우리도 본받아야 한다.

향해 나아가도록 이끈다.

이처럼 바울은 데살로니가 교회에서 했던 자신의 사역을 돌아보며 효과적인 영적 리더십의 네 가지 긍정적 요소를 강조했다. 바로 필요에 민감한 마음, 사람들을 향한 애정, 삶의 진정성, 열렬한 인정이다. 오늘 우리의 사역도 이를 본받아야 한다.

—2:12—

그런 리더십이 지향하는 궁극의 목표는 무엇인가? 바울이 데살로니가 신자들을 이끌어가려던 목적지는 어디인가?

그들을 마게도냐에서 가장 큰 교회가 되게 하려는 것은 아니었다. 최고의 평판을 얻거나 최대의 예산을 관리하게 하려는 것도 아니었다. 이 모두의 요지는 그보다 훨씬 고상하고 중요했다. 바로 데살로니가 그리스도인들이 그들을 당신 나라로 부르신 "하나님께 합당히 행하게 하려 함"(2:12)이었다.

바울은 자신이 섬기는 사람들을 유익하게 하는 데 리더십의 중심을 두었다. 그들이 주님을 따르고 영원히 그분의 임재를 누리는 데 있었다. 이 목적과 상관이 없는 부수적 사안에는 주의를 빼앗기지 않았다. 그는 속임수와 권위주의적 자세를 삼갔고, 사람들의 필요에 민감한 마음으로 열렬히 인정해주었다. 이 모두가 자신이 이끌도록 부름받은 사람들이 그리스도인다운 행보에서 흐트러지지 않게 하려는 것이었다.

적용: 데살로니가전서 2:1-12
영적 리더십

기독교 서적 시장만 떼어놓고 보아도 리더십의 '방법론'을 다루는 교재는 넘쳐난다. 그 안에 효과적인 리더십 전략들이 제시되고 성공적인 리더십 유형들이 권장된다. 하지만 독서와 실천은 엄연히 다르다. 그런 실제적 원리도 알고만 있으면 아무 소용이 없다. 그러나 그게 지도자의 일상 속에 생활화되면 유익을 끼치는 정도를 넘어 혁신을 불러올 수 있다.

영적 리더십으로 하나님을 경외하고 교회의 덕을 세우던 바울의 습성도 마찬가지다.

우리가 책임을 맡은 영역이 가정이든 교실이든 교회든 기업이든 간에 데살로니가전서 2장 1-12절에서 건져 올리는 세 가지 요긴한 조언에 힘입어 우리도 효과가 보장된 리더십 유형을 체득할 수 있다.

첫째, 안정된 내면을 가꾸라. 내면을 본다고 해서 동력과 동기를 자기 안에서 구해야 한다는 뜻은 아니다. 우리의 힘과 동기는 그리스도에게서 와야 한다. 그러나 효과적인 영적 리더십으로 당면한 과제를 수행하려면 내면이 안정되어 있어야 한다. 그분이 부르신 것과 능력 주실 것을 확신하고 그분이 세우신 목적과 목표에 전념해야 한다. 그러면 사람의 비위를 맞추지 않을 수 있다. 아첨하고 남을 조종하라고 부추기는 유혹을 피할 수 있다.

둘째, 탁월함을 추구하라. 기준을 낮추거나 삶과 사역의 수준을 얼버무리지 말라. 아무리 힘들어도 매사에 탁월함을 추구해야 한다. 그것이 비록 혼자만의 열정일지라도 그 헌신의 영향으로 남들도 같은 길을 따를 수 있다. 각자 책임을 맡은 영역의 지도자로서 하나님이 주시는 비전을 분별하여 흔들림 없는 열정으로 그것을 따르라.

셋째, 의지를 다해 믿음을 지키라. 믿음을 생활화하라는 뜻이다. 다른 방법으로 다 안 될 때야 믿음을 찾아서는 안 된다. 처음부터 믿음으로 시작하라. 첫걸음을 내디딜 때부터 기도하라. 당신의 삶 속에 살아계신 하나님의 자리를 내드리고, 그리스도께 최고의 통치권을 맡기며, 자신의 힘이 아닌 성령의 능력을 의지하라. 의지적으로 그렇게 결단하라. 그러려면 인내와 절제와 자제를 실천해야 한다. 하나님께 당신을 위해 역사하실 여지와 시간을 드려야 한다.

이렇게 마음의 초점을 잡고 시선을 경건한 삶이라는 목표-자신의 목표이자 영향권 안에 있는 사람들을 위한 목표-에 확고히 고정하면, 당신도 바울의 긍정적이고 실제적인 리더십을 실행할 수 있다.

리더십의 이면(데살로니가전서 2:13-20)

13이러므로 우리가 하나님께 끊임없이 감사함은 너희가 우리에게 들은 바 하나님의 말씀을 받을 때에
사람의 말로 받지 아니하고 하나님의 말씀으로 받음이니 진실로 그러하도다 이 말씀이 또한 너희 믿
는 자 가운데에서 역사하느니라 14형제들아 너희가 그리스도 예수 안에서 유대에 있는 하나님의 교회
들을 본받은 자 되었으니 그들이 유대인들에게 고난을 받음과 같이 너희도 너희 동족에게서 동일한

고난을 받았느니라 15유대인은 주 예수와 선지자들을 죽이고 우리를 쫓아내고 하나님을 기쁘시게 하
지 아니하고 모든 사람에게 대적이 되어 16우리가 이방인에게 말하여 구원받게 함을 그들이 금하여
자기 죄를 항상 채우매 노하심이 끝까지 그들에게 임하였느니라
17형제들아 우리가 잠시 너희를 떠난 것은 얼굴이요 마음은 아니니 너희 얼굴 보기를 열정으로 더
욱 힘썼노라 18그러므로 나 바울은 한번 두번 너희에게 가고자 하였으나 사탄이 우리를 막았도다 19우
리의 소망이나 기쁨이나 자랑의 면류관이 무엇이냐 그가 강림하실 때 우리 주 예수 앞에 너희가 아니
냐 20너희는 우리의 영광이요 기쁨이니라

자신이 지휘할 팀이 없는 코치는 스포츠팬과 별로 다르지 않다. 학생 없는 교사는 독백의 달인일 뿐이다. 악단 없는 지휘자는 허공에 손을 휘젓는 광인에 불과하다. 리더십에 대한 유명한 격언이 있다. "본인이 이끈다고 생각해도 따르는 사람이 없다면 산보일 뿐이다."[4] 다시 말해서 자신에게 리더십 수완이 있는지 대충 시험해보려면 얼른 어깨너머를 뒤돌아 보면 된다. 따르는 사람이 있는가? 없다면 이끄는 게 아니다.

아무도 따르지 않는다면 지도자가 무슨 소용인가? 사람들을 감화하여 행동으로 이끄는 게 지도자의 사명인데, 상대가 무관심하거나 반항심을 보인다면 리더십 수완이 무슨 소용인가? 분명히 지도자의 성공은 따르는 자의 반응에 달려 있다. 이를 리더십의 이면이라 할 수 있다. 지도자와 관련한 문제는 눈에 잘 띈다. 그 부분은 앞 단락에서 살펴보았으니 이번에는 리더십의 반대편인 따르는 자의 반응을 보고자 한다.

데살로니가 사람들이 굳이 바울을 따르지 않았다면 그의 훌륭한 리더십 자질도 다 헛되고 부질없는 몸짓이 되고 말았을 것이다. 그러므로 잘 따르는 자의 자질은 중요한 논의의 주제다. 우선 필수이면서도 때로 간과되는 특성인 감사에서 시작해보자.

—2:13—

이번 장 서두에서 바울이 회고했듯이 그가 여러 달 전에 데살로니가에 갔던 일은—비록 그를 대항해 일어난 폭력과 추방 때문에 단축되기는 했으나—"헛되지" 않았다(2:1). 시간 낭비가 아니었다. 그러나 내가 아는 많은 목사는 수십 년의 사역을 돌아보며 바울과 같이 고백할 수 없다. 왜 그럴까? 그들이 교회에 쏟아부은 모든 땀이나 선교지에 투자한 눈물

이 영구한 열매를 맺지 못했기 때문이다. 그런데 바울이 경험한 데살로니가 교회는 그렇지 않았다.

바울과 동지들은 데살로니가 사람들에게 복음의 메시지만 전한 게 아니라 삶 전체를 사역에 쏟아부었다(2:8). 그러나 바울이 실천한 진정한 영적 리더십의 원리는 공식의 절반에 불과했다. 모든 일을 잘해놓고도 그는 결국 시간과 에너지만 허비했다는 결론에 도달할 수도 있었다. 잘 따르는 사람이 없으면 훌륭한 리더십도 무용지물이다. 바울의 데살로니가 사역에는 양쪽이 다 있었다. 그래서 그는 감사가 넘쳤다.

이미 1장 2–3절에서 바울은 자신의 감사를 이렇게 기술했다. "우리가 너희 모두로 말미암아 항상 하나님께 감사하며 기도할 때에 너희를 기억함은 너희의 믿음의 역사와 사랑의 수고와 우리 주 예수 그리스도에 대한 소망의 인내를 우리 하나님 아버지 앞에서 끊임없이 기억함이니." 그들을 떠올릴 때마다 바울의 반응은 감사였다. 이제 2장 13절에도 그는 다음과 같은 이유로 하나님께 끊임없이 감사를 되풀이한다.

1) 그들은 바울 일행의 설교를 한낱 인간의 말이 아니라 하나님의 말씀으로 받아들였다.
2) 하나님의 말씀이 그들의 삶에 역사하여 변화를 일으켰다.

물론 전자 없이는 후자도 있을 수 없고, 전자의 진정성은 후자를 통해 예증된다. 말씀을 받고 믿고 내면화하고 실천하고 그 안에서 견디는 일은 다 서로 맞물려 있다. 바울은 데살로니가 신자들이 말씀을 받아들인 일과 말씀이 낳은 변화 둘 다로 인해 하나님께 감사했다. 이를 하나님의 기적적인 역사로 본 것이다.

이 구절을 잘 보면 하나님의 말씀을 받아들이던 데살로니가 신자들의 자세를 바울이 두 단어로 묘사한다. 첫째는 "받을"로 번역된 헬라어 단어 *paralambanō*(3880)다. 이 단어는 흔히 스승에게서 전수되는 전통을 받는 사람을 기술할 때 쓰인다. 바울도 여러 해 전에 그리스도의 인격과 사역에 대한 복음의 메시지를 그렇게 받았었다.

> 내가 받은(*paralambanō*) 것을 먼저 너희에게 전하였노니 이는 성경대로 그리스도께서 우리 죄를 위하여 죽으시고 장사 지낸 바 되셨다가 성경대로 사흘 만에 다시 살아

나사 게바에게 보이시고 후에 열두 제자에게와(고전 15:3–5).

데살로니가 신자들은 성령의 역사로 이 속죄의 십자가와 빈 무덤을 하나님의 메시지로 잘 알아들었다. 그리하여 복음을 참을성 있게 듣고 깨달았을 뿐 아니라 받아들였는데, 본문에 "받음이니"로 번역된 이 둘째 헬라어 단어는 *dechomai*(1209)다. 누가복음 2장 28절에 시므온이 성육신하신 하나님의 말씀 곧 아기 예수를 받아 품에 안을 때도 이 단어가 쓰였다. 비슷하게 데살로니가 신자들도 마음을 다하여 복음을 받아들였다. 그 복음이 역사하여 그들의 삶에 믿음과 사랑과 소망을 낳았음은 당연한 일이다!

데살로니가 신자들이 지도자들을 그토록 잘 따른 이유도 거기에 있다. 그들은 바울과 실라와 디모데가 싸구려 물건이나 파는 잡상인이 아님을 알았다. 바울 일행은 하나님께 임명된 진정한 목자로서 거룩한 말씀을 전했다. 이는 충실한 제자도의 필수 요소이며, 그 결과로 데살로니가 교회도 이 지도자들을 본받았다.

—2:14—

이 구절에서 관점이 바울 사도와 동지들에게서 데살로니가 신자들 쪽으로 급선회한다. 우선 바울은 그들이 받은 말씀을 통해 하나님이 그들 가운데 어떻게 역사하셨는지 설명한다.

무엇보다 그들은 다른 교회들을 본받아 그리스도를 위해 고난을 견뎠다. 그렇다고 데살로니가 신자들이 일부러 작정하고 모여 이렇게 말했다는 뜻은 아니다. "어떻게 하면 유대 지방에서 배출된 첫 그리스도인들의 생활방식을 따라 할 수 있을까? 누가 그곳에 가서 그들이 어떻게 하고 있는지 보고 우리도 똑같이 할 수 있는 방법을 알아오라." 그보다 바울은 최초의 유대 그리스도인들과 근래의 마게도냐 신자들을 보며 양쪽이 처했던 상황과 반응의 공통점에 주목했다. 몇 가지 공통점은 무엇인가?

첫째, 양쪽 다 "동족"에게 박해를 받았다. 유대 지방의 유대인 신자들을 동료 유대인이 쫓아다니며 못살게 굴었듯이, 데살로니가의 이방인 신자들도 친구와 이웃에게 괴롭힘과 박해를 당했다.

둘째, 양쪽 다 고난을 받은 이유가 같았다. 그들은 "그리스도 예수 안에서…하나님의 교회들"이었다. 즉, 예수 그리스도의 인격과 사역을 통해 자신을 계시하신 유일하신 참 하나님께 전적으로 헌신되어 있었다. 십자가와 부활의 메시지를 받아들임으로써 데살로니가 신자들은 같은 마음을 품은 온 세상 신자들과 한편이 되었고, 그리하여 그리스도와 복음을 대적하는 세력의 노여움을 샀다.

끝으로, 양쪽 다 고난을 받으면서도 인내했다. 폭력 사태가 벌어져도 박해에 눌려 주저앉지 않았다. 오히려 고생을 견디며 고난 속에서 믿음과 사랑과 소망의 행위를 보여주었다. 그냥 압박과 고통에 굴하기가 얼마나 쉬웠겠는가. 그런데도 마게도냐의 이 신자들은 유대 지방의 유대인 형제들처럼 한 치도 물러서지 않았다.

—2:15-16—

예수 그리스도를 열심히 따랐어야 할 유대인 종교 및 정치 지도자들이 오히려 복음의 원수가 되었으니 비참한 아이러니다. 이들 믿지 않는 지도층은 하나님의 선지자들을 배척하던 구약의 옛 전통을 이어받아 진리를 박해했다. 이번 본문에서 바울은 복음을 충실히 따르는 삶과는 정반대인 노골적 반항을 부각한다.

바울이 지적했듯이 데살로니가 신자들과 유대에 있는 그들의 영적 대가족 모두가 공통으로 견딘 고난은 예로부터 복음을 위해 고난당한 하나님의 종들을 뒤잇는 삶이기도 했다. 구약의 선지자들과 신약의 사도들은 물론이고 주 예수께서도 동족인 믿지 않는 유대인들에게 박해를 당하셨다(2:15). 데살로니가 신자들도 특히 고난 중에 그리스도를 충실히 따르도록 부름받았다.

이 신자들과는 대조적으로 유대인 박해자들은 하나님을 기쁘시게 하지 않았다(2:15). "모든 사람에게 대적이 되"었다는 말은 예수님을 배척하고 그분의 백성을 박해함으로써 열방 만민을 구원할 길인 복음의 메시지를 막았다는 뜻이다. 복음의 진척을 방해하는 행위야말로 인류를 해치는 영적 중죄이므로 그 결과가 혹독하다 해도 놀라서는 안 된다.

대적하는 이 유대인들은 복음과 이방인의 원수가 되었을 뿐 아니라 사도와 선지자를 통해 역사하시는 하나님과 그리스도와 성령께도 원수가 되었다. 그 결과 그들은 "자기 죄를 항상 채"운다(2:16). F. F. 브루스(F. F. Bruce)는 "그러잖아도 거의 잘름잘름한 죄의 잔을 그들은 이번의 행위로 아예 아귀까지 채우고 있다…복음을 대적하는 그들의 박해는 돌아올 수 없는 지경까지 이르러 구제받을 수 없는 최종 보응을 피할 수 없다. 이미 보응이 임했다"고 설명했다.[5]

그뿐 아니라 그리스도의 적들은 악한 반항을 고집함으로써 오히려 하나님이 정하신 뜻을 이루었다. 하나님은 섭리 가운데 이스라엘 백성 다수의 마음이 완고해지도록 허용하셨다(롬 11:7-10). 예수님도 복음을 듣고도 믿지 않는 유대인에게 이사야 6장 9-10절의 예언을 적용하여 그들을 질타하셨다. 예수님은 이렇게 말씀하셨다.

> 이사야의 예언이 그들에게 이루어졌으니 일렀으되 너희가 듣기는 들어도 깨닫지 못할 것이요 보기는 보아도 알지 못하리라 이 백성들의 마음이 완악하여져서 그 귀는 듣기에 둔하고 눈은 감았으니 이는 눈으로 보고 귀로 듣고 마음으로 깨달아 돌이켜 내게 고침을 받을까 두려워함이라 하였느니라(마 13:14-15).

사도행전 끝부분에 보면 바울도 복음의 진리에 대해 논쟁하는 유대인 동족에게 같은 이사야 본문을 적용하여 이렇게 말했다. "성령이 선지자 이사야를 통하여 너희 조상들에게 말씀하신 것이 옳도다"(행 28:25).

이렇듯 유대인의 완고한 마음은 하나님의 허용적 뜻 가운데 있었다. 하지만 그렇다고 그 상태가 영원히 지속하거나 벌이 없다는 뜻은 아니다. 원래의 본문인 이사야 6장에서도 선지자가 듣지 않으려는 민족에게 언제까지 더 말씀을 전해야 하느냐고 주님께 여쭙자 하나님은 이렇게 답하셨다. "성읍들은 황폐하여 주민이 없으며 가옥들에는 사람이 없고 이 토지는 황폐하게 되며 여호와께서 사람들을 멀리 옮기셔서 이 땅 가운데에 황폐한 곳이 많을 때까지니라"(사 6:11-12).

하나님은 악한 반항을 허용하기는 하셨지만, 제한을 두셨다. 그들의 죄가 정해진 분량을 다 채우면 하나님의 징계가 임한다. 그분이 악인에 대한 통제권을 한시도 잃지 않으시므로 그들은 결코 무사히 빠져나갈 수 없다. 복음을 배척하고 공격하던 이스라엘에 임박한 그런 비참한 심판을 바울은 "노하심이 끝까지 그들에게 임하였느니라"(살전 2:16)는 말로 암시했다.

이 마지막 소절은 고금의 성경학자들을 곤경에 빠뜨렸다. 데살로니가전서가 기록된 시점이 AD 50년경인데, 바울은 이미 임한 진노를 말하듯 과거 시제를 썼다. 게다가 이 진노는 "끝까지" 임했다. 바울이 말한 진노란 무엇일까? 언제 임했을까? 예루살렘 성전이 파괴되려면 AD 70년까지 아직 20년이 더 남아 있었다. 학자에 따라 유대인이 겪은 이 "노하심"을 그 근래에 그들이 로마에서 추방되었던 사건으로 보거나, 하나님의 눈 밖에 난 표시로 로마 정부가 유대 민족을 국지적으로 박해했던 일로 보기도 한다.[6] 그러나 이 구절에 표현된 바울의 어법은 훨씬 단호해 보인다. 무언가 더 크고 중한 일을 생각했을 것이 분명하다. 이 서신의 다른 데서는 "노하심"(*orgē*, 3709)이란 단어가 예수님의 재림과 연관되어 종말에 임할 심판을 가리킨다(1:10, 5:9). 그러나 이번 문맥에서는 반드시 같은 뜻은 아니다.

또 "끝까지"란 무슨 뜻일까? 헬라어 문구는 *eis telos*(1519, 5056)로 역시 "끝까지"로 직역된다. 예수님도 장차 임할 환난을 "끝까지" 견디는 자는 구원을 받으리라고 말씀하실 때 똑같은 문구를 쓰셨다(마 10:22, 24:13, 막 13:13). 요컨대 바울의 말은 메시아를 배척하고 복음에 대항하는 유대인이 진노를 선고받은 상태에서 끝까지 여러 방식으로 그 진노를 겪으리라는 뜻일 수 있다.[7]

이는 예수님이 요한복음 3장 36절에서 하신 말씀과도 맞아떨어진다. "아들에게 순종하지 아니하는 자는 영생을 보지 못하고 도리어 하나님의 진노가 그 위에 머물러 있느니라." 하나님의 아들이신 예수님을 거부하는 한 유대 민족은 하나님의 진노 아래 놓여 있다(참조. 롬 1:18). 그런데 믿지 않는 유대인에게 하나님의 진노가 끝까지 머물러 있다는 이 해석에는 동시에 그들이 반항하는 한계도 정해져 있다. 즉, 장차 유대인도 데살로니가 신자들처럼 메시아를 받아들일 미래가 예견된 것이다. 바울은 그런 미래를 지목하여 로마서에 이렇게 썼다. "이방인의 충만한 수가 들어오기까지 이스라엘의 더러는 우둔하게 된 것이라"(롬 11:25-26). "복음으로 하면 그들이 너희로 말미암아 원수 된 자요 택하심으로 하면 조상들로 말미암아 사랑을 입은 자라 하나님의 은사와 부르심에는 후회하심이 없느니라"(롬 11:28-29).

바울의 어법을 이스라엘 백성이 그 상태에서 영영 돌이킬 수 없다는 뜻으로 보는 사람들도 있다.[8] 그러나 바울은 희망을 제시했다. 지금은 이스라엘이 메시아를 거부하여 하나님의 진노를 머리에 이고 있지만, 결국 어느 날 그들도 그분을 구주로 받아들여 그 진노가 걷힐 것이다.

—2:17-20—

데살로니가 신자들은 제자로서 리더십의 이면을 아름답게 내보였고(2:1, 8, 13), 바울은 그에 대해 이루 말할 수 없이 감사했다. 이번 본문에서 바울은 다시 동전을 뒤집어 스승과 제자의 조합, 이끄는 자와 따르는 자의 조합에서 자신의 역할로 되돌아간다. 바울의 모습을 손색없이 보여주는 세 가지 통찰이 이 본문에서 드러난다.

첫째, 바울은 떨어져 있음에도 그들에 대한 간절한 기대감을 드러냈다(2:17). 그는 그들을 잊으려고 데살로니가를 벗어났던 게 아니다. 일단 제품을 샀으니 이제부터 알아서 써야 하는 일회성 고객으로 그들을 대하지도 않았다. 선교사들이 그들을 "떠난 것"은 본의가 아니었다. "떠난"으로 번역된 헬라어 단어는 *aporphanizó*(642)로 직역하면 '고아가 된다'는 뜻이다. 흥미롭지 않은가? 부득이한 이별 때문에 "고아"가 된 쪽은 바울의 생각에 자신과 두 동역자인 실라와 디모데였다. 바울 일행은 데살로니가 신자들의 영적 부모였는데도 난폭하게 유괴당한 자녀처럼 슬퍼했다.

굳이 납치 같은 끔찍한 일을 상상하지 않아도 바울의 절절한 심정을 헤아릴 수 있다. 싫다고 몸부림치는 아이를 교회 유아실이나 보육원 놀이방이나 유치원 교실에 데려다 놓고 엄마 아빠가 슬쩍 빠져나오는 상황만 떠올려보아도 된다. 지극히 안전하고 아동 친화적인 환경인데도, 분리 장애가 심한 아이일 경우 그 답답한 공간에서 벗어나 부모의 안전한 품으로 돌아가려 내내 애쓸 것이다.

바울과 동료 선교사들도 그런 아이와 같았다. 데살로니가 신자들에게로 돌아가고 싶은 마음이 간절하다 못해 거의 강박적일 정도였다. 그게 가능해질 때까지는 떨어져 있는 상태로라도 그 교회와의 관계를 유지할 작정이었다. 그들을 떠나온 게 "얼굴이요 마음은 아니"라는 바울의 말이 바로 그런 뜻이다.

둘째, 바울은 사탄의 방해를 받으면서도 꾸준히 힘썼다(2:18). 바울과 실라는 추방당했지만, 데살로니가에 다시 가고 싶었다. 실제로 바울은 여러 번 시도했던 듯 보인다. 그런데 사탄이 막았다. 그것이 어떤 방식이었는지는 알려지지 않았다. 사탄이 정치적 박해를 더

조장해서 유대인 회당 지도자와 현지 관리를 양쪽 다 부추겨 그들을 대적하게 했는지도 모른다. 바울에게 "육체에 가시"(고후 12:7)가 있어 장거리 여행이 힘들었을 수도 있다. 확실히는 알 수 없다. 하지만 데살로니가에 얼굴을 비칠 수 없음에도 바울은 이에 아랑곳없이 다른 방법으로 계속 연락했다. 먼저 자기를 대신하여 디모데를 직접 보냈고(살전 3:2) 이어 편지를 보냈다.

셋째, 바울은 문제에 구애받지 않고 즐거운 소망을 내보였다(2:19-20). 그들과의 때 이른 생이별에 이어 다시 돌아가 대면할 기회마저 거듭 막혔지만, 그래도 그는 언젠가 그리스도가 강림하실 날 모든 신자가 즐거이 영광스럽게 재회할 것을 알았다. 장래의 어느 날 데살로니가 신자들이 자신에게 영광과 기쁨을 안겨줄 것을 절대적으로 확신했다. 그래서 바울은 그 생각만으로도 지금 소망과 기쁨과 희열을 누릴 수 있었다!

적용: 데살로니가전서 2:13-20
말씀을 받은 대로 실천하라

데살로니가 신자들은 하나님의 말씀을 받고 그대로 살아감으로써 그들이 얼마나 예수 그리스도를 헌신적으로 따르는지를 입증했다. 우리도 내용을 더 잘 이해하는 데서만 그친다면 이 서신의 목적을 놓친 것이다. 내용을 들을-즉 받을-뿐 아니라 마음에 품고 실천해야 한다. 들음에서 행함으로 이어지려면 이 본문에서 볼 수 있는 적어도 세 가지 요소가 우리에게 필요하다.

첫째, 하나님의 진리를 받아들이면 감사의 태도를 기를 수 있다. 우리도 이 신자들을 본받아 예수님을 경건하게 따르면, 하나님의 말씀을 삶 속에 받아들일 수밖에 없다. 설령 말씀의 내용을 듣고 싶지 않고, 말씀의 명령에 순종하고 싶지 않으며, 말씀의 경고에 순복하고 싶지 않더라도 말이다. 일단 그러고 나면 결국 감사하게 된다. 우리도 사람들에게 "이대로 하면 나중에 나한테 고맙다고 할 겁니다"라고 말할 때가 있다. 이는 하나님의 말씀을 받아들이는 사람에게 주어진 약속이기도 하다. 결코 후회할 일이 없다.

둘째, 하나님의 뜻을 수용하면 굳건한 소신으로 자족할 수 있다. 데살로니가 신자들은 고난과 고통과 박해와 역경에도 불구하고 숙명을 받아들였고, 혼자가 아님을 깨달았으며, 그리스도와 사도들을 따랐다. 자족하려는 그들의 소신은 형편이 좋아서가 아니라 여러 괴로운 도전을 무릅쓴 일이었다. 마찬가지로 우리도 주어진 길을 수용하고 하나님의 힘으로 걸어야 한다.

셋째, 중압감 속에서도 행복을 가꾸려면 하나님의 사람들을 인정해야 한다. 바울은 데살로니가 교인들을 자신의 소망이요 영광이요 기쁨이라 칭했다. 이것이 참된 인정이다! 당신은 사랑하는 사람들을 자주 인정해주는가? 일부러 함께 시간을 보내고, 찾아가며, 안부를 전하고, 쪽지를 남겨두는가? 우리 삶 속에 스승과 제자의 관계, 이끄는 자와 따르는 자의 관계를 애써 유지하려면 감사와 사랑과 기쁨을 표현해야 한다.

안전지대가 좁아질 때(데살로니가전서 3:1–8)

1이러므로 우리가 참다 못하여 우리만 아덴에 머물기를 좋게 생각하고 2우리 형제 곧 그리스도의 복
음을 전하는 하나님의 일꾼인 디모데를 보내노니 이는 너희를 굳건하게 하고 너희 믿음에 대하여 위
로함으로 3아무도 이 여러 환난 중에 흔들리지 않게 하려 함이라 우리가 이것을 위하여 세움 받은 줄
을 너희가 친히 알리라 4우리가 너희와 함께 있을 때에 장차 받을 환난을 너희에게 미리 말하였는데
과연 그렇게 된 것을 너희가 아느니라 5이러므로 나도 참다 못하여 너희 믿음을 알기 위하여 그를 보
내었노니 이는 혹 시험하는 자가 너희를 시험하여 우리 수고를 헛되게 할까 함이니

6지금은 디모데가 너희에게로부터 와서 너희 믿음과 사랑의 기쁜 소식을 우리에게 전하고 또 너
희가 항상 우리를 잘 생각하여 우리가 너희를 간절히 보고자 함과 같이 너희도 우리를 간절히 보고자
한다 하니 7이러므로 형제들아 우리가 모든 궁핍과 환난 가운데서 너희 믿음으로 말미암아 너희에게
위로를 받았노라 8그러므로 너희가 주 안에 굳게 선즉 우리가 이제는 살리라

로맨틱한 사랑의 경이를 긍정적으로 서술한 시와 수필과 노래를 모두 한데 쌓아 올린다고 상상해보라. 더미가 얼마나 높아질까? 높이가 엠파이어 스테이트 빌딩만 할까? 에베레스트산만 할까? 그 더미에 용기, 애국심, 가정 등을 주제로 한 작품을 더해보라. 아무도 능히 다 세지 못할 것이다. 그런 주제라면 그 아름다운 표현에 압도되지 않을 날이 하루도 없을 것이다.

그러나 실제로 고통을 예찬하는 유려한 서정시를 찾아보라. 후보작을 다섯 손가락 안에 꼽기도 힘들 것이다. 작가 필립 얀시(Philip Yancey)는 이렇게 썼다.

> 나는 고통을 덕목으로 칭송하는 시를 읽어본 적도 없고, 고통을 기리고자 세워진 동상을 본 적도 없으며, 고통에 바쳐진 찬송가를 들어본 적도 없다. 고통은 대개 '불쾌한 일'로 정의된다.
> 그리스도인들은 고통을 해석할 줄을 정말 모른다. 어둡고 은밀한 순간에 그들에게 다그쳐 묻는다면, 아마 많은 그리스도인이 고통 하나만은 하나님의 실수라고 털어놓을 것이다. 그분이 좀 더 열심히 노력하여 세상의 위험을 다루는 더 나은 방식을 생각해내셨어야 한다는 말이다.[9]

맞는 말이다. 고통과 그 일당인 환난, 고난, 고생, 역경은 흔히 삶을 유린하는 적으로 간주된다. 전방에 고통이 보일 때마다 우리는 돌아서서 달아나기 일쑤다. 우리 문화는 무슨 수를 써서라도 편안함을 추구한다. 그러다 보니 솔직히 안전지대가 좁아지면 우리는 분노한다. 그러나 성경에 따르면 고통은 삶의 필수 요소다. 고통이 싫더라도 거기서 교훈을 배우면 고통을 통해 성장하는 법을 터득할 수 있다. 물론 하나님이 허락하시는 고통을 받아들이면서 동시에 이겨내려고 싸우노라면 긴장이 수반된다. 그러나 고통을 하나님의 관점에서 볼 줄 알면 우리도 데살로니가 교인들처럼 환난 중에 큰 도움을 얻을 수 있다. 성경이 밝히 말하듯이 고통은 불가피할 뿐 아니라 꼭 필요하다.

소위 "만사형통의 복음"을 주창하는 부류는 믿음만 충분하면 그리스도인에게 고난이란 없다고 가르친다. 하지만 바울의 말대로 고난은 그리스도를 믿는 믿음과 짝을 이룬다(빌 1:29). 하나님이 악을 일으킨 가해자라든가 죄나 하다못해 유혹의 원인이라는 뜻은 아니다(요일 1:5). 이 세상에 고통과 고난이 찾아온 근본 원인은 인류의 죄, 곧 아담과 우리 양쪽 모두의 죄다(롬 8:20-22). 다만 고통과 고난이 불가피한 현실인 이 타락한 세상에서 그분은 일부러 고통을 우리의 교사로 쓰신다. 즉 고통은 우리에게 하나님의 힘과 말씀에 끊임없이 의지하는 법을 가르친다. 다른 방식으로는 결코 배우지 못할 교훈이다(시 119:67, 71, 75). 또 역경 덕분에 우리는 속도를 늦추고 하나님께 주의를 돌린다(전 7:13-14). 요컨대 하나님은 타락한 세상에서 당하는 고생과 시련과 고난과 고통을 통해 우리를 아들이신 예수님의 형상으로 빚으신다. 데살로니가 신자들은 우리의 안전지대가 좁아질 때 어떻게 반응해야 하는지를 보여주는 탁월한 모범이다.

—3:1–2—

고통과 고난의 불가피성이라는 영적 진리에 관한 한, 데살로니가 교인들은 그 교훈을 추상적으로만 배운 게 아니다. 시편에서 간접적으로 접했거나 멀리 있는 동료 신자들에 대한 소문을 들은 게 아니다. 그들은 고통을 직접 경험했다.

알다시피 바울과 실라는 현지에 불어닥친 박해에 떠밀려 데살로니가 그리스도인들을 떠나왔다(행 17:5–10). 캠프를 보냈거나 대학으로 떠나보낸 자식 때문에 노심초사하는 자애로운 부모처럼 그들도 다른 도시를 다니면서도 새 신자들이 걱정되었다. 그들의 형편을 알 수 없는 데서 오는 정당한 두려움과 집요한 무력감이 있었다. 그래서 바울과 실라는 고린도에 도착하기 직전 멀리 아테네에서나마 행동을 취했다. 자신들로 인해 소요 사태가 일어났던 그 도시로 다시 갈 수는 없었기에 바울과 실라는 젊은 동역자 디모데를 대신 보냈다(살전 3:1–2).

디모데의 사명은 두 가지, 즉 그들을 굳건하게 하고 위로하는 일이었다(3:2). 먼저 "굳건하게 하고"에 쓰인 헬라어 단어(*stērizō*, 4741)는 다른 여러 문맥에서 건물을 떠받치는 버팀목의 개념으로 쓰였다.[10] 흔들리기 쉬운 건물의 붕괴를 막아주는 부벽처럼 디모데도 데살로니가 신자들에게 바짝 붙어, 그들이 논쟁의 폭풍과 박해의 진동에 흔들려 무너지지 않게 해주었다.

"위로함"에 쓰인 헬라어 동사 *parakaleō*는 예수님이 성령을 지칭하여 쓰신 *paraklētos*(3875), 즉 "보혜사"라는 단어와 동족어다(요 14:16, 26, 15:26, 16:7). 두 헬라어 단어의 합성어인 이 동사는 본래 '곁에 오다'는 뜻이지만 점차 그 용법이 '응원하다', '격려하다', '돕다', '위로하다'는 뜻으로 발전되었다. 이 단어는 성령의 위로하시는 사역과 신학적으로 연관성이 있으며, 디모데도 위로하는 역할을 받고 직접 데살로니가 교회 곁으로 갔다. 이 두 사실에 비추어볼 때 바울이 생각한 위로는 몸으로 함께 있을 때만 가능한 위로였을 것이다.

—3:3–5—

바울과 실라와 디모데는 큰 논란과 소요 속에서 데살로니가를 워낙 황급히 떠났으므로 당연히 바울은 남겨둔 이들이 걱정될 만했다. 그들의 믿음을 굳건하게 하고 믿음의 행보를 격려하자면 그리스도를 위해 겪고 있는 고난을 올바른 신학적 관점에서 보게 해줄 필요가 있었다. 그래서 바울은 디모데를 보낸 목적을 그들의 믿음을 알기 위해서라고 거듭 말한다(3:5). 그는 자칫 사탄이 그들을 유혹하여 믿음과 사랑과 소망의 길에서 벗어나게 함으로써 자신의 모든 수고가 헛되게 될까 봐 우려했다.

우선 바울은 그들에게 환난 중에 흔들리지 말 것을 당부했다(3:3). "흔들리지"에 해당하는 단어 *sainō*(4525)는 신약에서 이곳에서만 쓰인 헬라어 단어로 '교란되다', '불안정해지다', '동요되다'는 뜻이 있다.[11] 이 단어를 개가 꼬리를 흔든다고 말할 때 쓰는 동사와 연관시키는 사람들도 있는데, 그러면 은유적으로 '알랑거리다', '아첨하다'는 뜻이 된다. 이 경우 바울은 환난을 당하는 와중에 데살로니가 신자들이 아첨하는 박해자들의 말에 솔깃해지기 쉽다는 우려를 표했을 수 있다. 박해자들은 그들을 회유하여 신앙을 버리고 이교로 돌아가거나 유대교를 받아들이게 하려 했을 것이다.[12] 또는 데살로니가 신자들이 지금 당한 고난과 환난에 불안정해져 여러 기만술에 쉽게 혹할 수 있음을 바울이 우려했다는 의미일 수도 있다.

우리도 시련을 당하다 보면 온갖 의문에 쉽사리 동요되어 중심까지 흔들릴 수 있다.

- 하나님이 더는 내게 관심이 없으신 건가?
- 그분은 나를 버리지도 않고 떠나지도 않겠다고 약속하지 않으셨던가?
- 선하고 능하신 하나님이 어떻게 이런 별이 벌어지게 그냥 두실 수 있는가?
- 하나님은 막으실 수 있는데도 왜 막지 않으시는가?
- 내게 벌어지는 일들이 다 내 잘못 때문인가?

환난을 겪는 중에 흔들리면 그때부터 우리를 향한 하나님의 사랑, 복음의 진리, 언젠가는 고통과 고난에서 건져지리라는 소망을 의심하게 된다. 그래서 바울은 디모데를 보냈다. 시련을 겪다가 의심 때문에 신앙이 무너지지 않도록 데살로니가 신자들을 굳건하게 하고 위로하기 위해서였다.

바울은 독자들을 더 보호하고자 두 가지 중요한 신학적 진리를 일깨워 고난을 바른 시각에서 보게 해준다. 첫째, 고난은 신자의 운명이다(3:3). 그리스도가 영광의 면류관을 받으시기 전에 고난의 십자가를 거치셔야 했듯이 우리도 이생에서 각자에게 주어진 십자가를 감당해야 한다. 이는 하나님이 우리를 미워하시거나 노여워하신다는 징후가 아니라 오히려 우리로 하여금 그리스도를 더 닮게 하시려고 하나님이 예정하신 계획의 일환이다. 둘째, 바울은 환난이 반드시 올 테니 대비해야 한다고 분명히 경고했었다(3:4). 박해와 환난이 올 것을 미리 알면 준비된 상태로 맞을 수 있다.

우리에게 우연히 벌어지는 일은 하나도 없다. 무엇이 우리에게 최선이며 어떻게 그리스도의 형상으로 가장 잘 빚어질 수 있는지 하나님이 정해두셨다. 이 진리를 알기에 우리는 역경의 정도나 분량에 결코 충격을 받거나 기겁해서는 안 된다. 데살로니가 신자들처럼 우리도 다 미리 경고를 받았으므로 환난이 닥쳐올 때 준비되어 있다가 믿음과 사랑과 소망으로 직면해야 한다.

—3:6–8—

데살로니가 교인들은 자신들이 당한 환난에 얼마든지 다른 방식으로 반응할 수도 있었다. 과거나 현재의 권위자들에게 적개심을 품거나, 그리스도인 친구들을 멀리하거나, 성경의 가르침에 냉담해질 수도 있었다. 그러나 그들은 조금도 이렇게 본능적으로 반응하지 않았다. 오히려 그들은 정반대로 반응한 것으로 보인다.

데살로니가 신자들은 그 교회를 개척한 사도 바울과 실라의 권위를 계속 받아들였고, 늘 그들과 가깝게 지내기를 원했다. 간절히 보고 싶은 마음도 바울 일행이나 이 신자들이나 서로 같았다(3:6). 자기 힘에 부칠 때면 남에게 책임을 전가하는 것이 사람의 본성이다. "바울 때문에 이게 무슨 고생인가!"라고 말하기가 얼마나 쉬웠겠는가. 그들은 바울을 냉대하거나 디모데를 냉담하게 맞이할 수도 있었다.

그런데 디모데는 그 신자들의 믿음과 사랑과 소망이 환난과 궁핍을 견뎌낸 정도가 아니라 승승장구하고 있다는 희소식을 가져왔다. 바울에게 전달된 이 소식은 때마침 그 자신의 영적 필요를 채워주었다. 찰스 라이리(Charles Ryrie)는 "여기서 쓰인 '위로'라는 단어는 마음을 달래는 정도를 넘어 '굳건하게 함'을 뜻한다. 이 소식은 바울에게 꼭 필요한 때 전해졌

다. 그 역시 환난과 궁핍의 중압감 속에 있었기 때문이다"고 주해했다.[13]

"그러므로 너희가 주 안에 굳게 선즉 우리가 이제는 살리라"(3:8). 이 말 속에 넘쳐흐르는 바울의 감격을 놓치지 말라. 그는 그들이 무사하리라는 것을 알았다. 자신의 궁핍한 상황과 불안한 미래에도 불구하고 데살로니가의 영적 자녀들이 잘 지내리라는 생각에 심호흡을 하며 웃을 수 있었다. 사탄은 그들을 현세의 안전지대에서 몰아내려 했으나 하나님의 영적 진리는 말로 형언할 수 없는 힘과 평안과 기쁨을 가져다주었다. 그리스도가 친히 그 도시에 침투하셨다.

그리고 떠나지 않으셨다.

적용: 데살로니가전서 3:1-8
하나님을 의지하라

안전지대가 좁아지는 것을 좋아할 사람은 없다. 물론 소소한 짜증을 한동안 견디거나 어쩌다 한 번씩 낭패를 참을 수는 있다. 그러나 계획과 사업이 돌연 중단되거나 이 땅의 소중한 재물을 하나둘 빼앗길 때면 두려움과 좌절감과 심지어 공포가 밀려올 수 있다. 의심과 염려와 분노와 책임 전가에 빠질 수 있다. 그런 상황에서 믿음과 사랑과 소망은 살아 있는 실천적 진리라기보다 동떨어진 교리적 이론처럼 보인다. 환난과 궁핍이 불가피한 현실이라는 바울의 말 속에 우리를 위한 두 가지 중요한 진리가 담겨 있다.

첫째, 그리스도인이 안전지대를 침해당함은 억울한 일이 아니라 필수다. 고통이 "아무도 원하지 않는 선물"이라는 필립 얀시의 말은 옳지만,[14] 그래도 믿음과 사랑과 소망 안에서 자라가려면 그 선물을 예상하고 수용해야 한다. 시험은 우리의 안락하고 분주한 삶에 때로 참담한 영향을 미치지만 결국은 우리를 정화해준다. 그런 유혹이 홍수처럼 밀려올 때 우리는 결연한 각오로 그 여파를 견뎌내야 한다.

솔직히 나도 고통을 피하려고 애쓰는 사람이다. 누군들 그러지 않겠는가? 고통과 잠재적 손해의 규모가 클수록 우리는 더 빠르게 더 멀리 달아나고 싶어진다. 그러나 성경에서 누누이 보듯이 사람이 성숙하려면 고통이 필수다. 그런 씨름과 고난을 통해 우리는 그리스도의 고난에 동참하고 그분의 형상을 닮아갈 수 있다. 또 고난의 때를 맞은 다른 사람들을 준비된 모습으로 도울 수 있다.

둘째, 전투 중인 군인에게 고생은 예외가 아니라 당연한 일이다. 2차 세계대전 중에 "전투 상황!"이란 구호는 모두가 희생의 필요성을 인식해야 함을 뜻했다. 그때만은 몰래 물자를 감추거나 개인의 권리를 주장하거나 호사를 부릴 때가 아니었다. 고통의 시기인 만큼 더 큰 목표에 방해가 된다면 무엇이든 포기해야 했다. 더 큰 선(善)이란 적을 무찌르는 일이었다. 적이 일개 국가를 멸할 뿐 아니라 온 세상을 어둠 속에 빠뜨릴 수 있었기 때문이다. 마찬가지로 이 타락하고 죄 많고 귀신이 득실거리는 세상에서 살아가는 한 우리가 적진에 있다는 사실을 잊어서는 안 된다. 지금은 전투 상황이다! 믿음과 사랑과 소망 안에 견고히 서서 전쟁에 늘 준비되어 있어야 한다.

우리에게 성공과 복의 탄탄대로가 계속 열리면 우리는 삶 속에서 하나님의 임재와 섭리를 알아보지 못하기가 쉽다. 그러나 한없이 힘들고 괴로운 시련 중에는 하나님을 의지할 수밖에 없다. 전투에서 승리하는 것은 하나님께만 달려 있다. 그리고 우리는 아버지이신 그분의 품안에서 신기한 위로와 평안과 치유를 얻고 놀랄 것이다.

삶다운 삶의 의미(데살로니가전서 3:9–13)

9우리가 우리 하나님 앞에서 너희로 말미암아 모든 기쁨으로 기뻐하니 너희를 위하여 능히 어떠한 감
사로 하나님께 보답할까 10주야로 심히 간구함은 너희 얼굴을 보고 너희 믿음이 부족한 것을 보충하
게 하려 함이라
11하나님 우리 아버지와 우리 주 예수는 우리 길을 너희에게로 갈 수 있게 하시오며 12또 주께서
우리가 너희를 사랑함과 같이 너희도 피차간과 모든 사람에 대한 사랑이 더욱 많아 넘치게 하사 13너
희 마음을 굳건하게 하시고 우리 주 예수께서 그의 모든 성도와 함께 강림하실 때에 하나님 우리 아
버지 앞에서 거룩함에 흠이 없게 하시기를 원하노라

날마다 '행복한 삶'에 대한 선전이 우리 앞에 쏟아져 나온다. 혹은 미묘하게 혹은 대담하게 온갖 호소를 동원하여, 행복이 '보장된' 인생철학을 받아들이라고 부추긴다. 대개는 속속들이 쾌락주의적이고 물질주의적이다. 저마다 진정한 만족을 약속하지만 사실은 말뿐이다. '행복한 삶'을 강매하는 이런 부류에게 막상 캐물어보면 필시 자신도 그게 무슨 뜻인지 모를 것이다.

그렇다면 삶다운 삶이란 어떤 의미인가?

번영을 부르짖는 장사치들은 제대로 살려면 돈이 필요하다고 말한다. 그뿐이다. 재물로 행복한 삶을 구입하면 된다. 하지만 돈에 굶주린 우리 문화는 번영을 이루고도 불만족과 실망과 우울로 병들어 있다. 어떤 사람들은 삶다운 삶을 젊음의 몫으로 돌린다. 내면의 젊음이 아니라 체력과 외모와 몸매가 좋아야 한다는 말이다. 그래서 사람들은 눈에 띄는 노화 현상을 되돌리려고 복부 성형, 모발 이식, 기타 값비싼 외모 고치기에 열을 올린다. 하지만 외관상 젊어 보이거나 심지어 기분상 젊다는 느낌이 곧 삶과 동일한가? 또 어떤 사람들에게 진정한 삶이란 긴장을 풀고 조용히 쉬며 해먹에 누워 칵테일을 홀짝인다는 뜻이다. 하지만 나른한 졸음에 마음껏 취하는 실존이 곧 삶의 정의인가? 왜 교양 있는 삶, 모험하는 삶, 절제된 삶, 자유분방한 삶 따위는 아닌가?

혼자 두면 우리는 진정성과 진짜를 인위성과 가짜로 대체한다. 특히 정신적, 정서적, 영적 영역에서 그렇다. 정신적으로는 참된 지혜를 지식이나 한낱 정보로 대체한다. 정서적으로는 실제 사실을 감정이나 견해로 대체한다. 영적으로는 영원과 천국을 현세와 지상으로 대체한다. 하지만 이렇게 자신의 상상에 의지하면 "삶다운 삶이란 어떤 의미인가?"라는 물음에 답할 수 없다.

솔직히 내가 만일 바울이나 실라나 심지어 젊은 디모데로서 그 상황에서 데살로니가전서를 썼다면, 아마 "우리가 이제는 살리라"고 말하지 못했을 것이다. 고국을 멀리 떠나온 이들 초기 선교사들은 베이고 멍든 상처투성이에다 건강이 나빠져 고생했고, 복음을 반대하는 적들에게 쫓겼다. 그야말로 늘 고생이 끊이지 않았다. 그런데도 바울은 "우리가 이제는 살리라"(3:8)고 말했다. 어떻게 그럴 수 있었을까? 3장 9-13절에서 고백한 삶의 네 가지 요인 덕분에 그는 삶의 의미를 하나님의 관점에서 볼 수 있었다. 즉 그는 기뻐하며 감사했고(3:9), 간절히 기도했으며(3:10-11), 사랑이 넘쳤고(3:12), 거룩함에 굳건했다(3:13). 이게 바로 삶다운 삶이다.

—3:9—

바울은 "왜냐하면"이라는 단어로 시작하여(헬라어 원문과 저자가 사용하는 NASB에는 9절 서두에 그 단어가 있다–역주) 8절의 "너희가 주 안에 굳게 선즉 우리가 이제는 살리라"는 고백의 근거를 설명한다. 어떻게 이제는 살 수 있을까? 그 답이 9절에 일종의 수사의문문으로 설명된다. 바울의 이 말은 의문문이지만 감탄문으로 읽어야 한다.[15] "우리가 우리 하나님 앞에서 너희로 말미암아 모든 기쁨으로 기뻐하니 너희를 위하여 능히 어떠한 감사로 하나님께 보답할까." 답은 무엇인가? 아무리 감사해도 바울 일행이 누리고 있는 기쁨에 대한 감사를 하나님께 다 표현할 수 없다는 것이다.

내가 이 장면을 상상하면 바울은 이 말을 쓰면서 웃음을 머금고 있다. 그는 데살로니가 신자들의 따뜻한 우정을 기억했고, 그들이 믿음 안에 견고히 서 있다는 소식에 반색했다. 그러니 기쁨과 형언할 수 없는 감사로 희색이 만면할 수밖에 없었다. 직접 그들을 방문하려다 사탄에게 막혔고(2:18) "궁핍과 환난"도 있었지만(3:7), 그래도 그는 기뻐할 수 있었다.

바울이 삶다운 삶의 의미를 하나님의 관점에서 보게 된 첫째 요인이 이 때문이다. 그는 기뻐하며 감사했다. 자신의 삶에 주어진 하나님의 복을 감사하며 헤아렸다. 그 복에 무엇보다도 데살로니가 신자들이 포함되어 있었다. 시편 저자처럼 그도 마음을 다하여 이렇게 고백할 수 있었다.

> 내 영혼아 여호와를 송축하라
> 내 속에 있는 것들아 다 그의 거룩한 이름을 송축하라
> 내 영혼아 여호와를 송축하며
> 그의 모든 은택을 잊지 말지어다(시 103:1–2).

어둡고 칙칙한 환경에서도 환히 빛나던 바울의 미소는 사람들을 그리스도께로 이끄는 등댓불과 같았다. 그의 관점과 행실을 주위에서도 무시할 수 없었을 것이다. 그렇다고 그가 매일 매순간 억지웃음을 지으며 헤벌쭉거렸다는 뜻은 물론 아니다. 바울은 미치광이가 아니었다. 그건 기쁨이 아니라 미련하거나 제정신이 아닌 상태다. 바울이 보여준 깊은 기쁨은 그의 내면에 기쁨을 주시는 성령의 역사에서 흘러나왔다(갈 5:22).

—3:10-11—

바울이 진정한 삶의 의미를 하나님의 관점에서 볼 수 있었던 요인은 기쁨에 찬 감사만이 아니다. 그는 또 간절히 기도했다. 마음의 진정한 기쁨이 "주야로" 간구하는 행동으로 흘러나왔다(3:10). 그는 꾸준히, 열심히, 뜨겁게, 목적을 두고 기도했다.

흥미롭게도 바울은 자신이 기도하는 빈도를 "주야로"라는 말로 표현했다. 웬만한 사람은 새벽 '경건의 시간'이나 취침 전 드리는 밤 기도 중에서 어느 한 쪽을 택한다. 그런데 바울은 끊임없이 기도한다고 했다. 바울에게 기도하기에 나쁜 때란 없었다.

게다가 이 간구는 건성이거나 기계적이거나 "오늘도 잘 자게 해주세요"처럼 판에 박힌 문구가 아니었다. 바울의 기도가 어떤 성질의 것이었는지를 말해주는 헬라어 부사 "간절히"는(개역개정에는 동사와 합성되어 "간구함은"으로 옮겨졌다-역주) 실제로 "아주 극도로"라는 뜻의 강조 표현이다.[16] 그만큼 기도가 간절하고 뜨거웠다는 말이다!

그는 구체적으로 두 가지를 간구했다. 첫째, 일정을 방해하는 사탄을 하나님이 막아주셔서 자신과 실라가 다시 데살로니가 성도들의 얼굴을 볼 수 있게 해달라고 기도했다(3:10-11). 그는 사랑하는 믿음의 자녀들을 몸으로 대면하고 싶은 마음이 간절했다. 장애물이 걷히기 전까지는 인편과 서신을 보내는 선에서 만족해야 했다. 하지만 정말 바울과 실라는 데살로니가 신자들을 볼 수 있도록 하나님이 길을 인도하시고 문을 열어주시기를 소원했다(3:11).

둘째, 바울은 그들의 부족한 믿음을 "보충하려"(3:10) 했다. 이는 데살로니가 신자들의 믿음이 시들해졌다는 말이 아니라 기독교 신앙의 내용 가운데 그들에게 미처 교육하지 못한 부분이 있다는 뜻이다. 알다시피 사도의 가르침이 급히 중단되는 바람에 그들에게 필요한 내용을 다 가르치거나 예시할 수 없었다. 중학교를 그만두고 바로 직업 전선에 내던져진 아이처럼 바울은 그들에게도 기독교 신앙의 교리적 차원과 실천적 차원에 교육이 더 필요함을 알았다.

그는 이 모두를 데살로니가 신자들에게 해주고 싶었다. 얼마나 놀라운가! 요즘 웬만한 사람이 하나님 앞에서 간절히 올려드리는 기도는 자신의 요청과 간구와 필요와 소원이다. 그런데 바울은 이들의 필요를 자신의 부담으로 품고 주님 앞에 올려드렸다. 끊임없는 간구로 그 부담을 하나님의 손에 의탁했다.

바울은 간절한 기도를 통해 삶다운 삶을 배웠다.

—3:12—

기쁨에 찬 감사에서 간절한 기도를 지나 바울은 삶다운 삶의 의미에 대한 하나님의 관점을 넘치는 사랑을 통해 더 얻었다(3:12).

삶을 제대로 누리려면—삶답게 살려면—우리 모두 풍성한 사랑이 필요하다. 거기까지는 교회 바깥의 많은 사람도 전심으로 동의할 것이다. 하지만 그들이 생각하는 사랑이란 얄팍한 감상이나 야한 성애다. 결국 만족을 주지 못할 이기적이고 감각적인 '사랑'이다. 이런 세상적이고 육신적인 거짓 사랑은 데살로니가 신자들이 "피차간[에]…대한 사랑이 더욱 많아 넘치"기를(3:12) 바랐던 바울의 소원과는 무관하다. 후자의 사랑은 마음과 생각의 내적 충동에서 오지도 않고, 몸과 지체의 걷잡을 수 없는 강박에서 오지도 않는다. 그런 사랑은 주님에게서 온다.

중년 이후의 많은 부모는 자녀가 장성하여 사랑에 빠지는 모습을 기대 반 염려 반으로 지켜보게 된다. 자녀는 한 사람을 향한 사랑이 점점 커지고 넘쳐서, 결국 연애와 약혼을 거쳐 결혼하고 자녀를 낳아 결혼생활의 모든 결실을 누리기에 이른다. 그런데 이 과정은 언제라도 중단되거나 헛돌거나 아예 역류할 수 있다. 커플의 사랑은 식어질 수 있다. 중간에 결렬될 수 있다. 부부관계도 무너질 수 있다. 이 책을 읽고 있는 많은 독자가 별거나 이혼의 비극을 직간접으로 경험했을 것이다. 부부애가 점점 더 깊어지는 것은 고사하고 메말라 사라지면 이런 결과에 이르는 것이다.

아가페(*agapē*, 26)는 신자들이 서로에게 베풀어야 할 고차원의 무조건적 사랑이다. 그러니 이 사랑을 실천하려면 하나님의 끊임없는 지원이 얼마나 더 필요하겠는가? 그래서 바울은 데살로니가 신자들의 사랑이 피차간에 더욱 많아 넘치게 해달라고 주님께 기도할 수밖에 없었다. 인간의 힘으로는 이런 사랑이 나올 수 없다. 우리 안에는 결코 아가페 사랑을 실행할 자원이 없다. 이 사랑은 자기보다 남을 생각하며, 위로할 뿐 아니라 희생한다. 솔선하여 남을 위해 희생하신 그리스도를 본받아 자신의 목숨을 내주는 사랑이다. 우리 힘으로

라면 연료가 떨어져 사랑이 후진할 것이다. 우리의 사랑은 성령을 통해서만 더욱 풍성해지고 넘칠 수 있다.

그런데 이 사랑의 대상은 교회에 있는 사람들만이 아니다. 바울은 기준을 더 높여 그들의 사랑이 "모든 사람에 대"해서도(3:12) 더욱 많아지도록 기도했다. 1세기에 그들이 처한 정황에서 이런 사랑은 어렵다 못해 기적에 가까웠다! 비신자들은 그들을 모욕하고 비방하며 괴롭혔고 부상까지 입혔다. 그런데도 신자들은 상대를 아무 조건 없는 사랑으로 대해야 했다. 그렇게까지 깊고 넓고 심지어 불합리한 애정은 주님만이 감화하실 수 있다.

그래도 불가능한 사랑은 아니다. 하나님으로서는 다 하실 수 있다(마 19:26). 바울과 실라는 데살로니가 신자들 가운데서 그런 사랑의 본을 보였다. 그 신자들이 사랑 없이 그리스도를 거부하던 때부터 그들을 사랑했고, 또 시간적으로나 거리상으로 떨어져 있는 중에도 계속 뜨겁게 사랑했다. 사도 바울과 선지자 실라(행 15:32)는 그리스도가 감화하신 사랑을 데살로니가 신자들에게 실천했고, 이 넘치는 사랑을 통해 그들에게 삶다운 삶의 의미를 가르쳤다.

—3:13—

삶다운 삶의 의미를 가르쳐주는 처음 세 요인은 모두 넷째 요인으로 귀결된다. 기쁨에 찬 감사는 바울이 간절히 기도했다는 뜻이고, 하나님에게서만 올 수 있는 넘치는 사랑은 굳건한 거룩함으로 이어진다(3:13). 이 거룩한 심령–과 뿌리 깊은 성품–은 사랑이 더욱 많아 넘쳐난 결과다(3:12). 바울은 이 논리적 고리를 13절 서두의 "그리하여"라는 접속사로 나타냈다(개역개정에는 12절 끝에 나오는 "하사"라는 표현 속에 함축되어 있다–역주).

바울은 하나님이 그들의 마음을 굳건하게 하셔서 그리스도가 모든 성도와 함께 강림하실 때 "하나님 우리 아버지 앞에서 거룩함에"(3:13) 흠이 없게 하시도록 기도했다. 그는 하나님의 기준이라는 거룩한 토대 위에 그들의 발이 든든히 서 있기를 바랐다. 세상은 하나님의 기준을 조금씩 허물어뜨리거나, "못할 일이 없다"는 육욕 원칙의 폭약으로 그 기준을 폭파할 수 있다. 그러나 그리스도가 다시 오실 때 우리는 죄인 쪽에 유리하게 저울을 조작하는 인간 판사 앞에 서지 않는다. 하나님이 정하신 옳고 그름이 최종 기준이며, 재판장이신 그분은 인간 판사와 달리 증거를 살피거나 논고를 듣고서야 유무죄를 최대한 추정하실 필요가 없다. 오직 그분만이 마음의 생각과 뜻까지 모든 것을 아신다(히 4:12).

그래서 베드로는 독자들에게 이렇게 권고했다.

> 그러므로 너희 마음의 허리를 동이고 근신하여 예수 그리스도께서 나타나실 때에 너희에게 가져다주실 은혜를 온전히 바랄지어다 너희가 순종하는 자식처럼 전에 알지 못할 때에 따르던 너희 사욕을 본받지 말고 오직 너희를 부르신 거룩한 이처럼 너희도 모든 행실에 거룩한 자가 되라 기록되었으되 내가 거룩하니 너희도 거룩할지어다 하셨느니라(벧전 1:13-16).

주 그리스도가 거룩한 모범을 보이셨고, 성령으로 말미암아 은혜로 능력을 주신다. 그렇지 않다면 삶다운 삶은 불가능하다. 원수와의 싸움은 절망적 패배로 끝나고 우리는 고군분투하다 패잔병이 될 것이다. 정신적, 정서적, 영적으로 다시 진품 아닌 대용품을 찾아 나설 것이다.

다행히 우리는 대용품에 안주할 필요가 없다. 사도 바울에게 감화하신 말씀을 통해 성령이 우리에게 삶다운 삶의 의미를 계시해주셨다.

적용: 데살로니가전서 3:9-13
삶다운 삶에 필요한 모든 것

데살로니가 신자들의 경험에서 그리고 바울의 말과 모범에서 배우면, 우리도 삶다운 삶의 의미를 알게 된다. 삶다운 삶이란 성장을 뜻한다. 신체적으로가 아니라 정신적, 정서적, 영적으로 자라는 삶이다.

정신적으로 더 지혜롭게 자란다. 세상의 생활방식에 이끌려 곁길로 빠지는 사람은 지혜를 지식으로 대체한다. 하나님이 주시는 깨달음보다 학식과 세상 철학에 더 감동한다. 살아계신 성령이 오래전에 감화하신 '구식' 성경 진리보다 최신 연구에 더 휩쓸린다. 우리는 이에 대해 어떻게 반응해야 할까? 삶다운 삶의 의미에 대한 바울의 원리를 받아들이라. 당신의 사고를 비뚤어지게 만들려는 세상의 메시지를 물리치고 버리라(롬 12:1-2). 그러면 참된 지혜가 하나님의 선물임을 금방 깨달을 것이다.

정서적으로 더 강건하게 자란다. 자신의 취향과 변덕스러운 감정에 이끌려 온갖 상충되는 관점에 빠지지 말라. 우리의 태도와 행동은 하나님의 말씀이 사실대로 가리키는 길을 따라가야 한다. 우리는 이에 대해 어떻게 반응해야 할까? 하나님 말씀의 진리를 깊은 믿음으로 받아들이라. 당신의 감정과 무관하게 말씀대로 믿고 순종하기로 결단하라. 그래야만 믿음과 사랑과 거룩함에서 더 강건해질 수 있다.

영적으로 더 순결하게 자란다. 요즘은 영원한 삶을 덧없는 삶으로 대체하는 사람이 너무 많다. 그들은 현세에 취해 흥청망청하며 쾌락과 재화를 즐긴다. 우리는 이에 대해 어떻게 반응해야 할까? 열등한 물질주의를 버리고 우월한 영성을 취하라. 얄팍한 감상보다는 거룩함과 더 깊은 영적 실체를 중시하라. 하나님이 처방해주신 삶다운 삶의 의미를 받아들이라.

지혜와 힘과 거룩함은 모두 기본적으로 하나님의 능력과 공급을 요한다. 이를 그리스도의 구원과 우리 삶을 향한 성령의 역사를 떠나서 이루려 하면 어떻게 되는지 아는가? 마치 자동차의 연료통에 공기나 물이나 모래를 넣는 것과 같다. 우리가 지혜를 지식으로, 사실을 감정으로, 영원을 현세로 대체하려 발버둥치는 이유는 삶다운 삶에 필요한 연료로 우리 삶을 채우지 않았기 때문이다.

이제라도 자신을 의지하던 자만에서 돌이켜 "생명과 경건에 속한 모든 것"(벧후 1:3)을 오직 그리스도께 받아야 한다. 기도함으로 자아와 자신의 힘과 세상의 한계에서 돌이켜 그리스도께 나아가라. 지혜와 목적과 안정과 의미와 용서와 소망과 안전-삶다운 삶에 필요한 모든 것-이 그분께 있다.

주

1. Bauer, *A Greek-English Lexicon*, 558.
2. Ted W. Engstrom, *The Making of a Christian Leader*(Grand Rapids: Zondervan, 1976), 67.
3. Fritz Rienecker, *A Linguistic Key to the Greek New Testament*, Cleon L. Rogers Jr. 편집(Grand Rapids: Zondervan, 1980), 588.

4. 예컨대 다음 책을 참조하라. John C. Maxwell, *The 21 Irrefutable Laws of Leadership*, 개정판(Nashville: Thomas Nelson, 2007), 20.(『리더십 불변의 법칙』 비즈니스북스 역간)
5. F. F. Bruce, *1 and 2 Thessalonians*, Word Biblical Commentary 제45권(Waco, TX: Word Books, 1982), 48.(『데살로니가전후서: WBC 성경주석 45』 솔로몬 역간)
6. 다음 책에 나오는 다양한 견해를 참조하라. Charles A. Wanamaker, *The Epistles to the Thessalonians*, The New International Greek Testament Commentary(Grand Rapids: Eerdmans, 1990), 117.
7. 같은 책.
8. 다음 책을 참조하라. Leon Morris, *1 and 2 Thessalonians*, The Tyndale New Testament Commentaries(Downers Grove, IL: IVP Academic, 1984), 65.
9. Philip Yancey, *Where Is God When It Hurts?*(Grand Rapids: Zondervan, 1977), 22-23.(『내가 고통당할 때 하나님 어디 계십니까?』 생명의말씀사 역간)
10. Rienecker, *A Linguistic Key*, 594.
11. 다음 책을 참조하라. Wanamaker, *The Epistles to the Thessalonians*, 129.
12. 다음 책을 참조하라. Charles C. Ryrie, *First and Second Thessalonians*, Everyman's Bible Commentary(Chicago: Moody, 2001), 43.
13. 같은 책, 47.
14. Yancey, *Where Is God When It Hurts?*, 21.
15. 다음 책을 참조하라. Bruce, *1 and 2 Thessalonians*, 68.
16. Ryrie, *First and Second Thessalonians*, 48.

미래를 위해 현재를 살아가다

데살로니가전서 4:1-5:28

개척한 지 얼마 안 된 데살로니가 교회에 보낸 바울의 편지에서, 전반부는 과거를 돌아보는 데 많이 할애되었다. 이는 독자들에게 환난 중에도 신실하신 하나님을 일깨워주었고, 처음처럼 믿음과 사랑과 소망의 길로 계속 가라는 격려이기도 했다. 충실한 사역으로 열매를 맺었던 과거의 모범 때문에 바울은 그들에게 힘써 성령의 능력으로 살아갈 것을 촉구할 수 있었다. 과거를 돌아보면 현재의 삶에 의욕이 솟아난다는 것을 바울은 알았다.

이제 편지는 후반부로 접어든다. 바울의 목회적 부담이 절절히 드러나는 단락이다. 열의에 찬 바울의 말투에서 데살로니가 그리스도인들의 영적 성장과 건강을 간절히 염원하는 그의 심정을 느낄 수 있다. 바울은 그들에게 믿음과 사랑과 소망 안에서 계속 인내하도록 격려하고자 미래를 가리켜 보인다. 장래의 노하심에서 신자가 받는 구원 등 재림에 대한 중요한 의문에 답할 뿐만 아니라, 졸고 있는 제자들을 깨워 그리스도의 재림에 대비하게 한다.

핵심 용어

ἁγιασμός [*hagiasmos*, 하기아스모스] *(38)* '성화', '정결하게 함', '거룩함'

그리스도인의 삶에 대한 바울의 신학에서 성화—점점 더 거룩해지는 점진적 과정—는 하나님이 친히 하시는 일이다(5:23). 따라서 성화는 구원에 추가되는 선택 사항이 아니라 모든 신자를 향한 "하나님의 뜻"이다(4:3). 하나님이 이루시는 성화는 우리의 도덕적 삶에 구체적이고 실제적이며 가시적인 결과를 낳는다(4:3–4, 7).

ἁρπάζω [*harpazō*, 하르파조] *(726)* '잡다', '잡아채다', '힘으로 취하다'

이 단어는 데살로니가전서에 딱 한 번 나오고(4:17) 바울 저작에서 두 번밖에 더 나오지 않지만(고후 12:2, 4), 종말 교리를 설명하는 중요한 용어가 되었다. 라틴어 벌게이트역에 *rapiō*로 번역된 이 동사에서 영어 단어 rapture(휴거)가 파생되었다. 따라서 "휴거"는 데살로니가전서 4장 17절에 기술된 사건을 가리킨다. 그때 모든 시대의 그리스도인이 죽지 않을 영광의 몸으로 부활하거나 변화되어 땅에서 하늘로 "끌어올려"져, 즉 휴거되어 공중에서 그리스도를 만난다. 신자들은 이 부활과 휴거의 기쁜 소식에서 위로를 얻어야 한다(살전 4:18).

도덕적 순결에 대한 직언(데살로니가전서 4:1–8)

1그러므로 형제들아 우리가 끝으로 주 예수 안에서 너희에게 구하고 권면하노니 너희가 마땅히 어떻
게 행하며 하나님을 기쁘시게 할 수 있는지를 우리에게 배웠으니 곧 너희가 행하는 바라 더욱 많이
힘쓰라 2우리가 주 예수로 말미암아 너희에게 무슨 명령으로 준 것을 너희가 아느니라 3하나님의 뜻
은 이것이니 너희의 거룩함이라 곧 음란을 버리고 4각각 거룩함과 존귀함으로 자기의 아내 대할 줄을
알고 5하나님을 모르는 이방인과 같이 색욕을 따르지 말고 6이 일에 분수를 넘어서 형제를 해하지 말
라 이는 우리가 너희에게 미리 말하고 증언한 것과 같이 이 모든 일에 주께서 신원하여 주심이라 7하
나님이 우리를 부르심은 부정하게 하심이 아니요 거룩하게 하심이니 8그러므로 저버리는 자는 사람
을 저버림이 아니요 너희에게 그의 성령을 주신 하나님을 저버림이니라

텍사스 북부의 집들은 미사질 점토 위에 지어졌다. 미사질 점토가 생소하다면 이렇게 생각하면 된다. 이 토양은 목화 재배에는 좋지만 택지로는 아주 나쁘다. 땅이 천연 스펀지같아서 비가 오면 팽창하고 건조하면 수축한다. 그런데 텍사스 북부의 날씨는 그 둘 중 하나뿐이다. 찌는 듯이 덥지 않으면 홍수가 난다. 그래서 기반암에까지 구멍을 뚫어 기둥을 세운 뒤 그 위에 집을 짓지 않으면 기초가 주저앉거나 물 위로 뜬다. 물론 대개 몇 년이 걸리지만 결국은 붕괴의 확실한 징후가 나타난다. 벽이 갈라지고, 문이 들러붙고, 바닥이 침하하고, 수도관이 샌다. 기초를 손보지 않으면 가옥이 서서히 계속 퇴락한다.

교회는 태동할 때부터 거룩한 요새로 지어졌다. 하나님의 집은 변덕스러운 여론이라는 모래에 맞서 늘 도덕적 순결에 헌신하도록 부름받았다. 퇴락하는 교회의 가장 불안한 징후 중 하나는 성경이 말씀하는 도덕적 기초를 타협하는 일이다. 그 기초가 기준 미달로 침하하거나, 문화적 압력에 금이 가거나, 아예 시류에 씻겨 내려갈 수 있다. 그러면 그리스도인의 의연한 도덕성이 약해져서 순결이 오염되고 순수가 상실된다.

조변석개하는 문화의 토양 위에 어떻게 도덕적 기초를 놓을 것인가? 오류의 여지없는 확실한 기초 곧 하나님의 말씀으로 자꾸 의식적으로 돌아가야 한다. 이번 4장 1–8절은 도덕적 순결의 기준을 공고히 다지기에 아주 좋은 출발점이다.

—4:1-2—

사도 바울은 데살로니가 그리스도인들이 굳건하여 "거룩함에 흠이 없"기를(3:13) 간절히 바랐다. 전반부 끝에 언급된 그 원리가 바로 후반부에 첫 실제적 적용으로 제시된다. 일반 원리를 이 신자들이 처한 구체적 정황에 적용한 것인데, 정황상 그들은 정말 도덕적으로 실패할 가망성이 있었다. 특히 신앙이 어린 그리스도인들이 그랬다. 그들은 그리스도께로 돌아오기 전에 찌들어 지냈던 더러운 문화의 끈질긴 잔재를 여태 씻어내는 중이었다.

바울이 데살로니가 신자들에게 부도덕의 유혹을 경고한 데는 더 큰 동기도 있었다. 알다시피 그가 이 편지를 쓰던 곳은 고린도였다. 1세기 로마 제국에 '죄의 도시'가 있었다면 바로 고린도였다. 어쩌면 그는 어느 날 아침에 창밖을 내다보다가 이번 장에 도덕적 순결에 대한 직언을 넣기로 마음먹었을 수도 있다. 데살로니가 신자들이 사는 도시에도 정도는 다를지라도 동일한 부류의 모든 유혹이 있음을 그는 알았다.

그래서 첫 두 구절에서 바울과 동역자들은 그들에게 "마땅히…행하며 하나님을 기쁘시게" 하라고 "구하고 권면"했다. "구하고"라는 단어는 부드럽고 정중한 방식으로 하는 당부다. 형제간에나 심지어 아랫사람이 윗사람에게 무언가 부탁할 때도 쓸 수 있는 표현이다. 반면에 "권면하노니"는 어느 정도 권위나 강권이 실린 요청이다. 바울이 이렇게 강약의 표

vlas2002/Adobe Stock

데살로니가의 극장

현을 섞어 쓴 것은 데살로니가 제자들이 이미 마땅히 행할 길로 걷고 있었기 때문일 것이다. "곧 너희가 행하는 바라"(4:1). 그래도 이 권면에는 신자들에게 "더욱 많이 힘쓰"기를 바라는 마음이 담겨 있다.

데살로니가 신자들의 행보를 "거룩함에 흠이 없게"(3:13) 유지시키려는 열의에서 바울은 권면이라는 연료로 영적 불을 지폈다. "너희는 잘하고 있다!"고 말한 셈이다. 그들은 바울이 "주 예수로 말미암아"(4:2) 내린 명령을 받아들이고 순종했다. 당연히 거기에는 예수님의 지상명령에 따른 구체적 가르침도 들어 있었다. "그러므로 너희는 가서 모든 민족을 제자로 삼아…내가 너희에게 분부한 모든 것을 가르쳐 지키게 하라"(마 28:19–20). 그럼에도 그 열기가 점차 식어질 가능성이 상존함을 알았기에 바울은 더욱 많이 힘써 끝까지 매진하라고 격려했다(살전 4:1).

요컨대 "너희 행보에 탁월해지라!"고 신신당부한 것이다.

—4:3–6—

신앙생활을 해본 사람은 누구나 알듯이 기독교는 단지 명령과 금령의 목록이 아니다. 긴 두루마리의 오른편에는 그리스도인이 행해야 할 모든 일이, 왼편에는 삼가야 할 모든 일이 적혀 있는 게 아니다. 그대로 지키기만 하면 짠! 하고 그리스도인이 되는 게 아니다. 이는 성경에 제시된, 성령의 능력을 입은 깊고 덕스러우며 자유로운 생활과는 거리가 멀다. 그런 명령과 금령은 바울이 갈라디아서 5장 22–23절에 기술한 성령 충만한 삶에 턱없이 못 미친다. "오직 성령의 열매는 사랑과 희락과 화평과 오래 참음과 자비와 양선과 충성과 온유와 절제니 이 같은 것을 금지할 법이 없느니라."

우리 마음이 하나님께 헌신되어 그리스도를 신뢰하고 성령의 역사로 변화되면, 그런 덕이 흘러나온다. 그렇게 되면 무엇을 하거나 하지 말아야 한다는 법은 의미를 잃는다. 다만 그래도 육신을 따라 행하려는 유혹–부패하고 타락한 본성을 좇으려는 성향–이 상존한다는 사실은 달라지지 않는다. 그래서 불충실한 육신적 태도를 버리고 충실하게 결실에 힘써야 한다는 권면이 우리에게 늘 필요하다(살전 4:3–6). 바울은 독자들을 상반되는 두 갈래 갈림길에 세운다. 하나는 "거룩함"(성화)의 삶이고 또 하나는 "음란"(성적 부도덕)의 삶이다.

"거룩함"을 뜻하는 헬라어 원어는 *hagiasmos*로 형용사형 *hagios*(40)가 '거룩하다'는 뜻이다. 이스탄불의 하기아 소피아 교회를 당신도 들어보았을지 모르는데 그 뜻은 '거룩한 지혜'다. 또 이 단어의 명사형 *ho hagios*는 '성도', '거룩한 자'를 뜻한다. 고대 세계에서는 종교적 용도로 봉헌된 사람이나 장소나 기물에 쓰였지만 그리스도인에게 적용되면 하나님을 위해 구별된 상태를 지칭한다.[1]

성화에는 과거적 측면이 있다. 모든 신자는 구원받을 때 이미 "거룩함을 얻었"고(구별되었고), 그리스도가 "단번에" 드리신 희생으로 말미암아 단번에 의롭다고 선포되었다(히 10:10). 성화에는 미래적 측면도 있다. 이미 부활한 신자든 아직 생존해 있는 신자든 장차 죽을 몸이 죽지 않을 영광의 몸으로 변화되어 "거룩하고 흠이 없게"(엡 5:27) 된다. 그러나 바울은 여기서(살전 4:3) 현재적 또는 지속적 성화를 강조한다. 악에서 떠나 점차 선을 향하여 성별되면서 신자가 점진적으로 더 거룩해지는 과정이다(히 12:14). 흔히 혼동을 피하고자 신학자들은 과거의 구별된 상태를 칭의로, 현재의 과정을 성화로, 미래의 결과를 영화로 칭한다. 어쨌든 이번 본문에서 바울의 강조점은 영적 성장의 현재적, 점진적 성질에 있다.

묵상의 서재

상황이 더 악화되다(데살로니가전서 4:1-8)

내가 이 본문으로 도덕적 순결에 관한 메시지를 처음 전한 때는 1984년이었다. 정확히 10월 21일이었다. 나는 그때 이런 생각을 했었다. "사정이 지금보다 악화될 수는 없겠지?" 나중에 1984년을 돌아보며 그때가 그리워질 날이 오리라고는 상상도 못했다. 도덕적 순결에 대한 그 메시지를 처음 전한 뒤로 인터넷 포르노가 나라와 교회들을 야금야금 갉아먹기 시작했다. 남자, 여자, 청소년, 노인 할 것 없이 각계각층의 사람들이 포르노에 이미 굴했거나 위험한 상태다. 중독자 수는 하루가 다르게 늘어가고 있다. 지난 10년 동안에만도 나는 목회 현장에서 가슴이 찢어질 듯한 도덕적 재난의 사례를 많이 접했다. 20년 전만 해도 황금 시간대 텔레비전의 선정적인 프로그램에나 나왔을 법한 사연들이다. 역겹다기보다 차라리 서글프다.

이 문제는 부지중에 교회를 산 채로 집어삼킬 수 있다. 가장 무서운 사실은 포르노가 야기하는 광범위한 피해를 우리가 모를 수도 있다는 점이다. 여러 연구 결과에 따르면 대다수 교인이 인터넷 포르노를 본 적이 있거나, 지금 보고 있거나, 중독되어 있다.[2] 교회 봉사자들도 이 부분에서 고전하고 있다. 일부 전임 교역자와 심지어 제직회에서 충실히 섬기는 이들도 이 은밀한 싸움에서 지고 있을 소지가 높다. 이런 암울한 현실을 언급할 때 중고등부 교사를 맡고 있는 청년들–결혼 여부와 관계없이–도 간과해서는 안 된다.

이들은 다 양 떼에게 거룩함의 본이 되어야 할 지도자다. 자신이 부름받아 이끌고 가르치는 대상에게 성적 순결을 감화해야 한다. 그런데 일부 장로나 집사는 교회 모임이 끝나면 집에 돌아가 포르노를 볼 것이다. 흉하지만 매우 현실적인 그 가능성을 상상만 해도 몸서리가 쳐진다. 중고등부 지도자들도 한순간 스마트폰으로 포르노를 보다가 다음 순간 그 똑같은 기기로 아이들에게 성경을 읽어줄지도 모른다.

1980년대의 홍등가나 성인용 도서 전문점은 잊으라! 포르노는 인터넷을 타고 각 가정을 점령했다. 게다가 '항상 온라인' 상태인 스마트폰 때문에 포르노의 세계로 인도하는 잠재적 관문이 연중무휴로 우리 주머니 안에 들어 있다. 포르노는 결혼생활을 망치고 관계를 파괴한다. 젊은이의 사고와 그리스도의 몸 된 교회 전반에 피해와 상처를 입힌다. 굳이 다시 말할 것도 없겠지만 추락한 목사들은 '갑자기' 추락한 게 아니다. 그들의 하향 곡선에 포르노가 작용한 경우가 많다.

이런 도덕적 추락을 막을 유일한 해법은 거룩함이다. 21세기에 이 단어는 거의 고어나 사어처럼 들린다. 거룩함은 우리 머릿속에 아주 많은 심상을 불러일으킨다. 그래서 우리는 거룩함을 수도원과 성당의 밀실에 가두는 경향이 있다. 두건을 뒤집어쓰고 묵언 수행하는 수도사나 신비주의자의 몫이라는 것이다. 그러나 하나님은 우리 사고를 가두고 있는 대문에서 자물쇠를 따고 스테인드글라스 창문을 열기 원하신다. 삶의 모든 방마다 거룩함이 자유로이 활보할 수 있도록 말이다. 그분은 자신이 거룩하시듯 우리도 거룩하기를–즉 순결하기를–간절히 바라신다. 그렇다, 하나님은 당신과 나 같은 평범하고 둔한 사람들을 불러 순결의 등불이 되라 하신다. 그리하여 세상을 덮은 도덕적 안개 속에서 비틀거리는 사람들에게 소망이 뚫고 들어가게 하신다. 그 안개는 세월이 갈수록 더 짙어지는 것만 같다.

성생활 부분에서 우리 삶을 향한 하나님의 뜻에는 의문의 여지가 없다. 혼전 섹스를 해야 할지를 놓고 기도해볼 필요가 없다. 외도가 괜찮은지 알아보려고 성경 어휘를 심층 연구하지 않아도 된다. 인터넷 포르노에 탐닉하는 행위를 하나님이 혹시 '스트레스 해소'로 용인해주실지 깊이 생각할 필요도 없다. 답은 간단명료하다. "하나님의 뜻은 이것이니 너희의 거룩함이라 곧 음란을 버리고"(살전 4:3). 한 성경학자는 바울의 이 권면을 이렇게 풀어냈다.

> 그리스도인은 하나님의 계시된 뜻의 반경을 벗어나는 성생활이라면 어떤 종류든 다 삼가고 버려야 한다. 간음, 혼전 성관계, 혼외 성관계, 동성애, 기타 성도착이 다 그에 해당한다. 본문에 "음란"으로 번역된 *porneia*는 이 모든 행위를 아우르는 포괄적 단어다.[3]

도덕이 흐릿하고 애매해진 오늘날, 어떤 사람들은 이렇게 흑백으로 나누는 기준을 광적이거나 적어도 불관용이라 여길 것이다. 불합리하거나 아예 불가능한 기대라고 볼 사람들도 있다. 사랑하는 사람끼리 특정한 상황에서 신중하고 조심성 있게 아무에게도 상처를 주지 않는다면, 해로울 게 없다고 생각한다. 그러나 성경은 "좋다, 마음대로 하되 조심하기만 하면 된다"고 말하지 않는다. 그냥 "버리라"고 말한다.

바울은 음란을 버리라는 엄명만 하고 마는 게 아니라 이어지는 조언을 통해 성화가 우리의 태도와 행동에 어떻게 나타나야 하는지 설명한다. 음란을 버리려면 먼저 자신의 그릇을 취해야 한다(4:4). 이 "그릇"(*skeuos*, 4632)이라는 은유가 "아내"를 뜻한다고 보는 주석가들도 있고(개역개정에 그렇게 번역되어 있다-역주), 사람의 '몸'을 가리킨다고 보는 주석가들도 있다. 초대교회 교부들에게까지 거슬러 올라가는 이 논쟁은 오늘날에도 성경학자들 사이에 계속되고 있다.[4] 여기서는 '몸'을 의도했다고 보는 게 의미가 가장 잘 통한다. 다른 데서도 바울은 "그릇"이라는 단어로 인체를 가리킨 바 있다(고후 4:7). 그러므로 본문은 바울이 결혼한 남자에게만 아니라 모든 신자에게 준 권면이다.

부동산을 서류상 소유하는 일과 실제로 취하는 일은 다르다(개역개정에 "대할"로 쓰인 동사가 개역에는 "취할"로 직역되어 있다-역주). 후자는 그 부동산에 익숙해져 속속들이 알고 그 안에서 살며 잠을 잔다는 뜻이다. 그게 실제로 취하는 방식이다. 그래서 몸을 "취할" 줄을 안다는 말에도 실제로 자기 몸을 안다는 의미가 강하게 함축된 듯 보인다. 우리는 자신의 자제력이 어떨 때 약해지고 어떨 때 강해지는지를 안다. 학생이 자신의 학습 방법을 알면 시험공부에 도움이 되듯이, 우리도 자신의 충동과 갈망이 어떻게 작용하는지 알면 날마다 부딪히는 성적 유혹을 물리치는 데 도움이 된다.

부정적 관점에서 자기 몸을 취하려면 본인이 감당 못할 유혹을 인정하고 그런 유혹의 상황을 피해야 한다. 직장 동료와 나누는 특정한 대화가 나를 실족시킬 수 있거나 친근한 신체 접촉이 너무 도발적일 수 있다면, 이를 피한다는 뜻이다. 사람에 따라 특정한 영화나 책이나 잡지나 웹사이트를 통해 도덕적 타협의 문이 열릴 수 있다. 우리는 구원받지 못한 세상의 전형적 색욕에 맞서야 한다(살전 4:5). 남의 정당한 소유를 사취하지("해하지") 말아야 한다. 부부 사이가 아닌 다음에야 그 누구의 몸에 대해서도 우리에게 정당한 권리가 없다. 남에게 속한 배우자를 내 소유로 취하는 것은 간음이다(4:6).

긍정적 관점에서 자기 몸을 취하려면 그것을 건전하게 추구하는 데 힘써야 한다. 나를 감시해줄 친구들을 찾고, 나를 그리스도의 형상대로 변화시켜주실 성령의 내적 능력을 믿어야 한다. 도덕적 순결을 옹호하고, 나를 휩쓸어가려 위협하는 타락의 시류를 거슬러야 한다. 순결하고 존귀한 것들에 푹 젖어들어야 한다(4:4).

바울은 독자들을 갈림길에 세우고 두 길을 제시한다. 하나는 성적 부도덕이고 또 하나는 성적 순결이다. 단 그들이 어느 한 쪽으로 첫발을 내딛기 전에 그는 이렇게 경고한다. "이는 우리가 너희에게 미리 말하고 증언한 것과 같이 이 모든 일에 주께서 신원하여주심이라"(4:6). 우리는 그리스도 안에 있기에 영원한 정죄는 면했으나(롬 8:1) 그래도 하나님은 성적 죄의 결과로 우리에게 징계를 허용하실 수 있다. 부도덕은 불안, 갈등, 죄책감, 결혼의 파경, 가정의 붕괴, 심지어 죽을병을 부를 수 있다. 이는 삶의 토양에 부정한 씨앗을 뿌릴 때 거두는 쓰라린 수확이다.

요컨대 바울은 데살로니가 신자들에게 "도덕에 관한 한 삼가라!"고 권면했다. 또한 성령의 감동으로 된 이 서신을 통해 우리에게도 권면한다.

—4:7-8—

이번 단락의 마지막 두 구절에서 바울은 두 가지를 제시한다. 의와 길과 악의 길 중 어느 쪽을 택할지 판단할 때 데살로니가 신자들이 꼭 기억해야 할 내용이다.

첫째, 우리는 성장하도록 부름받았음을 기억해야 한다. 바울은 이번 단락에만 세 번째로 "거룩하게"(4:7)라는 단어를 썼다. 앞서 말했듯이 이 말은 우리가 처음 구원받은 뒤 장차 천국에 들어갈 때까지 영적으로 성장해가는 과정을 뜻한다. 현재의 이 '중간기'에는 기복과 진퇴가 반복된다. 영적 승리의 시절과 패배의 순간이 있다. 의심의 시기와 믿음의 확증이 있다. 그래도 점진적 성화인 만큼 우리는 점차 진척을 보여야 한다. 성령의 능력으로 말미암아 그리스도를 더욱 닮아가는 쪽으로 성장해야 한다.

둘째, 거룩함을 저버리는 것은 곧 하나님을 저버리는 일임을 기억해야 한다(4:8). 때로 우리도 베드로처럼 될 수 있다. 말로는 주님을 절대로 부인하지 않겠다면서 행동으로 그분의 거룩하심과 능력을 저버리는 것이다. 거룩하신 하나님을 참으로 신뢰한다면 거룩한 삶이 우리의 목표가 되어야 한다.

적용: 데살로니가전서 4:1-8
매일의 선택

데살로니가 신자들처럼 오늘을 살아가는 우리도 갈림길에 서 있다. 한쪽에는 부도덕한 길이 있고 반대쪽에는 거룩한 길이 있다.

세상길을 택하면 사회가 용인하는 애매한 도덕성이라는 안개 속을 표류하게 된다. 처음에는 부도덕에 슬쩍 손을 대보는 정도다. 그러다 점차 양심이 무뎌져 죄의 행위에 대한 민감성을 잃는다. 그리면 행위가 죄의 습관으로 변했다가 결국 강박이나 중독으로 굳어진다. 한때의 습관이 이제 당신의 정체가 된다. 부도덕한 행위를 저지르던 사람에서 그냥 부도덕한 사람으로 선을 넘어선 것이다. 이제 더는 죄를 짓고 얼굴을 붉히거나 수치를 느끼지 않는다. 이 상태에서 회개하지 않으면 죄로 인한 결과를 당할 수밖에 없다. 고통과 파멸이 뒤따른다.

그게 첫째 길이다.

둘째 길은 성화다. 하나님이 구별해주신 대로 당신은 성령을 따라 살면서 전 존재로 그분을 영화롭게 한다. 성령의 능력을 받아 그리스도와의 더 깊고 친밀한 관계 속으로 끌려든다. 그 결과 후회가 없다. 은밀한 과거가 탄로 날까 봐 전전긍긍할 필요도 없다. 깊은 수치심도 없고, 끈질긴 죄책감도 없으며, 위선도 없다. 당신의 순종은 더 큰 확신과 거룩한 습관을 낳는다. 만나는 이들에게 당신은 살아 있는 증언이 된다. 상대는 그리스도를 모르는 사람일 수도 있고, 삶으로 그분을 높이지 않는 사람일 수도 있다.

이게 둘째 길이다.

선택은 당신 몫이다. 사실은 매일 내리는 선택이다. 이 세상과 그 정욕의 길을 따를지 아니면, 당신의 삶을 향한 하나님의 뜻인 거룩함을 추구할지 정해야 한다. 어느 쪽을 택하겠는가?

외부인을 대하는 단정한 자세(데살로니가전서 4:9-12)

9형제 사랑에 관하여는 너희에게 쓸 것이 없음은 너희들 자신이 하나님의 가르치심을 받아 서로 사랑
함이라 10너희가 온 마게도냐 모든 형제에 대하여 과연 이것을 행하도다 형제들아 권하노니 더욱 그
렇게 행하고 11또 너희에게 명한 것 같이 조용히 자기 일을 하고 너희 손으로 일하기를 힘쓰라 12이는
외인에 대하여 단정히 행하고 또한 아무 궁핍함이 없게 하려 함이라

눈여겨본 적이 있는지 모르지만, 항상 극단으로 치닫는 그리스도인이 얼마나 많은지 모른다. 우리 삶은 양극단 사이에서 벌어지는 끊임없는 줄다리기처럼 보인다. 양쪽이 평온하게 공존하는 평형은 여간해서 경험하기 힘들다. 확신컨대 사탄은 극단으로 몰아가는 데 전문가다. 걸핏하면 우리를 부추겨 진리의 일부만 취하여 전체로 둔갑시키게 만든다. 나머지 사실은 안중에도 없이 단편적 사실만 붙들고 돌진하게 한다.

균형 있게 공존해야 함에도 한쪽 극단으로 치닫는 예를 몇 가지 생각해보자. 우리는 잃어버린 영혼에 대한 열정에 사로잡혀 기도와 개인 성경공부의 필요성을 잊든지, 아니면 개인적인 신앙 훈련에 헌신하느라 주위의 잃어버린 영혼을 망각한다. 교회의 순결에 열을 올리느라 약간의 차이나 위반에도 분열을 불사하든지, 아니면 교회 연합에 사활을 건답시고

싸워보지도 않고 교리적 소신을 선뜻 포기한다. 확신과 자신감이 넘쳐 하나님을 기다리지 않고 앞서가다 일을 그르치든지, 아니면 믿음의 행보와 모험을 겁내다 비전 없이 침체되어 주님의 일에 손가락 하나 까딱하지 못한다.

마지막으로 데살로니가전서의 이번 단락에서 집중적으로 살펴볼 극단이 있다. 우리는 너무 배타적으로 안으로만 향하느라 삶 전체가 내부의 그리스도인 중심으로 돌아가든지, 아니면 세상의 태도와 행동과 우선순위와 그들이 추구하는 것을 추종하여 문화 규범에 섞여들다가 명목뿐인 기독교가 되고 만다.

사탄은 우리를 한쪽 극단으로 몰아가기 일쑤지만, 주 예수님은 우리가 외줄타기 같은 현실 속에서 절묘한 균형을 유지하기를 원하신다. 그래서 요한복음 17장에서 제자들을 위해 이렇게 기도하셨다. "그들은 세상에 있사옵고…세상이 그들을 미워하였사오니 이는 내가 세상에 속하지 아니함 같이 그들도 세상에 속하지 아니함으로 인함이니이다 내가 비옵는 것은 그들을 세상에서 데려가시기를 위함이 아니요 다만 악에 빠지지 않게 보전하시기를 위함이니이다"(요 17:11, 14-15). 예수님의 기도는 "아버지여, 그들을 세상과 떼어놓지는 마시되 세상의 위험에서 보호하여주소서"라는 말과 같다. 이 계획에 수반되는 도전이 있다. 그리스도인은 세상과 구별되면서도 세상에 매력을 풍겨야 한다.

그러려면 어떻게 해야 할까? 어떻게 하면 4장 1-8절에 기술된 거룩한 생활방식을 유지하면서 외부인을 단정하게 대할 수 있을까? 바울은 9-12절에서 바로 이 문제를 논한다.

—4:9-10—

데살로니가 신자들은 유일하신 참 하나님께로 진정으로 회심하면서 이전의 생활방식을 청산했다. 그들의 믿음과 사랑과 소망이 진실하다는 얼마나 확실한 증표인가! 그래서 바울도 "우상을 버리고 하나님께로 돌아와서 살아 계시고 참되신 하나님을 섬기는"(1:9) 그들을 칭찬했다.

그러나 종종 그렇듯이 이 새 신자들 중 더러는 건강한 회개를 건강하지 못한 극단으로 몰아갔던 것 같다. 이들 초기 그리스도인은 그리스도를 향한 새로운 열정으로 세상을 등지고, 이교도인 일가친지와 연을 끊으며, 주변 문화와 사회를 점차 멀리했을 수 있다.

우리 생각 같아서는 바울이 이런 극단에 맞서 데살로니가 신자들에게 다시 주변의 비신자들과 관계를 맺으라고 권했을 법도 하다. 하지만 그는 세상이 그리스도인들을 볼 때 처음 주목하는 부분에 초점을 맞추었다. 바로 서로를 대하는 방식이다. 사람은 누가 한쪽 극단을 바로잡아주면 그 여파로 반대쪽 극단으로 치닫는 성향이 있는데, 바울은 그게 가장 위험하다는 사실을 알았던 것 같다. 만일 그가 "너희끼리만 모여 있지 말고 이제 좀 흩어지라!"고 했다면 그들은 이 교회를 그토록 굳건하고 건강하게 해준 친밀한 교제를 잃고 서로 갈라졌을지도 모른다. 그래서 그는 우선 그들을 칭찬하면서 계속 서로 사랑하도록 격려한다.

바울 자신의 말로 입증되듯이(4:9) 데살로니가 교회의 형제자매들 사이에는 서로를 향한 진정한 사랑이 부족하지 않았다. 그는 "형제 사랑에 관하여는 너희에게 쓸 것이 없"다고 말했다(4:9). "형제 사랑"으로 번역된 헬라어 단어 *philadelphia*(5360)는 "한 아버지의 자녀들을 특별히 하나로 묶어주는 사랑" 을 뜻한다.

이를 그리스도인의 특징이어야 할 무조건적 아가페 사랑에 못 미치는 더 낮은 차원의 사랑으로 보아서는 안 된다. 바울도 인정했듯이 데살로니가 신자들은 하나님이 가르치신 대로 서로 사랑했다(*agapaō*, 25)(4:9). 이렇게 자신을 희생하는 타인 중심의 사랑 덕분에 그들은 끈끈한 가족처럼 함께 살았다. 사실 이 무조건적 형제 사랑은 교회 너머로까지 흘러넘쳐 "온 마게도냐 모든 형제"에게 영향을 미쳤다(4:10). 당연히 바울은 형제들 사이를 오가는 이런 사랑을 말릴 마음이 없었다. 그래서 연승 행진을 하고 있는 팀의 코치처럼 "더욱 그렇게 행하"라고 권했다(4:10).

바울은 이 제자들이 "하나님의 가르치심을 받아" 이런 사랑을 품었다고 말했다(4:9). 그렇다면 이렇게 자기를 희생하는 타인 중심의 사랑이 예수님 자신의 삶을 통해 구현되고 예시되었음은 놀랄 일이 아니다. "세상에 있는 자기 사람들을 사랑하시되 끝까지 사랑하시니라"(요 13:1). 헬라어로 "끝까지"라는 어구는 '하실 수 있는 한, 마지막 숨이 다할 때까지'라는 뜻 이상이다. A. W. 핑크(A. W. Pink)에 따르면 이 어구는 그리스도가 제자들을 "그들의 필요와 자신의 은혜가 극에 달할 때까지" 사랑하셨음을 암시해준다.[6] 실로 지극한 사랑이다! 바울은 데살로니가 신자들이 행한 바로 그런 사랑을 칭찬했고 또 권했다.

그 교회의 형제자매들 사이에 이렇게 자기를 희생하는 타인 중심의 전염성 있는 사랑이 두루 퍼져 있었으니, 점차 외부인들의 관심이 그리로 쏠렸으리라는 게 금방 상상이 된다. 서로 돌보고 필요를 채워주며 남을 앞세우는 신자들의 모습이 사람들의 시선을 사로잡았을 것이다. 자신들도 그 속에 끼고 싶었으리라는 짐작도 쉽게 해볼 수 있다. 성령의 능력으로 말미암은 사랑의 자력(磁力)은 교회를 하나로 묶어주었을 뿐 아니라 외부인까지 끌어들였다.

하지만 이는 그리스도인의 소명에서 절반에 불과하다. 외부인을 향한 수동적이고 간접적인 증언이다. 만일 데살로니가 신자들이 거기서 멈추었다면 절반의 진리밖에 실천하지 못했을 것이다. 균형을 벗어나 그리스도인의 삶에서 중요한 일면만 부풀리고 외부인을 향한 능동적이고 직접적인 증언은 소홀히 했을 것이다. 그래서 다음 두 구절에서 바울이 대등한 균형을 시도한다.

—4:11-12—

강박증에 빠질 필요는 없지만 당신이 관찰 대상임을 알아야 한다! 물론 듣기에 달가운 말은 아니다. 하지만 소명을 진지하게 받아들이는 그리스도인에게 완전한 사생활이란 불가능하다. 우리는 바리케이드와 판자와 휘장으로 겹겹이 가려져 있던 생활방식에서 나와 어두운 세상의 빛이 되도록 부름받았다.

이번 본문에서 바울은 우리가 곧잘 경시하는 영역을 구체적으로 네 가지나 지적한다. 외부인의 세계에서 매력 있게 살아가려면 꼭 필요한 부분이다. 미리 경고하는데 인근 식당의 탁자에 전도지를 두고 오라는 말은 여기에 없다. 교회 간판을 잘 달아야 시류에 민감한 개척 교회로 사람들을 초대할 수 있다는 지침도 없다. 대규모 청중을 모아 요란한 음악을 울릴 전도대회 장소로 어느 복합 영화관이 최고인가에 대한 조언도 없다. 예나 지금이나 하나님이 복음에 사람들의 이목을 끌기 위해 이런 전통적이거나 혁신적인 방법을 사용하지 않으셨다는 말은 아니다. 다만 바울과 실라가 데살로니가의 새 신자들에게 외부인을 대하는 단정한 자세를 말할 때 생각한 내용은 그런 게 아니다.

첫째 영역은 뜨끔하다. 우리가 즐겨 쓰는 전도 방법에는 모두 한 가지 공통점이 있으니 곧 말이다. 대개는 말을 많이 한다. 그런데 외부인을 단정하게 대하는 법에 대한 바울의 첫 조언은 조용히 살라는 것이다(4:11). 그렇게 살기를 힘써야 한다고까지 독자들에게 말했다.

레온 모리스(Leon Morris)의 주해에 따르면 "힘쓰라"에 해당하는 헬라어 동사는 본래 '야심을 품다'는 뜻이었으나 나중에 '전심전력하여 목표를 추구하다'로 의미가 강해졌다.[7]

"힘을 다하여 조용히 하려 애쓰라!"니 이상한 명령 아닌가? 하지만 이는 단지 말을 하고 안 하고의 의미가 아니다. 오히려 삶의 질이나 차분한 성질을 가리킬 것이다. 걸핏하면 흥분하여 불안하고 초조하게 딴 데 정신을 팔지 말라는 것이다. 그런 그리스도인은 성령과 보조를 맞추어 그리스도를 따르는 사람으로 보이지 않고 조화를 잃은 엉터리처럼 보인다.

데살로니가 신자들은 재림에 대한 건강한 소망(1:9-10)을 균형 잃은 극단으로 몰아갔을 소지가 높다. 어떤 학자들에 따르면 그리스도의 재림에 대한 빗나간 열기 때문에 일부 데살로니가 신자들이 생업까지 그만둔 채 표적을 구하거나 종말을 전하여 자신들의 증언을 왜곡했을 수 있다. 만일 그랬다면 비신자들에게 그리스도인은 매력 있는 증인이 아니라 게으른 부랑자로 비쳤을 수도 있다.[8] 어쨌든 바울은 그들이 열정의 방향을 "조용"한 일상생활 쪽으로 틀기를 원했다. 그리스도가 재림하실 때까지—그때가 언제인지는 아무도 모른다(5:1-2)—그들은 세상에 속하지는 않되 세상에서 살아가는 데 필요한 모든 일을 해야 했다. 가족을 부양하고, 좋은 이웃이 되며, 지역사회를 돕고, 상식을 지키는 등 통상적 삶을 영위해야 했다.

둘째, 차분하고 조용하며 책임감 있게 살라는 권면과 맥을 같이하여 바울은 또 독자들에게 자기 일을 하라고 촉구했다(4:11). 주어진 삶의 자리에서 한결같이 근면성실하게 일하는 사람을 떠올리면 된다. 그리스도께 연중무휴로 헌신했다는 핑계로 근무 시간 동안 고용주에게 다해야 할 도리를 벗어나서는 안 된다. 솔직히 외부인의 입장에서 볼 때 광신자일수록 직원으로서는 형편없을 수 있다. 어떤 때는 보기에만 그런 것도 아니다. 신자들이 종교 활동에 너무 광적인 나머지 사람들을 그리스도께로 이끌기는커녕 오히려 밀어낼 때도 있다. 우리는 자신의 본분을 소홀히 한 채, 주님이 내 삶 속에 계셔서 내가 훨씬 나은 사람이 되었다고 회의론자를 설득하려 한다. 하지만 사실은 정직하고 믿을 만한 직원이 되어 열심히 일하는 쪽이 복음이 전파되는 데 훨씬 좋은 영향을 미친다.

셋째, 바울은 데살로니가 신자들에게 자기 손으로 일하라고 명했다(4:11). 종말에 대한 열기 때문인지 아니면 일편단심 전도에 대한 열정 때문인지, 바울의 독자 중 일부는 이런 결론을 내렸을 수 있다. "내일 세상이 끝날 텐데 오늘 무언가를 짓는 게 무슨 소용인가?"

"사람들의 영혼이 영원한 위험에 처해 있는데 왜 덧없이 시시한 일에 내 기력을 낭비하는가?" 이번에도 바울이 대결해야 하는 상대는 잘못된 논리가 아니라 부실한 논리였다. 이렇게 현실의 일상사를 뒷전으로 하던 습성은 갈수록 아주 심해졌다. 그래서 바울은 데살로니가에 보낸 다음번 편지에서 이 문제를 더 엄하게 다루어야 했다. "우리가 들은즉 너희 가운데 게으르게 행하여 도무지 일하지 아니하고 일을 만들기만 하는 자들이 있다 하니 이런 자들에게 우리가 명하고 주 예수 그리스도 안에서 권하기를 조용히 일하여 자기 양식을 먹으라 하노라"(살후 3:11-12).

능력이 멀쩡한데도 직접 생활비를 벌지 않으면, 세상 사람들이 질색하며 어처구니없어하거나 당연히 우리를 멸시할 것이다. 솔직히 말해서 무책임하고 게으른 생활방식은 복음을 욕되게 한다. 그리스도의 이름으로 불리는 우리야말로 누구보다 먼저 자기 손으로 일해야 한다. 가족 부양은 기본이고 어쩌면 더 벌어서 남에게 베풀어야 한다.

끝으로, 바울은 독자들에게 남에게 과도히 의존하지 말라고 경고한다(살전 4:12). 앞의 세 가지 명령대로 살면 당연히 그런 결과가 나온다. 남들에게 인정받을 만하게 살면서 조용히 자기 손으로 생산적으로 자기 일을 한다면, 데살로니가 신자들은 "아무 궁핍함이 없게" 된다(4:12). 물론 삶이 나락으로 떨어져 남의 도움이 꼭 필요할 때도 있다. 그럴 때는 의당 그리스도의 몸 된 교회가 나서서 서로 사랑하고 챙겨주며 돌보아야 한다. 그러나 그리스도를 따르는 사람의 목표는 열심히 일하는 형제자매가 베푸는 자선에 빈대 붙는 게 아니라 자기 힘으로 열심히 일해서 재정적으로 어려운 사람을 보살피는 것이다.

바울의 말대로 이 모든 단순하고도 실제적인 방법을 통해 우리는 "외인에 대하여 단정히 행"할 수 있다(4:12). 이에 못 미치는 삶은 사람들을 구주께로 이끄는 게 아니라 오히려 그리스도와 멀어지게 만든다.

적용: 데살로니가전서 4:9-12

지혜로운 생활

데살로니가전서에서 외부인을 대하는 단정한 자세를 언급한 지 10여 년 후에, 바울은 동일한 주제에 대한 교훈을 골로새서에 보탰다. "외인에게 대해서는 지혜로 행하여 세월을 아끼라 너희 말을 항상 은혜 가운데서 소금으로 맛을 냄과 같이 하라 그리하면 각 사람에게 마땅히 대답할 것을 알리라"(골 4:5-6).

이는 일상생활 속에서 비신자에게 어떻게 책임감 있게 반응할 것인가에 대한 현실적이고 지혜로운 조언이다. 데살로니가전서 4장 9-12절에서 가르친 지혜와 골로새서 4장 5-6절의 원리를 종합하여 실제적 접근법을 생각해보자. 이 본문에서 외부인을 단정하게 대하는 데 도움이 될 세 가지 원리를 볼 수 있다.

첫째, 비신자들이 미심쩍게 지켜보고 있으니 지혜롭게 처신해야 함을 잊지 말라. 그러려면 직장에서 시간을 잘 지키고 정직해야 한다. 남들이 싫어하는 업무도 즐거이 자원하여 맡아야 한다. 직책의 고하를 막론하고 모든 사람을 친절히 대하고 존중해야 한다. 지극히 작은 행동으로 큰 보상을 거둘 수 있다. 우리가 그리스도에 대해 말만 하지 않고 그분처럼 살면 비신자들이 이를 지켜본다.

둘째, 비신자들이 듣고 배우니 은혜롭게 말해야 함을 잊지 말라. 우리의 대인관계는 결코 가혹하거나 까다롭거나 비열해서는 안 된다. 독선적인 고자세로 말하면 전등 스위치가 꺼지듯 사람들의 마음이 닫힐 수 있다. 말투를 조심하라. 말로써 거친 태도를 유화하거나 밍밍한 기질에 색을 입히라. 듣기 좋고 친절하며 진실하게 말할 뿐 아니라 통찰까지 곁들이라.

끝으로, 개개인이 중요함을 기억하고 존엄한 자세로 민감하게 대답해야 함을 잊지 말라. 때로는 사람들에게 복음을 천편일률적으로 제시하거나 그들이 묻는 진지한 질문에 무조건 외워둔 대로 대답하기가 더 쉽다. 반대로 우리는 주의 깊게 경청하고 그들을 알아가면서 개개인으로 관심을 보여야 한다. 바울의 말대로 "각 사람에게" 어떻게 대답해야 할지를 알아야 한다(골 4:6). 언어가 은혜로우려면 주의력과 진정성이 있어야 하며, 내가 대접받고 싶은 대로 남을 대접해야 한다. 이것이 바로 그리스도의 언어다.

찬란한 아침이 오면(데살로니가전서 4:13-18)

13형제들아 자는 자들에 관하여는 너희가 알지 못함을 우리가 원하지 아니하노니 이는 소망 없는 다
른 이와 같이 슬퍼하지 않게 하려 함이라 14우리가 예수께서 죽으셨다가 다시 살아나심을 믿을진대
이와 같이 예수 안에서 자는 자들도 하나님이 그와 함께 데리고 오시리라 15우리가 주의 말씀으로 너

희에게 이것을 말하노니 주께서 강림하실 때까지 우리 살아 남아 있는 자도 자는 자보다 결코 앞서지
못하리라 [16]주께서 호령과 천사장의 소리와 하나님의 나팔 소리로 친히 하늘로부터 강림하시리니 그
리스도 안에서 죽은 자들이 먼저 일어나고 [17]그 후에 우리 살아 남은 자들도 그들과 함께 구름 속으로
끌어 올려 공중에서 주를 영접하게 하시리니 그리하여 우리가 항상 주와 함께 있으리라 [18]그러므로
이러한 말로 서로 위로하라

나는 반세기가 넘도록 사역하면서 사람들이 복음에 대해 보이는 웬만한 반응은 거의 다 본 것 같다. 내가 만난 어떤 사람들은 성경의 모든 예언이 예수님의 승천 이후 1-2세기에 이미 이루어졌으며, 이제 우리는 죽어서 천국에 갈 날만 기다리고 있다고 진심으로 믿었다. 내가 아는 또 다른 사람들은 하도 종말의 열기에 취하여 이 시대가 종말이거나 아예 마지막 날이라고 확신한 나머지 만사를 제쳐두고 천국으로 휴거될 날만 기다렸다.

역시 극단이다. 많은 그리스도인이 기울어진 배의 한쪽 끝에서 반대쪽 끝으로 끊임없이 내달리며 이전에 저지른 과오에 대한 과잉 보상을 되풀이한다. 종말에 대해서도 양극단에 고착되어 있는 그리스도인이 많은 것 같다. 한쪽 극단은 종말에 도취되어 그리스도가 재림하신다는 약속에 과잉 반응을 보인다. 이들은 종말에 대한 가르침에 집착하여 모든 시사를 예언의 성취로 해석한다. 날짜를 정하고, 정계 인물에게 '적그리스도'라는 딱지를 붙이며, 언제나 하늘의 구름을 살핀다.

반대쪽 극단은 종말에 무지하다. 이런 그리스도인은 하나님의 예언에 대한 일정표가 거론되면 멀뚱멀뚱 쳐다보거나 하품을 한다. 그중 더러는 워낙 내세에 무관심해져, 잃어버린 영혼에 대한 열정이나 자신을 정결하게 지키려는 의욕이 없다. 그런가 하면 미래의 사건과 자신의 죽음을 두려워하며 살아가는 부류도 있다. 소망의 닻을 성경에 계시된 미래에 내리지 못했기 때문이다.

사람들이 흔히 이런 양극단으로 몰리는 것은 종말을 바로 알거나 아예 몰라서가 아니라 잘못 알고 있기 때문이다. 마크 트웨인(Mark Twain)의 경구처럼 "세상의 문제는 사람들의 무지가 아니라 사실과 다르게 아는 게 너무 많다는 데 있다."[9]

무엇이 사실이고 무엇이 사실과 다른지 알려면 바울이 데살로니가전서에서 말한 종말의 내용에 주의를 기울여야 한다. 데살로니가의 새 신자들은 스스로 오해의 수렁에 빠져들었을 수 있다. 그래서 거기서 헤어나는 데 도움이 필요했다. 든든한 기초를 딛고 서서 극단

의 늪에 빠지지 않으려면 바울이 종말의 주제에 대해 성령의 감화로 가르친 내용이 그들에게 꼭 필요했다.

이번 단락의 주제는 그리스도인의 소망의 기초다. 우리가 고대하는 종말의 근본이라 할 수 있다. 나는 이 본문을 세 부분으로 나누었다. 우선 13-14절에는 우리의 죽음과 그 후의 삶이 다루어진다. 이어 15-17절에는 그리스도의 강림과 우리가 구름 속에서 그분을 만날 일이 설명된다. 끝으로 18절은 이 소망이 가져다주는 현재의 위로로 마무리된다.

—4:13-14—

데살로니가 그리스도인들은 강점이 많았지만 몇 가지 약점도 있었다. 그들은 그리스도의 재림에 너무 도취된 듯 보였다. 이미 보았듯이 바울은 이 문제를 앞 단락에 슬쩍 내비쳤고 둘째 편지에서는 직설적으로 다룬다(살후 3:6-12). 어쨌든 일부 신자들이 일상의 책임과 의무를 소홀히 한 채 식객이 되어 참견을 일삼았을 수 있다. 그리스도가 곧 오실 테니 앞날의 계획이 필요 없다는 생각 때문이었다.

장차 임할 진노는 물론 현재의 시련과 환난을 두려워한 부류도 있었을 텐데, 아마도 그리스도의 재림에 대한 자세한 내용을 오해한 탓이었을 것이다. 그중 더러는 그리스도가 재림하시기 전에 죽은 사랑하는 가족이 그리스도인인데도, 행여나 장차 임할 나라의 영광스러운 약속에서 제외되지 않을까 걱정하기도 했다.

바울은 이런 약점을 보강해주고자 미래에 대해 그들이 "알지 못"하던 사실을 몇 가지 상술한다(살전 4:13). "알지 못함"으로 옮겨진 헬라어 단어 *agnoeō*(50)는 말 그대로 '무지하다'는 뜻이다. 그들은 부주의하거나 반항적이거나 어리석었던 게 아니라 그냥 몰랐다. 아직 주어지지 않은 조각이 있어 종말의 퍼즐을 완전히 맞출 수 없었다. 그래서 추측하다 보니 균형을 잃었다. 바울은 바로 이런 간극을 메워 이해를 돕고자 "자는 자들"에 관하여 말한다(4:13).

"자는"이란 단어는 분명히 죽음을 뜻하는 완곡어법이다. 하지만 바울이 쓴 이 표현은 단순히 '죽음'이라는 불길한 단어를 피하기 위해서가 아니다. 누구나 아침이 밝으면 간밤의 잠에서 깨어나듯이 그리스도인도 어느 '찬란한 아침'에 죽음의 '잠'에서 깨어날 것이다. 그

날 성자 예수가 내려오셔서 무덤에서 자신의 사람들을 부르신다. '잠'의 은유가 쓰였으니 여기에는 당연히 장래의 '깨어남'이 함축되어 있다.

바울이 자는 신자들의 부활에 대해 가르친 목적은 데살로니가 교인들이 종말의 일정표를 순서대로 자세히 알게 하려는 것이 아니었다. 그저 정보만 전달하는 게 관건이 아니었다. 그보다 바울은 사랑하는 이를 잃고 아무 소망이 없는 듯 슬퍼하는 신자들에게 진정한 목회적 관심을 품었다. 그들이 마치 저승사자가 그리스도 안의 형제자매를 다시는 돌아올 수 없는 영원한 나락으로 끌어간 것처럼 슬퍼하지 않도록 말이다.

소망 없는 슬픔은 얼마나 비참한가! 사랑하는 이와 영영 재회할 가망 없이 무덤 앞에 엎드린 사람의 흐느낌은 얼마나 절망적인가! 하나님이 주신 계시가 없다면 인간에게 남는 거라곤 답 없는 의문뿐이다. 고인은 지금 어디 있는가? 사후에도 삶이 있는가? 내 아버지는 고통당하고 있을까? 내 어머니를 다시 볼 수 있을까?

바울은 그리스도를 믿는 사람에게는 그런 식의 슬픔이 필요 없다고 말한다. 물론 우리도 사랑하는 이를 사별하면 슬퍼한다. 바울은 적절한 애통을 단죄하는 게 아니다. 자녀나 부모나 형제의 죽음을 미스터 스팍(영화 "스타트렉"의 등장인물-역주)의 알량한 논리로 맞이할 사람은 감정이 없는 정신질환자뿐이다. 무감정의 진공 상태는 기독교와 무관하다. 동료 신자의 죽음은 정말 슬픈 일이다. 신자는 목석같은 금욕주의로 부름받은 게 아니라 "사망의 음침한 골짜기로 다"니도록 부름받았다(시 23:4). 하지만 골짜기를 다닐 때도 소망의 하나님이 우리 곁에 계시며, 죽음이 끝이 아니라 어두운 밤 후에 영원한 새벽이 밝아올 것을 일깨워주신다.

이 소망의 기초는 "몸이 다시 사는 것[을]…믿사옵나이다"라고 고백하는 신경의 한 소절에 있는 것이 아니다. "시온의 영광이 빛나는 아침"과 "해보다 더 밝은 저 천국"을 노래하는 찬송가 몇 곡만도 아니다. "고인은 더 나은 곳으로 가셨습니다"나 "이제 고생이 끝났습니다" 같은 진부한 표현으로 죽음의 디격을 누그러뜨리려는 뭉클한 장례식 설교 몇 편도 아니다. 우리 소망의 견고한 기초는 "예수께서 죽으셨다가 다시 살아나심"(살전 4:14)이라는 역사적 사실에 있다. 그분이 우리 대신 속죄의 희생제물이 되어 과거와 현재와 미래의 모든 죄의 값을 단번에 완전히 치르셨다. 그래서 우리는 아무것도 천국의 하나님과 우리 사이를 막아설 수 없음을 절대적으로 확신할 수 있다.

우리의 확신은 그리스도가 십자가에서 죄를 물리치신 데서 그치지 않고 부활하심으로 무덤과 죽음을 정복하신 데까지 나아간다. 주 예수님은 차갑고 어두운 무덤에서 나와 기적처럼 영광스럽게 부활하셨다. 그래서 바울은 데살로니가 신자들에게 "우리가 예수께서 죽으셨다가 다시 살아나심을 믿을진대 이와 같이 예수 안에서 자는 자들도 하나님이 그와 함께 데리고 오시리라"(4:14)고 말했다. 여기 "자는"이란 단어가 또 나온다. 이는 현실을 외면하려는 완곡어법이 아니라 새로운 현실에 대한 확신이다. 즉 신자의 죽음은 한시적일 뿐이어서, 그리스도가 재림하셔서 우리 몸이 영광스럽게 부활할 때 죽음은 기적처럼 와해된다. 그날 그분이 "우리의 낮은 몸을 자기 영광의 몸의 형체와 같이 변하게 하"신다(빌 3:21).

하지만 그때까지는 몸을 떠나 주와 함께 있게 된다(고후 5:6–8). 이는 사후에도 우리가 그리스도와 함께 산다는 약속이다. 죄가 우리와 하나님 사이를 갈라놓았었는데 그분이 죽음으로 그 값을 치르셨기 때문이다(엡 2:12–13). 그리스도와 함께 있는 그동안 우리 몸은 무덤 속에 조용히 누워 잔다. 우리의 몸–이 또한 본래 하나님이 선하게 창조하셨다(창 2:7)–은 나중에 기적처럼 부활하여 변화된다. 이렇듯 그리스도의 죽음과 부활은 우리의 죗값을 치르고 능력으로 우리 영과 몸을 구원한다. 영적 부분과 신체적 부분을 모두 망라한 온전한 구원이다.

그야말로 무덤을 초월하는 소망이다!

—4:15–17—

지금까지 바울은 소망의 핵심 진리를 정리했다. 그리스도의 죽음과 부활로 말미암아 우리도 구원받고 몸으로 부활한다는 소망이다(4:13–14). 이제 그는 몇 가지 구체적 사안으로 초점을 좁혀 "그러면 그 일이 벌어질 때 아직 살아 있는 우리는 어떻게 되는가?"라는 집요한 의문에 답한다. 그리스도가 재림하실 때 아직 살아 있을 신자들이 기적처럼 변화되어 휴거한다는 놀라운 교리가 소개된다.

지금까지 성경 학도들은 종말에 벌어질 사건의 순서를 논하느라 엄청난 양의 종이와 잉크를 사용했다. 논란의 대상이 되는 다음과 같은 몇몇 의문을 중심으로 그동안 교회의 휴거에 대한 다양한 견해가 제시되었다.

묵상의 서재

묘지의 전도자(데살로니가전서 4:13-18)

나는 어렸을 때 휴스턴에서 자랐는데 길을 사이로 우리 건넛집에 살던 부부는 늦은 나이에 결혼하여 아이를 낳을 수 없었다. 둘은 은퇴하고 나서도 줄곧 신혼처럼 지냈다. 로버츠 씨는 아내라면 사족을 못 쓸 정도로 끔찍이도 사랑한 훌륭한 남편이었고, 그 아내도 꿈에 그리던 남자를 만나 행복한 나날을 보냈다.

그러던 중에 그가 심장마비로 돌연사하는 바람에 그녀는 바닥을 모를 듯한 슬픔에 빠져들었다.

장례식이 끝나고도 몇 주 동안 나의 어머니는 로버츠 여사가 날마다 집을 나서는 모습을 보았다. 그녀는 남편의 묘지에 가서 몇 시간씩 말하고 울고 위안을 구하며, 떠나간 남편과의 끈을 어떻게든 붙들려 했다. 하지만 절망감만 더해졌다. 그리스도와의 인격적 관계가 없다 보니 그녀는 무덤 너머의 소망을 품을 확실한 기초가 없었다. 남편과 함께했던 즐거운 세월을 돌아보아도 아무런 답이 없었다. 그 세월은 너무도 허망하게 갑자기 끝나버렸다. 묘지에서 남편과의 소통을 되살려보려던 부질없는 시도는 그녀에게 더 큰 혼란과 절망만 남겼다.

어머니가 내게 이렇게 말씀하던 날을 지금도 잊지 못한다. "찰스야, 내가 건넛집에 가서 말해 볼 테니 내가 하는 말에 로버츠 여사의 마음이 열리도록 기도해라." 몇 분 후에 어머니는 따끈따끈하게 구운 쿠키와 레모네이드 한 주전자를 가지고 길을 건넜다. 그날 오후 로버츠 여사는 진리를 받아들였다. 예수님이 죽음에서 부활하셨으므로 최종 승리는 죽음의 몫이 아니라는 진리였다.

그날 기적이 일어났다. 어머니가 집으로 돌아오셨을 때 주전자는 비어 있었으나 가슴은 충만했다. 로버츠 여사는 예수 그리스도가 죽음을 정복하셨다는 기쁜 소식을 받아들였다. 그렇다고 묘지에 다니던 발걸음을 끊은 건 아니다. 그녀는 이렇게 말했다. "다시 갈 거예요. 가서 거기 오는 사람들에게 말해줄 겁니다." 그녀는 그동안 묘지에 다니면서 싸늘한 비석 앞에서 울며 말하는 사람들을 보았다. 그들은 한때의 즐거웠던 관계를 되찾을까 싶어 고인을 불러보았으나 허사였다. 그녀는 그들의 절망을 이해했을 뿐 아니라 이제 그들이 절실히 듣고 믿어야 할 진리가 그녀에게 있었다.

그렇게 해서 로버츠 여사는 묘지의 전도자가 되었다. 나는 여태까지 그런 전도자를 본 적이 없다. 작은 신약성경과 몇 마디 적절한 말로 변화된 이 여인은 슬퍼하며 우는 이들을 위로했고, 자신에게 삶과 죽음을 새로운 시각으로 보게 해준 그 소망을 전했다. 바로 예수 그리스도의 부활이었다!

- 미래의 대환난 기간과 관련하여 휴거가 일어날 시점은 언제인가?
- 그때 신약의 성도들만 부활할 것인가, 아니면 구약의 성도들도 포함될 것인가?
- 휴거되는 대상은 살아 있는 모든 성도인가, 아니면 영적으로 성숙한 사람만인가?
- 부활과 휴거 사건의 전조가 될 분명한 징후가 존재하는가?

바울은 이 모든 의문을 직접 논하지는 않지만 교회가 부활하여 휴거될 순간을 꽤 상세히 기술한다. 이 사건이 장차 종말에-즉 복음이 선포되는 이 시대가 끝날 때-임할 하나님의 진노와 어떻게 연결되는지도 약간 암시한다.

사건의 기본 순서(4:16-17)로 들어가기에 앞서 바울의 중요한 요지(4:15)를 놓쳐서는 안 된다. 우선 그는 이제부터 말하려는 세부 사항이 자신의 상상의 산물이 아님을 독자들에게 확언한다. 이는 예리한 추측도 아니고 애매한 본문을 기발하게 해석한 것도 아니라 "주의 말씀"에서 왔다. 이 문구는 주석가들 사이에 상당한 논란을 불러일으켰다. 바울은 종말에 관한 주님의 가르침 중에서 일부를 거론한 것일까? 그런 가르침은 마태복음 24장, 마가복음 13장, 누가복음 17장에 기록된 예수님의 '감람산 강화'에 나온다.[10] 그때 예수님은 그리스도가 재림하실 때 벌어질 신비로운 사건을 언급하시며, "한 사람은 데려가고 한 사람은 버려둠을 당할 것"이라 하셨다(마 24:40-41). 이 경우라면 바울이 본문에 기술한 내용(4:15-17)은 주님이 이미 소개하신 그 예언적 사건을 사도로서 설명한 것이 된다. 즉 부활과 휴거에 대해 예수님의 제자들에게 이미 알려져 있던 가르침에 그가 부연한 말에 불과하다.

그러나 "주의 말씀"이라는 문구는 "주께로부터 온 메시지"로 해석하는 게 더 타당해 보인다. 사도 바울이나 혹 실라에게 주어진 새로운 계시라는 뜻이다. 새생활역(NLT)에는 이 부분이 "우리가 주께로부터 직접 받은 이것을 너희에게 말하노니"라고 옮겨져 있다. F. F. 브루스는 구약에 그런 주의 말씀이 "선지자들의 입을 통해 수시로 전해졌다"며, "바울과 실루아노도 공인된 선지자였다(참조. 행 13:1, 15:32)"고 지적했다.[11] 이 경우라면 바울과 실라는 데살로니가 신자들에게 재림과 부활에 관한 새로운 계시-그전까지 교회에 계시되지 않았던 세부 사항-를 설명한 것이 된다. 물론 이 계시도 구약, 예수님의 가르침, 종말과 관련한 기타 모든 예언에 이미 계시된 내용과 일치할 수밖에 없다. 어쨌든 바울은 이전에 알려져 있지 않던 세부 사항을 데살로니가전서 4장 15-17절에 보탰다.

이 새로운 내용은 그리스도가 재림하실 때 아직 살아 있을 성도와 "그리스도 안에서" 이미 죽은 성도의 관계에 대한 것이다. 바울은 "주께서 강림하실 때까지 우리 살아남아 있는 자도 자는 자보다 결코 앞서지 못하리라"(4:15)고 말했다. 데살로니가 그리스도인들은 고인이 된 사랑하는 이들로 인해 염려하고 있었다. 바울은 그들의 근심을 풀어주고자 사망자나 생존자나 양쪽 다 영광스러운 부활과 변화와 휴거에 동참하게 될 것을 알려주었다. 그리스도를 믿고 세례를 받아 그분 안에 들어온 사람은 모두 동일한 성령을 받았기 때문이다(고전 12:13).

여기서 바울은 재림 때 벌어질 사건의 순서로 넘어간다. 본문에 기술된 사건을 이해하기 쉽게 시간 순으로 정리해보자.

첫째, 그리스도가 친히 하늘로부터 강림하신다(살전 4:16). 앞서 말했듯이 이때 하나님은 "자는 자들도…그(예수)와 함께 데리고 오"신다(4:14). 이는 이미 부활한 성도의 공중 휴거를 예견하는 말일 수도 있으나(4:17) 또한 죽은 성도의 영, 즉 몸을 떠나 주와 함께 있으면서 부활을 기다리던 성도를 가리킬 수도 있다(고후 5:6-8). 그 경우 바울은 그리스도가 죽은 성도의 영과 더불어 하늘로부터 강림하시는 장면을 내다보았을 수 있다. 그들은 그 후 각자의 부활한 몸을 다시 입는다.

둘째, 호령과 천사장의 소리와 나팔 소리가 난다(살전 4:16). 내가 보기에 이것은 자는 이들에게는 잠을 깨우는 소리, 살아 있는 이들에게는 호출하는 소리, 주의 날이 임박했음을 모르는 비신자들에게는 어쩌면 경고의 소리다. 선지자 요엘은 "시온에서 나팔을 불며 나의 거룩한 산에서 경고의 소리를 질러 이 땅 주민들로 다 떨게 할지니 이는 여호와의 날이 이르게 됨이니라 이제 임박하였으니 곧 어둡고 캄캄한 날이요 짙은 구름이 덮인 날이라"(욜 2:1-2)고 썼다. 선지자 스바냐도 임박한 주의 날을 이렇게 묘사했다.

여호와의 큰 날이 가깝도다
가깝고도 빠르도다
여호와의 날의 소리로다
용사가 거기서 심히 슬피 우는도다
그날은 분노의 날이요

환난과 고통의 날이요
황폐와 패망의 날이요
캄캄하고 어두운 날이요
구름과 흑암의 날이요
나팔을 불어 경고하며
견고한 성읍들을 치며
높은 망대를 치는 날이로다(습 1:14-16).

바울은 나팔 소리를 언급할 때 이런 구약의 은유를 생각했을 수 있다. 나팔 소리는 죽은 자의 부활과 성도의 휴거를 알릴 뿐 아니라 또한 "주의 날"이라 불리는 종말의 사건이 시작됨을 알린다. 이날은 24시간으로 이루어진 하루가 아니라 장기적이고 집중적인 심판의 기간으로 대개 전쟁, 파멸, 초자연적 심판이 수반된다(욜 2:1-2, 10-11, 습 1:14-18). 어쨌든 호령과 천사장의 소리와 나팔 소리는 주님이 성도를 위해 임하셨다는 결정적 신호를 뜻한다.

셋째, 주 안에서 죽은 자들이 먼저 일어난다(살전 4:16). 살아 있는 성도가 단 한 명도 변화되어 휴거되기 전에, 생명을 살리시는 하나님의 능력이 아주 캄캄한 지하에까지 이르러 예수님 안에서 자는 이들의 몸을 구속(救贖)한다. 이는 좀비 영화에 나오는 아수라장처럼

데살로니가전서 4장 16절에서 바울이 말한 하나님의 살핑크스는 전령들이 쓰던 나팔로 여기서는 부활과 휴거, 주의 날이 시작됨을 알리는 소리다.

소름끼치는 장면이 아니다! 모든 무덤이 다 터져서 신자들의 영광스럽고 죽지 않을 몸을 내놓아, 그들의 몸도 부활하신 그리스도의 영광스러운 몸처럼 변화된다. 우리의 옛 몸과 부활한 몸의 관계를 바울은 이렇게 묘사했다. "썩을 것으로 심고 썩지 아니할 것으로 다시 살아나며 욕된 것으로 심고 영광스러운 것으로 다시 살아나며 약한 것으로 심고 강한 것으로 다시 살아나며"(고전 15:42-43).

넷째, 살아 있는 신자도 부활한 성도와 연합하여 공중에서 주를 영접한다(살전 4:17). 죽은 성도가 부활할 때 아직 살아 있는 신자의 몸은 어떻게 될까? 이 구절에는 명확히 밝혀져 있지 않으나 고린도전서에 이에 대한 바울의 설명이 나온다. "보라 내가 너희에게 비밀을 말하노니 우리가 다 잠잘 것이 아니요 마지막 나팔에 순식간에 홀연히 다 변화되리니 나팔 소리가 나매 죽은 자들이 썩지 아니할 것으로 다시 살아나고 우리도 변화되리라 이 썩을 것이 반드시 썩지 아니할 것을 입겠고 이 죽을 것이 죽지 아니함을 입으리로다"(고전 15:51-53). 다시 말해서 만일 그리스도가 오늘 오신다면 죽은 자들은 천국에 합당한 영광스럽고 죽지 않을 몸으로 부활하고, 살아 있는 우리는 물리적 죽음을 맛보지 않고 순식간에 영광스럽고 죽지 않을 몸으로 변화된다. 바울이 데살로니가전서 4장 17절에서 말했듯이 부활한 집단과 변화된 집단 양쪽 모두 휴거되어 공중에서 주를 영접한다.

"끌어올려"로 번역된 헬라어 단어 *harpazō*(726, 4:17)는 헬라어 성경의 라틴어 역본에 *rapiō*로 옮겨졌고, 이 라틴어 단어에서 교회의 "휴거"를 뜻하는 영어 단어(*rapture*)가 나왔다. 휴거는 반드시 일어날 사건이다. 그리스도가 재림하실 때 살아 있든 이미 죽었든 그분을 믿는 사람은 모두 동일한 소망이 있다. 즉 영광스럽고 죽지 않을 몸으로 "끌어올려"져 주님과 함께 있게 된다.

—4:18—

이 얼마나 영광스러운 가족 상봉이겠는가! 그리스도가 교회를 위하여 다시 오시는 날 남편과 아내, 부모와 자녀, 친구와 친척이 저 하늘로 부름받는다. 신앙의 옛 영웅들과 그들의 상속자로서 복음을 믿은 살아 있는 신자들까지도 말이다. 조각을 어떻게 맞추어야 할지 혼란스럽던 데살로니가 신자들에게 이런 자세한 종말 사건은 틀림없이 장엄한 소식이었을

바울이 설명한 "마지막 나팔"이 곧 요한계시록에 나오는 일곱째 나팔인가?

데살로니가전서 4:14-17

일부 학자는 둘 다 교회의 휴거를 알리는 고린도전서 15장 52절의 "마지막 나팔"과 데살로니가전서의 "하나님의 나팔"을 요한계시록 11장 15절의 "일곱째 나팔"과 동일한 것으로 본다. 요한계시록의 "일곱째 나팔"이 나팔 시리즈 가운데 마지막 나팔이기 때문에 표면상으로는 그런 가정에도 일리가 있어 보인다. 하지만 자세히 보면 이 두 나팔이 별개의 예언적 사건을 가리키고 있음을 알 수 있다.
요한계시록 11장 15절의 일곱째 나팔은 하나님의 진노가 미래의 환난 기간에 최종 단계에 이른 것, 그리스도의 통치가 시작된 것, 이러한 권력의 획기적 변화에 대한 반응으로 천국에 찬양의 합창이 울려 퍼지는 것을 분명히 알린다. 반면에 바울이 말한 종말의 나팔은 믿는 성도들이 몸으로 부활하여 땅에서 "끌어올려" 갈 것을 말하고 있다. 세 본문을 나란히 놓고 보면 이 본문들의 유일한 공통점은 나팔이 언급되었다는 것뿐이다. 그런데도 바울의 "마지막 나팔"과 요한의 "일곱째 나팔"이 과연 동일한 것일 수 있을까?

고린도전서 15:51-52	데살로니가전서 4:14-17	요한계시록 11:15-18
마지막 나팔이 울린다.	그리스도가 하늘로부터 강림하신다.	일곱째 나팔이 울린다.
	천사장의 소리가 들린다.	
	하나님의 나팔이 울린다.	
죽은 성도들이 부활한다.	죽은 성도들이 부활한다.	
살아 있는 성도들이 변화된다.		
	살아 있는 성도들이 끌어올려 간다.	
	부활하여 휴거한 성도들이 공중에서 그리스도를 영접한다.	
		세상 나라가 그리스도의 나라가 된다.
		하나님이 권좌에 올라 다스리기 시작하신다.
		하나님의 진노가 임한다.
		죽은 자들이 심판받는다.
		선지자들과 성도들이 상을 받는다.

이 물음에 답하려면 바울이 데살로니가전서와 고린도전서를 쓴 때가 각각 AD 50년경과 AD 55년경이었음을 염두에 두어야 한다. 요한이 환상을 보고 요한계시록을 기록한 때는 AD 96년경이었으므로 바울과 그의 독자들은 요한계시록에 시리즈로 기록된 일곱 나팔의 심판을 몰랐을 것이다. 그러므로 바울이 말한 "마지막 나팔"은 요한계시록의 일곱째 나팔을 지칭한 것이 아니었다고 확실히 결론지을 수 있다. 하지만 요한계시록 11장 15절에 천사가 일곱째 나팔을 불었다는 요한의 말은 바울의 마지막 나팔을 지칭한 것일 수 있지 않

을까? 그럴 리가 없다. 요한이 만일 그 둘을 연관시킬 의도였다면 일체의 의혹을 없애기 위하여 아마도 "마지막 나팔"이라는 동일한 말을 썼을 것이다. 아니면 적어도 성도들의 부활과 휴거 또는 그리스도의 강림-바울이 말한 "마지막 나팔"을 통해 발표되는 사건들-을 구체적으로 언급했을 것이다.

이상으로 보건대 이 두 나팔은 별개의 예언적 사건을 지칭하는 것으로 보인다. 바울의 "마지막 나팔"은 7년 환난 기간이 시작되기 전에 교회가 부활하고 휴거되어 이 땅에서 건져질 것을 알린다. 반면에 요한계시록 11장의 일곱째 나팔은 나팔의 심판 시리즈를 마감하고, 그리스도의 진노와 통치를 미리 보여주며, 이후의 여러 환상을 거쳐 일곱 대접의 진노로 이어진다(계 12-16장).

것이다.

바울은 데살로니가 신자들에게 "그러므로 이러한 말로 서로 위로하라"(4:18)고 했다. 부활과 영화와 휴거라는 삼중의 약속은 사랑하는 고인을 그리스도가 혹시 잊으셨을까 봐 두려워하는 이들에게는 격려가 된다. 이해할 수 없는 영원을 생각하며 긴가민가한 이들에게는 확신을 준다. 관 위에 놓인 마지막 꽃이 영원한 작별이라 믿고 슬퍼하는 이들에게는 위로가 된다. 죽은 자의 부활에 담긴 기쁜 소식은 곧 그리스도가 그분의 사람들을 잊지 않으셨다는 사실이다. 그분의 죽음과 부활 덕분에 우리의 죽음은 나중에 휴거되어 공중에서 주님을 영접할 때까지 잠깐 자는 잠에 불과해졌다.

확신과 소망의 말이 여기에 있다.

적용: 데살로니가전서 4:13-18

"당신은 준비되어 있는가?"

주님의 재림을 이렇게 생생히 내다보면서 우리가 해야 할 질문이 있다. "나는 어떻게 반응할 것인가?" 미래를 아는 것이 현재의 삶에 어떤 영향을 미치는가? 바울은 그의 생애 말년에 친구이자 제자인 디도에게 보낸 편지에서 그런 물음에 이렇게 답했다.

> 모든 사람에게 구원을 주시는 하나님의 은혜가 나타나 우리를 양육하시되 경건하지 않은 것과 이 세상 정욕을 다 버리고 신중함과 의로움과 경건함으로 이 세상에 살고

> 복스러운 소망과 우리의 크신 하나님 구주 예수 그리스도의 영광이 나타나심을 기다리게 하셨으니(딛 2:11-13).

첫째, 하나님이 주신 구원을 확실히 받으라. 하나님의 은혜가 나타나 모든 사람에게 죽음과 저주와 장차 임할 진노에서 구원받을 기회를 주셨다(딛 2:11). 그리스도가 당신의 죗값을 치르시려고 죽으셨고 당신에게 영생을 주시려고 부활하셨다. 에베소서 2장 8절에 "너희는 그 은혜에 의하여 믿음으로 말미암아 구원을 받았으니 이것은 너희에게서 난 것이 아니요 하나님의 선물이라"고 했다. 우리 힘으로는 새 생명으로 부활할 수도 없고, 장차 그리스도가 재림하실 때 부활할 수도 없다. 이 두 부활은 다 하나님의 선물인 은혜다. 우리는 그저 자력으로 구원받을 수 없음을 인정하고 그리스도를 온전히 신뢰하기만 하면 된다. "하나님이 세상을 이처럼 사랑하사 독생자를 주셨으니 이는 그를 믿는 자마다 멸망하지 않고 영생을 얻게 하려 하심이라"(요 3:16). 구원은 오직 그리스도를 오직 믿음으로 말미암아 오직 은혜로 주어진다. 당신은 이 값없는 선물인 영생을 받아들였는가?

둘째, 타락한 생활방식을 계속 물리치라. 이 구원의 목적은 우리 죄와 죄책을 해결하는 것만이 아니라 그보다 훨씬 크다. 물론 그리스도가 우리 대신 죽으셨으므로 우리는 천국 법정에서 이미 '무죄'를 선고받았다. 그러나 그분은 또한 신자들에게 "부르심을 받은 일에 합당하게 행하"도록 명하셨다(엡 4:1). 바울이 디도에게 말했듯이 우리를 구원하는 그 동일한 은혜가 또한 우리를 양육하여 "경건하지 않은 것과 이 세상 정욕을 다 버리고 신중함과 의로움과 경건함으로 이 세상에 살"게 한다(딛 2:12). 은혜로 말미암는 구원과 은혜로 말미암는 의로운 삶 사이에 모순이란 있을 수 없다. 바울도 우리가 "그 은혜에 의하여 믿음으로 말미암아 구원을 받았으니…행위에서 난 것이 아니"라고 단언한 뒤(엡 2:8-9), 바로 다음 줄에 이렇게 덧붙였다. "우리는 그가 만드신 바라 그리스도 예수 안에서 선한 일을 위하여 지으심을 받은 자니 이 일은 하나님이 전에 예비하사 우리로 그 가운데서 행하게 하려 하심이니라"(엡 2:10). 하늘로부터 오실 주님을 기다리며 이 악한 현세를 살아가는 동안 우리는 이 땅의 타락한 생활방식을 계속 물리쳐야 한다.

셋째, 우리의 크신 하나님 곧 구주를 소망 중에 바라보라. 어느 날 전무후무한 순간이 도래할 것이다. 우레 같은 호령과 나팔 소리와 더불어 그리스도가 하늘을 가르시고 도처의 무덤을 터뜨려 자기 백성을 모으실 것이다. 하나님이자 인간이신 그분의 권능만이 이런 구원을 이룰 수 있다. 죄와 고난과 죽음의 어두운 세상을 터벅터벅 걸어가는 우리 살아 있는 이들도 마침내 구주를 대면하여 뵙고, 또 이미 영광스러운 몸으로 변화되어 있는 앞서간 사랑하는 이들과 재회할 것이다. 그리하여 우리 모두가 하늘로 올려져 크신 하나님 곧 구주 예수 그리스도와 함께 있게 된다. 옛 영가의 가사처럼 그날은 "찬란한 아침"이 될 것이다. 당신은 준비되어 있는가?

한밤의 도둑처럼(데살로니가전서 5:1–11)

1형제들아 때와 시기에 관하여는 너희에게 쓸 것이 없음은 2주의 날이 밤에 도둑 같이 이를 줄을 너
희 자신이 자세히 알기 때문이라 3그들이 평안하다, 안전하다 할 그 때에 임신한 여자에게 해산의 고
통이 이름과 같이 멸망이 갑자기 그들에게 이르리니 결코 피하지 못하리라 4형제들아 너희는 어둠에
있지 아니하매 그 날이 도둑 같이 너희에게 임하지 못하리니 5너희는 다 빛의 아들이요 낮의 아들이
라 우리가 밤이나 어둠에 속하지 아니하나니 6그러므로 우리는 다른 이들과 같이 자지 말고 오직 깨
어 정신을 차릴지라 7자는 자들은 밤에 자고 취하는 자들은 밤에 취하되 8우리는 낮에 속하였으니 정
신을 차리고 믿음과 사랑의 호심경을 붙이고 구원의 소망의 투구를 쓰자 9하나님이 우리를 세우심은
노하심에 이르게 하심이 아니요 오직 우리 주 예수 그리스도로 말미암아 구원을 받게 하심이라 10예
수께서 우리를 위하여 죽으사 우리로 하여금 깨어 있든지 자든지 자기와 함께 살게 하려 하셨느니라
11그러므로 피차 권면하고 서로 덕을 세우기를 너희가 하는 것 같이 하라

뉴스와 언론 시장을 몰아가는 강력한 동력은 둘 중 하나다. 오늘의 삶에 도사린 불만족과 불안감이거나 아니면 내일의 삶에 대한 호기심과 두려움이다. 생각해보라. 일기 예보관은 우리의 현재를 강타하는 무서운 폭풍에 집중하거나 아니면 한 주간의 활동을 계획할 수 있도록 향후 며칠의 날씨를 예보한다. 뉴스 앵커는 굵직한 시사 뉴스로 우리의 감정-대개는 부정적 감정-을 자극하거나 아니면 각계 전문가를 인터뷰하여 최신 국제 동향이 미래에 미칠 영향을 분석한다. 경제 기자는 오늘의 시장 득실을 중계하거나 아니면 닥쳐올 경제 기복에 우리 모두 계획성 있게 대처하도록 정부의 향후 조치를 예측한다.

솔직히 모든 사람에게는 미래를 알고 싶어 하는 끝없는 호기심이 있다. 누구나 다음과 같은 의문을 품는다. 경기가 좋아져서 내가 투자한 돈에 수익이 생길까? 자식들이 건강하

때와 시기는 아무도 모른다

예수님이 친히 말씀하셨고 바울과 베드로와 초대 교회 전체가 모두 한뜻으로 말했듯이, 주님이 재림하셔서 주의 날이 시작될 시점은 아무도 모른다. 다음의 성경 본문을 숙고해보라.

> "그러나 그날과 그때는 아무도 모르나니 하늘의 천사들도, 아들도 모르고 오직 아버지만 아시느니라"(마 24:36).
>
> "그러므로 깨어 있으라 어느 날에 너희 주가 임할는지 너희가 알지 못함이니라"(마 24:42).
>
> "주의하라 깨어 있으라 그때가 언제인지 알지 못함이라"(막 13:33).
>
> "그들이 모였을 때에 예수께 여쭈어 이르되 주께서 이스라엘 나라를 회복하심이 이때니이까 하니 이르시되 때와 시기는 아버지께서 자기의 권한에 두셨으니 너희가 알 바 아니요"(행 1:6-7).
>
> "형제들아 때와 시기에 관하여는 너희에게 쓸 것이 없음은 주의 날이 밤에 도둑 같이 이를 줄을 너희 자신이 자세히 알기 때문이라"(살전 5:1-2).
>
> "그러나 주의 날이 도둑 같이 오리니"(벧후 3:10).
>
> "내가 도둑같이 이르리니 어느 때에 네게 이를는지 네가 알지 못하리라"(계 3:3).
>
> "보라 내가 도둑같이 오리니 누구든지 깨어 자기 옷을 지켜 벌거벗고 다니지 아니하며 자기의 부끄러움을 보이지 아니하는 자는 복이 있도다"(계 16:15).

게 자라 안정을 이룰까? 은퇴할 때까지 현 직장을 유지할 수 있을까? 내가 지지하는 후보자가 다음번 선거에서 당선될까? 시간의 커튼을 걷어 미래의 신비를 살짝 엿볼 수만 있다면 얼마나 좋을까!

이런 호기심이 워낙 강하다 보니 성경의 예언에 사람들의 마음이 끌릴 때가 많다. 그러나 조심하지 않으면 호기심 때문에 낭패를 볼 수 있다. 예언을 설교하고 가르치는 이들 중에는 믿지 못할 부류도 있다. 대개 그들은 성경에 실제로 나오는 내용을 고수하기보다 자신의 책을 파는 데 더 관심이 많다. '전문가'로 자처하지만 그들의 과장된 해석은 성경적 근거가 거의 없다. 흔히 그들은 그리스도의 재림 날짜를 정하거나, 유명 인물에게 '적그리스도'라는 딱지를 붙이거나, 특정한 시사 사건을 애매할 때가 많은 성경 예언의 성취로 등치시킨다. 물론 그게 오류로 밝혀지는 순간, 결국은 이런 거짓 선지자의 본색이 드러난다.

그러므로 미래의 일에 관한 한 우리는 노란불이 깜빡이는 교차로를 통과할 때처럼 진행해야 한다. 무분별한 운전자의 차와 충돌해서도 안 되지만 모든 게 다 잘못될까 두려워 정지해 있어서도 안 된다. 그리스도의 재림에 대한 예언은 4장 13-18절에 시작되어 5장 1-11절에 마무리되는데, 그 속으로 진입하기 전에 예언이라는 주제 전반에 대해 몇 가지 주의할 사실이 있다.

첫째, 예언과 미래에 대한 우리의 호기심을 하나님이 주셨음을 알아야 한다. 그게 정상이라는 말이다. 하나님은 우리에게 영원을 사모하는 마음을 주셨으나 미래의 신비가 다 풀리게 하지는 않으셨다(전 3:11). 감람산의 제자들처럼 우리에게도 이런 의문이 늘 있을 것이다. "어느 때에 이런 일이…있사오리이까"(마 24:3).

둘째, 우리가 품은 의문에 하나님이 매번 당장 답을 주지는 않으심을 기억해야 한다. 미래에 대해 성경에 담겨 있는 내용은 다 사실이지만, 미래에 대한 모든 내용이 성경에 담겨 있지는 않다. 시대에 대한 하나님의 온전한 계획을 우리 힘으로는 결코 알아내거나 예측할 수 없다. 우리에게 소망을 주시고 그분을 신뢰할 동기를 불러일으킬 만큼만 그분이 친히 계시하신다. 실제로 예수님은 호기심에 찬 그 동일한 제자들에게 "때와 시기는 아버지께서 자기의 권한에 두셨으니 너희가 알 바 아니요"(행 1:7)라고 말씀하셨다.

미래에 대한 건강한 호기심과 하나님이 모든 질문에 답해주지는 않으신다는 현실 사이에서 균형을 유지해야 한다. 애매한 세부 사항에 집착하지 말고 믿음의 주요 또 온전하게 하시는 이인 예수님을 바라보아야 한다.

—5:1-2—

바울은 5장 1-11절에도 계속 미래의 일을 논하지만, 같은 주제 안에서 살짝 전환이 이루어진다. 이 전환은 헬라어의 짤막한 두 단어 *peri de*(4012, 1161)로 표시된다.[12] "이제 (무엇에) 관하여는"으로 번역될 수 있는 이 동일한 문구를(개역개정에는 대부분 "이제"가 생략되었다-역주) 그는 주제의 변화를 알릴 때 자주 썼다(고전 7:1, 25, 8:1, 12:1, 16:1, 12, 살전 4:9). 고린도전서 7장 25절의 용례에서 보듯이, 반드시 전혀 무관한 주제를 뜻하는 표현은 아니다. 즉 바울은 종말이라는 전체 주제 아래서 다른 이슈로 넘어간다. 그래도 이 문구를 통해 바울이 이를테면 "기어를 변환하여"처럼 주제의 한 측면에서 다른 측면으로 초점을 돌리는 것만은 분명하다.

전후 문맥을 보면 이 전환이 중요해진다. 바로 직전에 바울은 신자들을 위로했다. 그들은 주 안에서 자는 사랑하는 이들이 행여 그리스도가 재림하실 때 임할 그 나라의 복을 놓칠까 봐 우려했다. 그런 그들에게 바울은 하나님 나라가 완성되기 전에 영광스러운 재회가 있을 것을 확신해주었다. 그리스도 안에서 죽은 자들이 먼저 일어나고 그 후에 살아 있는 신자들도 변화되어 양쪽이 함께 "끌어올려"져 공중에서 주를 영접할 것이다(살전 4:16-17).

교회의 휴거라는 이 교리는 본래 그리스도 안에 있던 형제자매를 잃고 슬퍼하던 이들을 격려하기 위한 것이었다.

그런데 5장 1절에서 바울은 방향을 돌린다. 무관한 주제로 180도 전환한 게 아니라 종말과 관련한 동일한 주제에서 다른 면으로 90도만 틀었다. 예수님이 바울을 통해 계시해주신 종말 사건의 순서와 휴거가 더는 상술되지 않는다. 이제 그는 예수님이 종말에 대해 가르치실 때 거듭 명시하셨던 어느 한 문제로 넘어간다. 즉 종말의 예측할 수 없는 성질에 비추어 우리는 어떻게 살아가야 하는가? (더 자세한 내용은 100페이지의 "때와 시기는 아무도 모른다"를 참조하라.)

그래서 바울은 1절에서 데살로니가 신자들에게 더 쓸 것이 없다는 말부터 한다. "때와 시기"를 아무도 모르기 때문이다. 왜 모르는가? 그리스도가 이 땅에서 사역하실 때부터 제자들은 주의 날의 심판이 한밤의 도둑처럼 세상에 임할 것을 배웠기 때문이다(마 24:43, 눅 12:39, 벧후 3:10). 종말에 대한 가르침 중 이 부분만큼은 바울의 독자들도 이미 알고 있었다. 그들과 함께 있을 때 바울이 직접 가르쳐주었을 것이다.

나는 살아오는 동안 밤중에 도둑을 맞았다는 사람들의 섬뜩하고 가슴 아픈 사연을 꽤 들었다. 그중에 도둑이 경보기를 울리고 소리를 질러 무단 침입을 미리 알린 경우는 한 번도 없었다. 한편 바울이 교회의 부활과 휴거를 논할 때 암시했듯이(살전 4:13–18), "장래의 노하심에서"(1:10) 자신의 교회를 건지시려는 그리스도의 이 특별한 강림은 장차 임할 주님의 날과는 구별된다(5:1–2).

이 두 상황을 나누는 핵심은 사건의 시기라기보다 대상에 있다. 휴거의 대상은 교회로 국한된다. 그들은 그리스도를 믿는 참된 신자로서, 하늘로부터 강림하실 아들을 기다린다(1:10). 소망 중에 하늘을 우러르며 준비된 모습으로 기다려야 한다. 그래서 그리스도가 하늘로부터 강림하여 교회를 건지실 그날이 그들에게는 영광스러운 기쁨과 구원의 날인 것이다. 그러나 이 사건을 발단으로 이른바 주의 날이라는 무서운 진노와 심판과 재앙과 참사가 시작되고, 그 주의 날은 심판자와 왕으로 오실 그리스도의 재림과 아마겟돈 전쟁으로 최고조에 달한다(욜 2:1–11, 계 16:12–16, 19:11–21). 이 땅에 남은 비신자들에게 주의 날은 한밤의 도둑처럼 불시에 들이닥칠 극도로 불쾌하고 달갑잖은 일이다(살전 5:2). 하나님이 자기 백성 이스라엘에게 만일 회개하면 "구하여냄을 얻으리로다"고 약속하신 것은 분명히 사실이다(렘 30:7). 하지만 미래의 대환난 기간에 이스라엘이 경험할 그 구원조차도 "환난"의 때가 될 것이다(렘 30:7).

요컨대 주의 날은 교회의 휴거와는 완전히 다르다. 단지 그날이 임하는 시기나 방식 때문이 아니라 그로 인해 영향을 받을 대상 때문이다. 그 심판 기간 중에도 구원의 소망은 있다. 사실 나는 "온 이스라엘이 구원을 받"을 때가 그때라고 믿는다(롬 11:26). 요한계시록에도 구원받아 "큰 환난에서 나오는" 큰 무리의 신자들이 예언되어 있다(계 7:14). 그러나 이들 유대인과 이방인으로 구성된 '대환난 때의 성도'가 이 땅에 임할 그 진노의 기간에 구원받는 것과 달리, 교회는 이 땅에서 휴거되어 그 진노의 기간을 아예 맛보지 않는다(살전 1:10, 계 3:10).

—5:3—

일부 신학자들은 7년 대환난의 심판 기간을 주의 날이라 칭하는데, 이때 심판받을 대상은 신자가 아니라 비신자다. 이 사실을 강조하려고 바울은 "너희"에서 "그들"로 대명사를 바꾼다. 즉 이 구절은 하늘로 휴거된 신자들이 아니라 이 땅에 남아 있는 비신자들을 두고 한 말이다. 처음에 그들은 평안과 안전을 보장하는 헛된 약속들에 의지한다. 적그리스도의 도움으로 완전히 질서가 잡힌 사회가 도래하기를 고대한다(계 13:1-10). 그러나 그들이 맹목적 헌신의 깃발을 흔들며 절대 충성의 구호를 외치는 그때에 "임신한 여자에게 해산의 고통이 이름과 같이 멸망이 갑자기 그들에게 이르리니 결코 피하지 못"할 것이다(살전 5:3).

나는 20년 넘게 캘리포니아에 살았다. 현지인들은 자신이 거의 낙원에 살고 있다고 생각하지만, 과학자들이 상기시켜주듯이 그곳은 지진에 취약한 땅이라서 언제 '대지진'이 발생할지 모른다. 그런데도 많은 사람이 그런 재난에 충분히 준비되어 있지 않다. 바울이 "그들"이라 약칭한 대다수 인류도 마찬가지다. 주석가 로버트 토머스(Robert Thomas)는 장차 임할 주의 날에 살아 있을 비신자들을 이렇게 묘사했다.

> 그들은 안전한 생활방식을 자랑한다. "평안하다"는 내면의 안식을 뜻하고 "안전하다"는 외부의 방해가 없음을 뜻한다…그러나 그 평온함이 절정에 달한 듯한 순간에 "멸

> 망이 갑자기 그들에게 이"른다. "멸망"이란 피해자로 하여금 삶 자체를 단념하게 만드는(계 9:6)…완전한 절망적 파멸, 모든 가치의 상실을 뜻한다…그들은 완전히 소멸되지 않은 채로 진노를 당한다.[13]

바울은 이번 단락을 "밤에 도둑같이"라는 은유로 시작했는데, 이어지는 둘째 은유는 임신한 여인에게 갑자기 엄습해오는 산통이다. 오늘날 임신과 분만의 환경은 대부분 위생적이며 마취제를 쓸 수 있다. 그래서 산통은 건강한 아기와 행복한 엄마의 즐거운 탄생을 연상시킨다. 물론 불안과 걱정의 여지도 있지만 그렇다고 그것이 공포와 두려움은 아니다. 그러나 1세기에는 산모와 특히 신생아가 출산 중에 죽을 수 있는 가망성이 지금보다 훨씬 높았다. 엄마와 아기가 둘 다 무사한 경우에도 산통은 한동안 고통을 피할 수 없다는 갑작스런 징후였다.

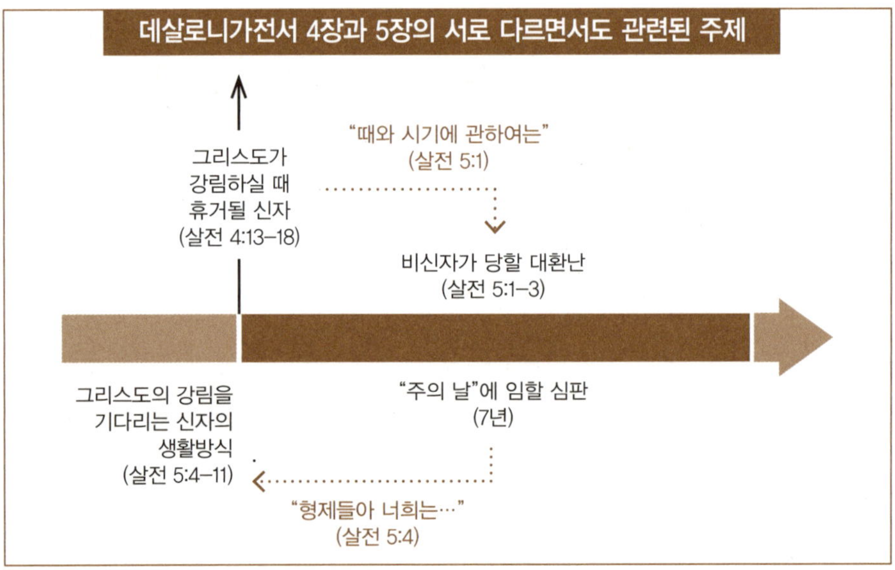

뒤에 남아 주의 날을 맞이할 비신자들도 그와 비슷하게 허를 찔릴 것이다. 그중 일부가 심판의 와중에 오직 그리스도를 믿어 구원받겠지만, 그래도 7년 대환난 기간 내내 큰 고통을 겪을 것이다.

—5:4-11—

이제 바울은 휴거되지 못하고 뒤에 남아 대환난의 비참한 사건에 삼켜질 비신자에게서 다시 신자 쪽으로 초점을 돌린다. 주의 날에 심판이 있기 전에 신자는 휴거를 통해 건짐을 받는다. "형제들아 너희는"이라는 말을 전환점으로 삼아(헬라어 원문과 저자가 사용하는 NASB에는 그 앞에 "그러나"라는 접속사가 있다-역주) 그는 미래에 걸맞게 현재를 살아가려 애쓰는 신자가 마땅히 취해야 할 생활방식을 기술하고 처방한다. 그 과정에 어둠과 빛, 잠과 깨어 있음, 술 취함과 정신 차림, 준비된 군인과 무방비 상태 등 여러 대립되는 은유가 동원된다.

비신자는 영적 타락과 도덕적 무지라는 어둠 속에서 살아간다. 바울은 이 상태를 에베소서 2장 1-3절에 더 자세히 기술했다.

> 그는 허물과 죄로 죽었던 너희를 살리셨도다 그때에 너희는 그 가운데서 행하여 이 세상 풍조를 따르고 공중의 권세 잡은 자를 따랐으니 곧 지금 불순종의 아들들 가운데서 역사하는 영이라 전에는 우리도 다 그 가운데서 우리 육체의 욕심을 따라 지내며 육체와 마음의 원하는 것을 하여 다른 이들과 같이 본질상 진노의 자녀이었더니.

한때는 모든 인간이 이런 영적, 도덕적 밤에 살았지만 그리스도를 믿는 사람은 이 어둠에서 빛 속으로 옮겨졌다. 바울은 "그가 우리를 흑암의 권세에서 건져내사 그의 사랑의 아들의 나라로 옮기셨으니"(골 1:13)라고 썼다.

그래서 그는 데살로니가전서의 수신자들이 "어둠에 있지 아니"함을 상기시킨다(살전 5:4). 그들은 주의 날이 임할 때 자신에게 닥쳐올 재앙을 모르는 비신자와는 다르다. 빛의 자녀인 그들은 밤에 거하는 부류와는 구별되게 살아야 한다(5:5). 진리의 빛 가운데 살아야 한다(요 3:19-21). 물론 심판이 임하지만 그리스도인은 그리스도의 죽음과 부활을 통해 피할 길을 얻었다.

밤에 거하는 사람의 행실로 낮에 거하는 사람이 삼가야 할 것은 무엇인가? 첫째, 밤에 거하는 사람은 '잔다'(살전 5:6-7). 이것은 그리스도의 강림에 관해 무지하기 때문이다. 다시 오실 그분께 영적, 도덕적으로 준비되어 있지 않은 것이다. 마태복음 25장 1-13절에 나오는 그리스도의 비유와 비슷한데, 미련한 다섯 처녀는 신랑이 갑자기 왔을 때 준비되어 있지 않았다. 예수님은 "신랑이 더디 오므로 다 졸며 잘새"(마 25:5)라고 말씀하셨다. 둘째, 밤에 거하는 사람은 술에 취한다(살전 5:7). 행여 영적으로 무지하지 않다면 도덕적으로 타락해 있다. 육체와 마음이 원하는 대로 산다(엡 2:3).

낮에 거하는 사람은 이런 영적 무지와 도덕적 타락의 상태를 삼가야 한다. 신자는 빛의 자녀인 만큼 영적으로 깨어 있고 도덕적으로 정신을 차려야 한다. 전투할 준비가 된 병사처럼 예리한 경계 태세로 그리스도의 강림에 준비되어 있어야 한다(살전 5:8). 만일의 경우에 대비하여 완전 무장을 한 초병처럼 신자도 영적 경각심과 도덕적 근면성으로 자신을 보호해야 한다. 호심경과 투구로 보호받는 군인과 마찬가지로 믿음과 사랑과 소망의 덕목으로 무장해야 한다.

낮에 속한 자녀와 밤에 거하는 무리를 여러 은유로 날카롭게 대비한 바울은 끝으로, 신자들의 영광스러운 운명을 상기시키면서 종말의 소망에 대한 논의를 마무리한다. 1장 끝에서 그는 이미 그들의 큰 믿음과 소망을 칭찬한 바 있다. "너희가 어떻게 우상을 버리고 하나님께로 돌아와서 살아 계시고 참되신 하나님을 섬기는지와 또 죽은 자들 가운데서 다시 살리신 그의 아들이 하늘로부터 강림하실 것을 너희가 어떻게 기다리는지를 말하니 이는 장래의 노하심에서 우리를 건지시는 예수시니라"(1:9-10). 이제 바울은 그들에게 계속 그 믿음과 소망 가운데서 서로를 향한 사랑의 열매를 보이라고 격려한다. 그래서 하나님이 신자들을 세우심은 장차 주의 날에 임할 진노에 이르게 하시려는 것이 아니라 예수 그리스도를 통해 구원받고 건짐을 받게 하시려는 것임을 상기시킨다(5:9-10). 깨어 있든지(그리스도가 강림하실 때 아직 살아 있든지) 아니면 자든지(그리스도 안에서 죽어 부활을 기다리고 있든지) 관계없이, 모든 신자는 장차 그리스도가 재림하실 때 변화되어 지상

Lagui/Adobe Stock

전투태세로 무장한 로마 병사

에서 천상으로 옮겨진다.

사도 바울은 "종말이 임박했으니 대환난에 대비하라!"는 공포스러운 경고로 말을 맺지 않는다. 대신 이렇게 말한다. "미래에 걸맞게 현재를 살아가려면 지금까지 말한 대로 하면 된다. 그리스도가 너희를 벌하시는 분이 아니라 건지시는 분임을 알기 때문이다." 당연히 그는 독자들에게 이런 기쁜 소식으로 계속 권면하고 서로 덕을 세우라고 당부한다(5:11). 하나님이 신자들을 세우신 것은 영원한 지옥에서든 7년 대환난 때든 진노를 당하게 하시려는 것이 아니다. 반대로 하늘로 건져져 영원히 그리스도와 함께 사는 것이 하나님이 예비하신 우리의 운명이다(5:9).

적용: 데살로니가전서 5:1–11

하나님의 예언 기압계

우리 귀에 들려오는 세상의 뉴스는 심란하다 못해 충격적일 정도다. 중동에서 일어나고 있는 폭력과 유혈 사태는 헤드라인을 지배한다. 각국 정부가 경제적, 정치적 붕괴의 위기로 치닫고 있다. 군대는 늘 공격 아니면 방어 태세다. 세계적으로 불치병과 자연재해와 도덕적 혼돈이 날로 더해가는 듯싶다. 세상이 더 좋은 쪽으로 급반전하리라고는 상상하기 어렵다. 모든 게 그 반대 방향을 가리키는 것 같다.

그리스도의 재림과 현 세상이 처한 우려스러운 상태에 관하여 바울이 5장 1–11절에서 한 말은 격려가 되면서도 정신이 번쩍 들게 한다. 이를 바탕으로 두 가지를 조언하고자 한다. 하나는 빛의 자녀를 위한 것이고 또 하나는 어둠의 자녀를 위한 것이다.

첫째, 신자는 미래가 보장되었다 해서 무관심해져서는 안 된다. 우리에게는 오늘 할 일이 아직 남아 있다. 우리는 기대감을 품는 데서 그치지 말고 긴박감을 놓지 말아야 한다. 성경에 기록된 예언을 알기에 우리 안에 그리스도를 위해 살려는 열망과 다른 사람들을 영적 잠에서 깨우려는 열정이 솟아나야 한다. 내 생각에 누구든지 미래를 알고 균형 잡힌 관점으로 보는 사람은 잃어버린 영혼에 대한 관심이 뜨거워야 한다. 삶 속에서 남을 돕고 섬기려는 우리의 열망이 날마다 은혜와 사랑의 행위로 드러나야 한다. 성경이 말씀하는 예언을 아는 사람이 잃어버린 사람들과 상처받은 이들에게 무관심해서는 결코 안 된다.

둘째, 비신자는 오늘이 평탄해 보인다 해서 속아서는 안 된다. 성경에 분명히 나와 있듯이 폭풍이 다가오고 있다. 그리스도를 대피소와 보호자로 삼지 않고는 피할 길이 없다. 긴박성을 더 잘 이해하는 데 도움이 될 예화가 있다. 왕년의 위대한 성경 교사 E. 스카일러 잉글리시(E. Schuyler English)의 글에 나오는 롱아일랜드에 사는 어떤 남자 이야기다. 이 남자는 어느 공신력 있는 회사에서 생산한 아주 고감도의 기압계를 샀다.

> 집으로 배달된 기계를 보고 그는 실망했다. 지침(指針)이 '허리케인'이라 표시된 쪽으로 고정된 듯 보였기 때문이다. 새 주인은 기압계를 몇 번 세게 흔들어보고는—민감한 기계를 다루는 좋은 방법이 아니다—구매처에 신랄한 편지를 써서 이튿날 아침 뉴욕 사무실로 출근하는 길에 부쳤다. 그날 저녁 롱아일랜드로 돌아와 보니 기압계만 아니라 그의 집까지 사라지고 없었다! 기계의 지침이 가리키고 있던 방향은 정확했다. 허리케인이 닥친 것이다.[14]

오늘 당신의 생활이 윤택하게 느껴질 수 있다. 건강도 좋고 지갑도 두툼하여 나무랄 데 없는 삶이다. 하지만 그래도 하나님의 예언을 감지하는 기압계의 지침이 '허리케인'을 가리키고 있다는 사실은 달라지지 않는다. 폭풍이 다가오고 있다. 오늘 닥칠지도 모른다. 내년까지 오지 않을 수도 있다. 어쩌면 그보다 더 지연될 것이다. 하지만 이대로라면 당신은 현세에서든 내세에서든 진노를 당할 수밖에 없다. 그 장래의 노하심에서 당신을 건질 수 있는 분은 오직 그리스도뿐이다(1:10).

신앙생활의 기본으로 돌아가라(데살로니가전서 5:12–22)

12형제들아 우리가 너희에게 구하노니 너희 가운데서 수고하고 주 안에서 너희를 다스리며 권하는 자
들을 너희가 알고 13그들의 역사로 말미암아 사랑 안에서 가장 귀히 여기며 너희끼리 화목하라 14또
형제들아 너희를 권면하노니 게으른 자들을 권계하며 마음이 약한 자들을 격려하고 힘이 없는 자들
을 붙들어 주며 모든 사람에게 오래 참으라 15삼가 누가 누구에게든지 악으로 악을 갚지 말게 하고 서
로 대하든지 모든 사람을 대하든지 항상 선을 따르라 16항상 기뻐하라 17쉬지 말고 기도하라 18범사
에 감사하라 이것이 그리스도 예수 안에서 너희를 향하신 하나님의 뜻이니라 19성령을 소멸하지 말며

[20]예언을 멸시하지 말고 [21]범사에 헤아려 좋은 것을 취하고 [22]악은 어떤 모양이라도 버리라

하나님을 따라가는 곧은길을 떠나 세상 길을 방황하는 그리스도인 친구나 가족을 우리는 다 알고 있다. 그들은 배교자나 이단자는 아니지만, 좌절과 환멸에 빠진 채 탈진해 있다. 여전히 그리스도를 고백하지만, 돛이나 방향타 없이 표류하는 배처럼, 삶의 상황이 그들을 이전에 그리스도와 동행하던 곧은 항로에서 점차 몰아냈다. 영적 침체에 빠진 그들은 그동안 자신의 신앙생활에 소홀했을 뿐 아니라 친구와 가족과 교회를 향한 직무도 유기했다.

이런 행동의 원인은 게으름일까? 마음이 약해서일까? 힘이 없어서일까? 우리는 상대의 잘못을 지적해야 할까, 아니면 위로해야 할까? 격려해야 할까, 아니면 책망해야 할까? 불신의 문제가 아닌 경우, 어떻게 하라고 말해주어야 할까? 지난 세월 내가 알게 된 사실이 있다. 우리는 때로 답을 어렵게 만들지만, 대개는 그보다 간단하다. 게으르고 마음이 약하며 힘이 없는 이들은 복잡한 진단과 길고 지루한 영적 치료 대신, 단순히 기본으로 돌아가야 한다. 바울은 이를 가리켜 "그리스도를 향하는 진실함과 깨끗함"(고후 11:3)이라 표현했다.

데살로니가에 보낸 첫 편지의 종결부에 다다른 바울은 "기본으로 돌아가자"는 권면으로 서서히 말을 맺는다. 본궤도에 올라서게 해줄 그리고 그 길을 고수하게 해줄 확실한 처방이 속사포처럼 제시된다. 이 내용을 주목하고 늘 명심한다면 자신도 방황하지 않을 뿐더러 다른 사람들까지 옳은 길로 돌아오도록 이끌어줄 수 있다.

바울은 앞서 5장 1-11절에서 비신자의 삶과 신자의 삶을 밤과 낮으로 대비했다. 밤의 자녀는 영적, 도덕적 어둠 속에 살고, 낮의 자녀는 믿음과 소망과 사랑의 빛 가운데 산다. 이제 12-22절에서 그는 세부 사항으로 들어가 독자들에게 미래에 걸맞게 현재를 살아갈 것을 구한다. 그러려면 그들은 지도자를 존중하고(5:12-13), 형제를 사랑하며(5:14-15), 주님을 영화롭게 해야 한다(5:16-22).

—5:12-13—

바울은 기본으로 돌아가서 우선 그리스도인들에게 영적 지도자와의 관계에서 두 가지 태

도를 당부한다. 지도자를 존중하고(5:12) 귀히 여기라는 것이다(5:13). 바울이 "구하노니"라는 점잖고 정중한 단어를 쓴 것은 데살로니가 신자들이 전반적으로 지도자와의 관계에 문제가 없음을 알았기 때문일 수 있다. 얼마나 드문 경우인가! 대부분 교회에서 지도자와 평신도 사이의 갈등은 예외가 아니라 규범인 듯 보인다. 그런데 이 서신에서 바울은 정중한 당부로 신자들을 슬쩍 이끌어주기만 했다. 그 방향으로 계속 격려만 해주면 됨을 알았기 때문이다.

이 두 구절은 주님의 몸 된 교회 안에서 영적 권위의 직분을 받은 사람들에 관해 하는 말이다. 개척하는 교회마다 장로(교회 지도자)를 세우는 게 바울의 관행이었다(행 14:23, 딛 1:5). 따라서 본문의 지도자들도 바울과 실라가 그곳에 잠시 머물던 중에 직접 세웠을 수 있다. 바울은 이 영적 지도자들을 세 가지 문구로 기술했다. 그들은 데살로니가 교인들 가운데서 "수고하고", 주 안에서 그들을 "다스리며", "권하는" 자들이다. 즉 이들 장로 내지 교회 지도자의 주된 책임은 신자들을 사역을 위해 준비시키고, 양 떼를 목양하며, 신앙을 교육하는 일이었다.

오늘날 교회에서 대개 이런 영적 지도자는 정황상 임직된 장로와 집사, 목사와 사역자, 설교자와 교사다. 하지만 이 원리를 더 넓게 적용해야 한다. 우리의 영적 성장을 위해 수고하고, 주님 앞에서 우리의 삶에 대해 책임감을 느끼며, 말과 행동으로 우리에게 성경의 진리를 가르치는 모든 사람을 생각해야 한다. 주일학교 교사, 소그룹 인도자, 중고등부 전도사, 유아부 교사가 다 이에 해당한다. 남녀노소를 막론하고 하나님이 우리 삶 속에 허락하신 이런 멘토와 상담자는 마땅히 데살로니가전서 5장 12-13절에서 바울이 말한 그런 대우를 받을 만하다.

우리를 이끌고 가르치기 위해 수고하는 사람들을 어떻게 대해야 할까? 바울은 두 가지를 명령한다. 우리는 그들을 "알고"(5:12) "그들의 역사로 말미암아 사랑 안에서 가장 귀히 여"겨야 한다(5:13). "알고"로 옮겨진 헬라어 동사의 어근 *oida*(6063)는 말 그대로 '안다'는 뜻이지만, 이렇게 쓰일 때는 그냥 이름을 알거나 서로 아는 사이라는 의미 이상이다. '인정한다'는 뜻이다.[15] '관심을 갖다', '권위를 인정하다'는 의미로도 읽을 수 있다.

둘째 명령은 "가장 귀히 여기며"라는 문구다. 동사 "여기며"는 '간주하다' 또는 '좋게 생각하다'는 뜻이다. 바울이 이 동사를 수식하려고 사용한 부사는 '아주 엄청나게', '가능한 최고 수준으로'라는 뜻이다.[16] 이 명령을 '상상을 초월할 정도로 존중하며'로 풀어쓸 수 있다. 물론 바울의 말은 그들을 우상화하거나 그들의 결점을 모른 체해야 한다는 뜻이 아니다. 하지만 지도자를 겸손하게 만든답시고 어떤 사람들처럼 칭찬을 거두어서도 안 된다. 바울은 다른 곳에서 "잘 다스리는 장로들은 배나 존경할 자로 알되 말씀과 가르침에 수고하는 이들에게는 더욱 그리할 것이니라"(딤전 5:17)고 썼다.

이제 바울은 지도자를 대하는 데살로니가 신자들의 바른 자세에서 형제자매를 어떻게 사랑해야 하는지로 넘어간다. "너희끼리 화목하라"(살전 5:13)는 단순하고도 심오한 한마디로 이 전환이 이루어진다. 지도자 간에든 지도자와 회중 간에든 교인 간에든, 대인관계의 갈등으로 사역이 무력화될 수 있다. 그래서 바울은 신자들이 힘써 화목해야 한다고 누누이 강조한다. "할 수 있거든 너희로서는 모든 사람과 더불어 화목하라"(롬 12:18). "평안의 매는 줄로 성령이 하나 되게 하신 것을 힘써 지키라"(엡 4:3).

—5:14-15—

바울은 강도를 높여 독자들에게 긴밀한 공동체 생활의 다섯 가지 원리를 더 적용하도록 권한다. 이번에는 그리스도 안에서 형제자매 된 이들이 서로 어떻게 대해야 하는가에 초점을 맞춘다. 첫째, "게으른 자들을 권계"해야 한다(5:14). "권계하며"로 번역된 원어 *noutheteō*(3560)는 '대결하다'는 뜻을 지닌 강경한 단어다. 그렇다고 이 단어를 도덕 경찰의 배지처럼 가슴에 달고서 온갖 소소한 잘못까지 지적해서는 안 된다. 그 전에 하나 더 정의해야 할 단어가 있다. 잘못을 지적할 대상은 바울의 말처럼 "게으른"(*ataktos*, 813) 이들에게로 국한되어야 한다. 신약에 이 단어가 여기 말고 또 쓰인 곳은 데살로니가후서 3장 6-7, 11절뿐이며 "게으르게" 또는 "무질서하게"로 번역되었다.

> 게으르게 행하고 우리에게서 받은 전통대로 행하지 아니하는 모든 형제에게서 떠나라…우리가 너희 가운데서 무질서하게 행하지 아니하며…우리가 들은즉 너희 가운데 게으르게 행하여 도무지 일하지 아니하고 일을 만들기만 하는 자들이 있다 하니(살후 3:6-7, 11).

둘째, 신자는 "마음이 약한 자들을 격려"해야 한다(살전 5:14). 막무가내로 고집스레 행동하는 고약한 경우라면 엄히 다스려야 하지만, 다른 경우에는 더 부드러운 손길이 필요하다. 심약한 사람에게는 잘못을 지적할 게 아니라 사랑과 인내로 격려해주어야 한다. 이 소중한 사람들은 삶의 문제에 짓눌려 떨고 있다. 불안과 깊은 낙심에 잠겨 신체적으로나 정서적으로 약해져 있다. 때로 우리는 '우울하다', '울적하다'는 표현을 쓰기도 한다. 이런 사람에게는 인정의 말, 따뜻한 포옹, 기대어 울 수 있는 어깨가 필요하다.

셋째, "힘이 없는 자들을 붙들어 주"어야 한다(5:14). "힘이 없는" 사람이란 정서적으로 녹초가 되었거나 정신적으로 탈진했거나 영적으로 굶주린 사람이다. 찰스 라이리는 영적으로 힘이 없는 증상으로 '불안정함, 박해에 맞서기에 역부족임, 사탄의 공격에 굴함' 등을 꼽았다.[17] 이렇게 힘이 부족한 형제자매에게는 접질린 발목이 다 나을 때까지 발목에 대는 부목처럼 누군가 붙들어줄 사람이 필요하다.

넷째, 그리스도인은 "모든 사람에게 오래 참"아야 한다(5:14). "오래 참으라"에 해당하는 헬라어 단어 *makrothymeō*(3114)는 기다란 신관(기폭 장치)의 그림으로 예시될 수 있다. 성질이 급해서 순식간에 분노가 폭발하는 사람과는 반대다. 빛의 자녀들끼리 부대끼며 살려면 나보다 성장이 더뎌 보이는 이들에게 인내해야 한다. 모든 사람에게 인내할 줄 모르면 결국 우리는 거의 항상 대다수 사람에게 화가 나 있을 것이다.

다섯째, 부당한 대우를 당해도 복수해서는 안 된다(5:15). 모든 잘못에 "눈에는 눈"으로 대응할 게 아니라 그리스도가 명하신 대로 살고자 힘써야 한다. "또 네 이웃을 사랑하고 네 원수를 미워하라 하였다는 것을 너희가 들었으나 나는 너희에게 이르노니 너희 원수를 사랑하며 너희를 박해하는 자를 위하여 기도하라"(마 5:43–44). 실천하기 쉬운 원리는 아니지 않은가? 복수와 앙갚음의 행위를 삼가라는 데살로니가전서 5장 15절의 앞부분은 혹시 지킬 수 있어도, 명령의 긍정적 부분인 원수에게까지 선을 베풀기란 특히 어렵다. 복수와 악이 각각 용서와 이타심에 삼켜진다면, 그때 우리 가정과 교회와 사회에 일어날 혁명을 상상해보라!

—5:16-22—

이번 종결부에서 바울은 우선 독자들에게 지도자의 영적 권위를 존중하도록 가르쳤고(5:12-13), 이어 주위의 형제자매와 화목하게 사는 실제적 방법들로 그들을 격려했다(5:14-15). 이제 그는 하나님을 영화롭게 하는 삶으로 넘어가 데살로니가 신자들이 어떻게 과거에 걸맞게 미래를 위해 현재를 살아가야 하는지를 기술한다(5:16-22). 그의 초점은 다섯 가지 예리한 명령을 통해 지상에서 천상으로 옮겨간다.

첫째, "항상 기뻐"해야 한다(5:16). 내 생각에 진정한 기쁨보다 더 전염이 잘 되는 것도 없고, 기독교 신앙 바깥에 있는 이들에게 더 매력을 주는 것도 없다. 그렇다고 응원단장이나 광대나 코미디언이 되어야 한다는 뜻은 아니다. 날마다 영화 "사운드 오브 뮤직"(*The Sound of Music*)의 한 장면처럼 살아야 한다는 뜻도 아니다. 성경적 의미의 기쁨은 큰 일만 아니라 작은 일에도 하나님을 찬양한다는 뜻이다. 아무리 힘든 시절도 낙관적으로 맞이한다는 뜻이다. 만사가 당신의 통제가 아닌 하나님의 통제 아래 있기 때문이다. 기쁨은 어둡고 칙칙한 세상 속에서도 한 줄기 빛을 찾아낸다.

둘째도 첫째와 밀접한 관계가 있다. 신자는 "쉬지 말고 기도"해야 한다(5:17). 기쁜 찬양과 진심 어린 감사는 그 대상이 똑같다. 즉 온갖 좋은 은사와 온전한 선물의 근원이신 하나님이다(약 1:17). 마음에 진정한 기쁨이 충만하려면 삶의 짐에 짓눌리지 않아야 하는데, 그게 바로 기도하는 마음이다. 끊임없는 기도란 수도사처럼 하루 종일 기도문을 읊으며 다닌다는 뜻이 아니다. 쉬지 않는 기도란 기도를 포기하지 않는다는 뜻이다. 기도는 다른 방법으로 다 안 될 때 찾는 최후 방책이 아니라 최초의 방어선이다. 염려와 두려움이 엄습해올 때 우리는 기도한다. 고통과 고난이 닥쳐올 때도 기도한다. 방도를 알 때나 눈앞이 캄캄할 때나 똑같이 기도한다.

셋째, 감사의 정신을 길러야 한다(살전 5:18). 기쁜 마음으로 행하며 기도가 몸에 배어 있는 사람에게는 감사가 거의 저절로 따라온다. 감사가 없이는 기쁨과 기도도 거의 불가능하다. 바울은 "범사에 감사하라"고 썼다. 보다시피 "범사로 인하여"가 아니라 "범사에"다. 우리는 삶의 폭풍으로 인하여 감사하도록 부름받지는 않았으나 폭풍 속에서도 감사할 수 있다. 우리를 영적으로 자라게 하실 하나님을 알기 때문이다.

오늘날에도 사도와 선지자가 존재하는가?(데살로니가전서 5:19–20)

이따금씩 나는 '사도'나 '선지자'로 자칭하는 설교자나 교사를 만난다. 대개 그들은 지극히 일반적인 의미에서 그런 호칭을 사용한다. 선교사들은 '보냄 받은 자'로서 '사도'라는 이름을 쓸 수 있고, 설교자들은 옛 선지자들처럼 '메시지를 전하거나 홀로 꿋꿋이 서는' 자로서 '선지자'라는 이름을 쓸 수 있다. 그런데 간혹 신약의 사도나 선지자와 동일한 부류–즉 교회가 그들의 터 위에 세워져야 하는(엡 2:20)–의 '사도'나 '선지자'로 자임하는 사람들이 있다.

이것이 가능할까? 오늘날에도 진정한 사도와 선지자가 존재할 수 있을까?

하나님의 말씀과 초대 교회의 증언에 비추어보면 답이 분명해진다. 터를 닦는 직분인 사도와 선지자는 1세기 교회에만 있었다. 우선 성경에 보면 "하나님이 교회 중에 몇을 세우셨으니 첫째는 사도요 둘째는 선지자"(고전 12:28)라 하여 이 둘을 교회의 터를 닦는 직분으로 순서상 먼저 지적한다. 아울러 바울은 진정한 사도의 표에 "예수 우리 주를 보"았다는 점이 포함된다고 지적했다(고전 9:1). 바울은 고린도전서 15장 7절에서 부활하신 예수님을 목격한 사람들을 나열할 때 그리스도가 야고보와 "그 후에 모든 사도에게" 나타나셨으며, "만삭되지 못하여 난" 자신은 마지막 사도로서 그리스도를 "맨 나중에" 보았다고 말했다(고전 15:8). "참된 사도"에게 꼭 필요한 또 하나의 표는 "표적과 기사와 능력"을 행하여 사도직을 확증하는 능력이었다(고후 12:12). 표적과 기사가 본래의 사도들의 메시지를 확증해주던 그 역할은 히브리서 2장 3–4절에도 이렇게 확언되어 있다. "이 구원은 처음에 주로 말씀하신 바요 들은 자들이 우리에게 확증한 바니 하나님도 표적들과 기사들과 여러 가지 능력과 및 자기의 뜻을 따라 성령이 나누어 주신 것으로써 그들과 함께 증언하셨느니라."

하지만 1세기 이후에도 하나님이 터를 닦는 사도직을 지속하실 수 있지 않을까? 하나님은 계속해서 사도와 선지자를 부르시고, 표적과 기사로 자신의 메시지를 확증하시며, 미래에도 대대로 교회의 터를 더 넓혀가실 수 있지 않을까? 그게 더 사리에 맞지 않을까? 흥미롭게도 본래의 사도들과 선지자들 이후의 첫 그리스도인 세대를 보면, 사도들과 선지자들의 제자들은 교회의 터를 닦는 사역인 이 두 직분이 종료된 것으로 보았다.[18] 이는 초대 교회가 어느 특정한 기독교 저작을 성경으로 간주해야 할지 여부를 판정한 방식을 보면 특히 더 중요한 의미를 띤다. 2세기 중엽의 무라토리 정경(신약 정경의 목록이 수록되어 있으며 18세기에 이탈리아의 무라토리가 발견했다–역주)은 『헤르마스의 목자』(*Shepherd of Hermas*)라는 책을 하나님의 영감으로 된 성경에서 지혜롭게 제외했다. 그 근거는 이 책이 사도들과 선지자들의 시대 이후에 기록되었기 때문이다. "이 책은 선지자들이나 사도들의 글과 나란히 교회에서 공적으로 낭독될 수 없다. 그들의 시대 이후에 나왔기 때문이다. 선지자의 수는 이미 완전히 채워졌다."

이렇듯 성경으로 보나 사도들 직후 초대 교회의 신빙성 있는 기록들로 보나 신약의 사도와 선지자는 교회의 첫 세대에 일정 수만 존재했다. 십자가에 달리시고 부활하신 주님에 대한 그들의 가르침은 그들이 남긴 저작과 함께 교회의 기초가 되었다. 그들의 생애가 끝나면서 직분도 함께 종료되었다. 오늘날 그들이 정리한 교리는 성경에 보전되어 있고, 그들의 후계자인 교회사 전체에 등장하는 복음 전하는 자들과 목사들과 교사들이 이것을 가르치고 있다(엡 4:11). 그러므로 오늘날에는 아무도 교회에서 권위를 가진 사도나 선지자로 정당하게 자처할 수 없다. 하지만 오늘을 사는 우리도 자칫 "예언을 멸시"할 수 있다. 성경을 불신하거나 성경에 불순종하면 그렇게 된다. 성경에 하나님의 옛 선지자들이 전한 그분의 살아 있는 말씀이 담겨 있기 때문이다.

넷째, 바울은 데살로니가 신자들에게 성령을 소멸하지 말라고 경고한다(5:19). 이 말이 무슨 뜻인지는 "예언을 멸시하지 말"라는 그다음 구절에서 답을 찾을 수 있다(5:20). 1세기 교회에서는 (바울 같은) 사도와 (실라 같은) 선지자가 현장에서 가르치고 설교하며 권면하고 훈련시켰다(엡 2:20, 3:5, 4:11). 데살로니가 교회에도 선지자가 있었거나 미래에 순회 선지자가 방문할 것이었다. 이들 선지자에게는 특별한 영적 권위가 있었다. 신앙과 실천의 문제에서 최종 권위로 삼을 신약 정경이 아직 없던 그때에, 그들은 각 신생 공동체에서 성령 하나님의 대언자였다.

그러나 성령에게서 났다고 자처하는 선지자와 예언이 모두 진짜는 아니었다. 일찍이 예수님이 "거짓 선지자들을 삼가라 양의 옷을 입고 너희에게 나아오나 속에는 노략질하는 이리라"(마 7:15)고 분명히 경고하셨고, 한참 후에 사도 요한도 "사랑하는 자들아 영을 다 믿지 말고 오직 영들이 하나님께 속하였나 분별하라 많은 거짓 선지자가 세상에 나왔음이라"(요일 4:1)고 촉구했다. 예언에 대한 이런 신중한 접근은 당연한 일이지만, 이 때문에 일부 데살로니가 신자들이 "예언" 전체를 약간 경원시하며 선지자를 피함으로써 "성령을 소멸"했을 수 있다(살전 5:19). 이에 대한 답은 초대 교회의 선지자들을 통해 말씀하시는 성령의 음성을 침묵시키는 게 아니라 매사에 분별력 있게 접근하는 것이었다. 그래서 바울은 5장 21-22절에 "범사에 헤아려 좋은 것을 취하고 악은 어떤 모양이라도 버리라"고 말했다.

사도와 선지자 시대에서 거의 2천 년이 지난 우리 시대에도 성령의 음성은 글로 된 예언을 통해 우리에게 직접 말씀하신다. 글로 된 예언이란 곧 하나님이 성령을 통해 감동하신 성경이다(딤후 3:16). 오늘 우리는 신구약 성경에 주어진 하나님의 말씀을 귀담아 듣지 않을 때 성령을 소멸한다. 아울러 우리는 범사에 분별하고 시험해야 한다. 자신의 성경 해석이 정확하다고 늘 단정해서는 안 된다. 동료 신자들과 교사들의 도움으로 자신의 맹점을 보아야 한다. 목사나 교사가 하는 말이 무조건 다 하나님의 예언에 충실하다고 어리석게 믿어서도 안 된다. 영적으로 성숙하고 겸손할수록 성경에 입각한 분별력도 더욱 깊어진다.

적용: 데살로니가전서 5:12-22
신앙생활의 기본

이제까지 살펴본 바울의 명령을 목록 형태로 복습해보자. 그게 우리의 사고를 장악하고 마음속에 배어들어야 한다. 이는 단지 제안이 아니며, 남는 시간이나 때우는 선택 활동도 아니다. 성령 하나님이 사도 바울을 통해 데살로니가 신자들에게 주신 명령이며, 나아가 그리스도를 따른다고 자처하는 모든 사람에게 주시는 명령이기도 하다.

___ 너희 가운데서 수고하는 자들을 알라.
___ 그들을 사랑 안에서 가장 귀히 여기라.
___ 너희끼리 화목하라.
___ 게으른 자들을 권계하라.
___ 마음이 약한 자들을 격려하라.
___ 힘이 없는 자들을 붙들어주라.
___ 모든 사람에게 오래 참으라.
___ 삼가 누가 누구에게든지 악으로 악을 갚지 말게 하라.
___ 서로 대하든지 모든 사람을 대하든지 항상 선을 따르라.
___ 항상 기뻐하라.
___ 쉬지 말고 기도하라.
___ 범사에 감사하라.
___ 성령을 소멸하지 말라.
___ 예언을 멸시하지 말라.
___ 범사에 헤아리라.
___ 좋은 것을 취하라.
___ 악은 어떤 모양이라도 버리라.

앞서 말했듯이 바울은 이번 단락에서 "기본으로 돌아가자"고 말한 셈이다. 즉 신앙생활의 기본이다. 이런 생활 원리에 주의를 기울여 위로는 지도자들에게 겸손히 복종하고 (5:12-13), 주위 사람들과는 서로 사랑하며(5:14-15), 최종 권위이신 하나님을 예배하고 순종한다면(5:16-22), 자신도 곧은길을 지킬 뿐 아니라 방황하는 이들까지도 바로잡아줄 수 있다.

지금부터 잠시 앞 페이지에 정리해놓은 각 권면의 내용을 다시 살펴 당신이 어느 정도 주의를 기울이고 있는지 평가해보라. 다음을 기준으로 점수를 매겨 각 명령 앞의 빈칸에 써넣으라.

A-탁월하다: '이 부분에서 다른 사람들을 지도해야 한다.'
B-평균 이상이다: '개선의 여지가 있으나 나쁘지는 않다.'
C-평균이다: '이 부분에서 완전히 건강하지는 못하다. 개선될 수 있다.'
D-평균 이하다: '정말 주의를 기울여야 한다.'
F-비참하다: '반대로 하고 있다. 회개해야 한다.'

항목별로 채점한 뒤에 점수가 낮게 나온 부분들에 특히 집중하라. 이렇게 취약점을 파악하는 일은 온전한 순종에 필요한 첫걸음에 불과하다. 이제 무언가 조치를 취하라. 한 번에 한 명령에만 초점을 맞추라. 성령의 능력으로 이번 주에 실천할 힘을 달라고 기도하라. 그 부분에 관한 고민을 배우자나 친한 친구 혹은 멘토나 서로의 삶을 감시해주는 파트너에게 나누어도 좋다. 순종하기로 새롭게 결단한 당신을 그들이 격려해줄 것이다. 바울이 권면한 이런 원리를 실천하면 그리스도와 맺은 인격적 관계에서 오는 믿음과 소망과 사랑을 다른 사람들에게 더 잘 대변할 수 있다.

특별한 작별 인사(데살로니가전서 5:23-28)

23평강의 하나님이 친히 너희를 온전히 거룩하게 하시고 또 너희의 온 영과 혼과 몸이 우리 주 예수
그리스도께서 강림하실 때에 흠 없게 보전되기를 원하노라 24너희를 부르시는 이는 미쁘시니 그가 또
한 이루시리라

25형제들아 우리를 위하여 기도하라

[26]거룩하게 입맞춤으로 모든 형제에게 문안하라 [27]내가 주를 힘입어 너희를 명하노니 모든 형제에게 이 편지를 읽어 주라
[28]우리 주 예수 그리스도의 은혜가 너희에게 있을지어다

공항이나 버스 터미널에서, 오리엔테이션이 열리는 대학 캠퍼스에서, 인파로 북적이는 입영 훈련소에서, 입학식 날 유치원에서 누구나 목격하는 장면이다. 작별의 때가 온 것이다. 슬픔과 아쉬움과 그리움과 희망이 서린 두려운 순간이다. 아들이나 딸이 대학으로 떠난다. 방문했던 애인이 집으로 돌아간다. 할머니나 할아버지가 이사를 간다.

이별 의식은 대개 오래된 관습을 따른다. 처음에는 어색한 잡담이 오간다. "날씨가 참 좋구나." "아주 좋은 시간이 될 거다." "도착하면 꼭 문자 보내라." 그러다 떠날 시간이 가까워오면 마지막으로 오랜 포옹을 나눈다. 포옹은 두세 번을 넘어 또다시 확인하듯 되풀이된다. 이윽고 눈물을 비치며 애틋한 말이 오간다. "보고 싶을 거야." "아주 대견하구나." "정말 사랑한다." "우리를 잊지 마세요." 드디어 상대가 탑승구로 들어가거나 계단을 오르거나 복도를 걸어 멀어져간다. 마지막으로 작별의 손을 흔든 뒤 사라진다.

바울도 데살로니가전서의 마지막 몇 구절에 마지막 작별을 고한다. 절친한 친구로서 이 실제적인 편지를 애틋한 인사로 마무리한다. '사도 바울 올림'이라는 딱딱한 경구로 끝맺지 않고 여섯 구절에 걸친 축도로 독자들을 은혜롭게 인정해준다. 수려하게 작성된 권면의 편지에서 이 축도는 아름다운 절정의 역할을 한다.

처음부터 바울은 독자들에게 거듭 사랑을 표현했다. 여러 모로 데살로니가 신자들은 바울의 자랑이요 기쁨이었다. 데살로니가에 이를 즈음 이미 여러 교회를 개척한 그였지만 이곳 신자들은 그의 마음속에 특별한 자리를 차지했던 것 같다. 실제로 편지의 각 장마다 이들을 향한 그의 특별한 고백이 나온다.

1장: 너희로 인하여 감사한다(1:1-2).

2장: 너희를 깊이 사랑한다(2:7-8).

3장: 너희를 염려하고 있다(3:4-5).

4장: 너희에게 권면한다(4:1-3, 9-11).

5장: 너희를 격려한다(5:11-14).

이렇게 독자들에게 마음을 쏟아낸 그는 이제 작별할 준비가 되었다. 데살로니가의 친구들을 다시 볼 수 있을지, 언제 또 편지를 쓸 기회가 올지, 그들에게서 혹 나쁜 소식이 전해질지 누가 알겠는가? 모든 게 불확실했기에 바울은 작별에 즈음하여 주님에 대한 생각(5:23-24), 그들에게 주는 마지막 말(5:25-27), 은혜의 끝인사(5:28)를 성령의 감화로 기록했다.

—5:23-24—

주석가 F. F. 브루스는 이 두 구절의 축복을 "소원 기도"라고 제대로 칭했다. 기도인 동시에 축복이라는 뜻이다.[19] 만일 바울이 그들 가운데 서 있었다면, 두 팔을 벌리고 하늘을 우러러보며 "아버지여, 저의 사랑하는 이 형제자매들을 온전히 거룩하게 하소서"라고 말하지 않았을 것이다. 오히려 신자들의 눈을 바라보며 "평강의 하나님이 친히 너희를 온전히 거룩하게 하시[기를]…원하노라"(5:23)고 복을 빌었을 것이다.

바울이 성화의 문제를 언급한 건 이번이 처음이 아니다. 이미 그는 그들에게 성적으로 순결하게 살라고 도전했고(4:1-8), 그리스도의 재림을 고대하며 교리적으로나 도덕적으로 깨어 있도록 권면했으며(5:1-11), 신앙생활의 기초를 고수하도록 촉구했다(5:12-22). 이 모두가 신자의 성화, 즉 주님을 예배하고 그분께 순종하고자 "구별된" 상태와 관계된다. 이제 이 짤막한 맺음말에서 그는 다시 성화의 주제로 돌아간다.

다만 이번에는 성화가 하나님을 위한 우리의 일이 아니라 결국 그분이 우리 안에서 행하시는 일임을 지적한다. 물론 우리도 능동적으로 성령의 능력에 순복하고, 그분의 은혜롭고 확실한 공급에 의존한다. 하지만 결국 우리 안에 행하시는 이는 하나님이시니 "자기의 기쁘신 뜻을 위하여…소원을 두고 행하게 하"신다(빌 2:12-13). 데살로니가전서 5장 23절의 헬라어 원문을 보면, 경건한 삶에 필요한 능력의 궁극적 근원이 누구인지에 대해 조금도 애매한 구석이 없다. 그 근원은 우리가 아니다! 바울은 "친히"로 번역된 강조 대명사를 썼을 뿐 아니라 이를 문두에 두었는데, 헬라어에서 문두의 표현은 대개 강조를 받는다는 뜻이다. 우리를 거룩하게 하시는 분은 하나님 자신이다.

바울은 그분을 "평강의 하나님"이라 표현했다(5:23). 다소 특이한 이 호칭은 다른 축도에도 등장한다(롬 15:33, 16:20, 고후 13:11, 빌 4:9, 살후 3:16, 히 13:20). 유대인의 사고방식을 품고 있던 바울에게 이는 히브리어 단어 샬롬(*shalom*, H7965)과 관계된 말일 수 있다. 샬롬이란 단지 시끄럽지 않거나 문제가 없다는 의미 이상으로, '온전함', '진정한 행복'을 가리키는 개념이다.[20]

그러므로 바울이 "평강의 하나님"께 그들을 "온전히" 거룩하게 해달라고 기도한 것은 당연한 일이다(살전 5:23). 그는 삶의 모든 차원–신체적, 영적, 정신적, 정서적 차원–에서 그들이 온전히 구별되고 성별되기를 바랐다. 영과 혼과 몸도 그래서 언급했을 것이다(5:23). 예수님도 비슷하게 제자들에게 "네 마음을 다하고 목숨을 다하고 뜻을 다하고 힘을 다하여 주 너의 하나님을 사랑하라"(막 12:30)고 명하심으로 신명기 6장 5절의 정서를 고스란히 살려내셨다. 다른 데서 바울은 신자들에게 "너희 몸을 하나님이 기뻐하시는 거룩한 산 제물로 드리라 이는 너희가 드릴 영적 예배니라 너희는 이 세대를 본받지 말고 오직 마음을 새롭게 함으로 변화를 받아 하나님의 선하시고 기뻐하시고 온전하신 뜻이 무엇인지 분별하도록 하라"(롬 12:1-2)고 권했다. 하나님은 우리의 일부가 아니라 자아 전체가 그분께 온전히 성별되기를 원하신다.

바울은 또 데살로니가 형제자매들의 "온" 존재가 "보전되기를" 위해 기도했다(살전 5:23). "보전되기를"에 쓰인 헬라어 동사의 능동형 *tēreō*(5083)는 '간수하다', '보호하다', '지키다'는 뜻이다.[21] 이 문맥에서 보전은 성화와 관계된다. 즉 악한 세상에서 부정하게 더럽혀지지 않도록 보호받는다는 뜻이다. 우리는 길을 잃을 수 있으나 하나님은 성령의 능력으로 우리를 지키신다(엡 4:30). 우리가 혹 거룩한 삶의 정로를 벗어나 멀리 방황할 때도 하나님은 사랑하시는 자녀를 징계하기로 약속하셨다(히 12:7-11). 하나님은 우리를 보호하고 지키시고자 우리를 세상에서 데려가시는 게 아니라 세상의 악영향을 입지 않게 하신다. 예수님은 "내가 비옵는 것은 그들을 세상에서 데려가시기를 위함이 아니요 다만 악에 빠지지 않게 보전하시기를 위함이니이다"(요 17:15)라고 기도하셨다. 비슷하게 바울도 신자들의 "온 영과 혼과 몸이…보전되기를" 원했다.

일부 주석가는 바울이 여기에 말한 "영과 혼과 몸"을, 모든 인간이 3대 구별 요소로 구성되어 있다는 의미로 해석해왔다. 신체적 요소(몸)와 정신적/정서적 요소(혼)와 영적 요소

(영)가 있어 각각 자아, 세상, 하나님과 관계를 맺는다는 것이다.[22] 인격의 삼분설(3대 속성)이라는 이 개념을 중심으로 구원과 성화에 대한 복잡한 이론이 많이 출현했다. 그러나 대다수 그리스도인은 이를 인격의 복잡한 구성 요소에 대한 완결된 목록이 아니라 인간 삶의 다양한 차원을 총칭하는 술어로 보아왔다. 사실 인격에는 마음과 의지 등 다른 요소도 들어 있다(눅 10:27). 알다시피 몸만 하더라도 살과 피와 뼈와 심지어 관절과 골수 등으로 이루어진 복합체다(히 4:12). 바울은 하나님께 신자들의 몸과 살과 마음과 혼과 사고와 감정과 영과 의지를 보전해달라고 기도를 이어갈 수도 있었다. 예나 지금이나 대다수 신학자는 인간이 복잡한 물리적 요소(몸, 살, 뼈, 피 등)와 무형적 요소(혼, 영, 사고, 마음, 의지 등)로 구성되어 있다는 인격의 이분설을 고수해왔다.[23] 어쨌든 본문의 취지는 인격을 구성하는 요소에 대한 성경적 교리를 수립하려는 게 아니라 단순히 하나님께 우리 삶의 모든 차원을 보호해 달라고 기도하는 데 있다.

끝으로, 바울은 그리스도가 재림하실 때 하나님이 그리스도 안의 형제자매들을 "흠 없게" 받아주시기를 기도한다(살전 5:23). 시험과 환난이 끝나고 죄와 고난과 죽음이 패할 그 날, 새 하늘과 새 땅에 영생의 영광이 임하여 오직 의만 거하는 그 환희를 상상해보라(벧후 3:13, 계 21:1-4)! 오직 그리스도만을 믿어 구원받은 우리 모두는 책망도 정죄도 죄책도 없이, 즉 흠 없게 구주 앞에 설 것이다! 유다의 축도에도 똑같이 영광스러운 사상이 담겨 있다.

> 능히 너희를 보호하사 거침이 없게 하시고 너희로 그 영광 앞에 흠이 없이 기쁨으로 서게 하실 이 곧 우리 구주 홀로 하나이신 하나님께 우리 주 예수 그리스도로 말미암아 영광과 위엄과 권력과 권세가 영원 전부터 이제와 영원토록 있을지어다. 아멘(유 1:24-25).

하나님의 사녀인 우리는 죽음은 물론 심판자로 재림하실 그리스도를 두려워할 필요가 없다. 스스로 흠 없게 느껴지지 않더라도 그분 안에서 우리는 흠이 없다. 스스로 미쁘게 느껴지지 않을 때도 데살로니가전서 5장 24절의 약속을 떠올릴 수 있다. "너희를 부르시는 이는 미쁘시니 그가 또한 이루시리라." 우리 힘으로 할 필요가 없다. 믿음으로 우리가 그리스도와 하나가 되어 있는 한, 하나님이 친히 하신다.

—5:25-27—

하나님의 은혜로운 선물인 성화를 언급하고 난 바울은 이제 데살로니가 신자들의 관계에 대한 마지막 몇 마디 말로 주의를 돌린다. 바울과 실라와 디모데를 후원하는 관계(5:25), 신자들끼리 서로 사랑하는 관계(5:26), 그리스도 안의 다른 형제자매를 책임지고 세워주는 관계(5:27) 등이다.

우선 바울은 사역에 몸담은 이들에게 일차로 필요한 게 기도임을 상기시킨다(5:25). 기도의 후원 없이는 그들은 아무 일도 이룰 수 없다. 이 말이 우리에게 어떤 의미인지 생각해보라. 그리스도를 목격했고 남다른 영적 은사를 받았던 사도 바울에게도 데살로니가 신자들의 기도가 필요했는데, 왜 우리는 주변의 목사나 교사, 장로나 집사, 선교사나 전도자에게 우리의 기도가 필요 없다고 생각하는가?

둘째, 바울은 신자들에게 서로 사랑으로 인정과 애정을 표하도록 격려한다(5:26). 바울이 말한 "거룩하게 입맞춤으로"란 지위나 인종을 떠나 아무런 거리낌과 주저함 없이 서로 받아주라는 뜻이다. 한 주석가는 이렇게 주해했다.

> 격식과 위선이 없어야 했다. 사회적 차등으로 인한 편견, 빈민 차별, 부자를 향한 편애에서 벗어나야 했다. 교회에서는 상전도 고자세를 버리고 종도 불손하지 않게 서로 인사를 나누곤 했다. 그래서 이 입맞춤은 동성간에도 이루어졌다.[24]

대체로 서구 문화에서는 친구나 사랑하는 이에게 인사할 때 입맞춤이 아니라 악수나 포옹으로 한다. 내 생각에 바울은 1세기의 특정한 문화 형식을 율법적인 표준 인사로 처방할 뜻이 없었다. 그의 취지는 형식 이면의 알맹이를 지적하는 데 있었다. 우리도 남을 향한 진실한 관심을 가시적, 신체적 방식으로 보여야 한다. 포옹이든 악수든 어깨를 두드려주거나 서로 주먹을 부딪치는 동작이든, 방법과 관계없이 서로 사랑의 메시지를 보내야 한다.

끝으로, 바울은 그들의 통상적 생활권을 넘어 다른 단체들에도 성경을 읽어주어 진리를 전달할 것을 힘써 장려했다. 즉 데살로니가 신자들에게 "명하"여–언약처럼 구속력 있는 표현이다–"모든 형제에게" 편지를 읽어주라고 했다(5:27). 이 배후의 역사적 정황을 우리는 다 알지 못한다. 곁길로 빗나가 갈라서고 분열된 단체들을 다시 통합하라는 뜻이었을지도 모른다. 이미 존재했거나 앞으로 생겨날 자매 교회들을 지칭하는 말이었을 수도 있다. 어쨌든 그들은 사도에게서 받은 성령의 감화로 된 편지를 다른 신자들에게도 나누어야 했다.

—5:28—

"은혜와 평강이 너희에게 있을지어다"(1:1)는 말로 편지를 시작했던 바울이 이제 "우리 주 예수 그리스도의 은혜가 너희에게 있을지어다"(5:28)는 말로 글을 맺는다. 이 마지막 문장을 으레 쓰는 상투적인 끝인사로 생각하기 쉽다. 하지만 그렇게 본다면 우리는 바울에게 이 은혜의 출처가 주 예수 그리스도였다는 사실을 놓치는 것이다. 그에게는 이 은혜가 전부였다.

"은혜"는 다면적인 단어다. 호의, 아름다움, 감사, 즐거움, 친절, 복, 멋, 기쁨 등의 개념이 담겨 있다.[25] 바울에게 은혜는 언제나 과분한 것이었다. 하나님 앞에 아무런 공로와 자격 없이 받는 호의였다. 신학적으로 말해 은혜란 성부 하나님이 성자를 통해 성령의 능력으로 우리에게 영원토록 아낌없이 사랑으로 베푸시는 호의다.

얼마나 특별한 작별 인사인가!

적용: 데살로니가전서 5:23-28
성경, 성령, 가족

데살로니가의 신생 교회에 보낸 첫 편지의 첫째 단락에서 바울은 목회자의 심정으로 말하며 과거에서 현재로 넘어온다(1:1-3:13). 그는 그 만만찮은 사역의 정황 속에서 새 신자들이 경험했던 일을 되짚는다. 바울과 실라와 디모데도 그들과 함께했었다. 둘째 단락에서는 자신의 목회적 부담을 나누며 미래에 걸맞게 현재를 살아가는 법을 설명한다(4:1-5:28).

데살로니가 신자들에게 보낸 이 강력하고 시의성 있는 편지를 닫기 전에, 당신에게 마지막으로 한 번 더 되돌아볼 것을 권하고 싶다. 중간중간 적용 부분을 묵상하며 건져 올린

몇 가지 생생한 통찰을 모아보기 바란다. 하나님 말씀의 진리를 당신 삶에 적용할 수 있는 그런 주기적 기회를 급히 지나치지 않았기를 바란다.

믿음과 소망과 사랑은 바울이 옛날 데살로니가에 세워진 신생 교회에 전한 3대 선물일 뿐 아니라 모든 세대 모든 신자를 위한 선물이다. 시간을 들여 이 영원한 세 단어를 깊이 되새기는 사람에게는 그렇다. 데살로니가전서를 공부하며 당신도 셋 중 하나의 도전을 받았을 수 있다. 그리스도인의 믿음을 더 알아가며 믿음의 삶을 사는 데 주력하거나, 두려움과 염려 속에서도 그리스도의 재림을 소망하며 더 안식하거나, 그리스도 안에서 형제자매된 이들에게 진정한 희생적 사랑을 베푸는 쪽으로 말이다. 성령이 당신에게 더 믿음이 굳건한 교인, 더 사랑이 많은 배우자나 부모, 어둡고 침울한 세상에 더 밝은 소망의 빛이 되어야 함을 깨우쳐주셨을 수 있다.

당신에게 세 가지 자원을 상기시키며 글을 맺고자 한다. 이 서신을 공부하면서 터득한 여러 진리를 적용하는 데 도움이 될 것이다. 첫째, 우리에게 필요한 모든 진리가 하나님의 말씀에 있음을 잊지 말라. 성경은 우리의 믿음을 세워주고, 소망의 초점을 잡아주며, 사랑에 능력을 입혀준다. 그러니 성경을 읽고 공부하며 실천하라. 둘째, 우리에게 필요한 모든 능력이 성령께 있음을 잊지 말라. 성령이 주시는 힘에 의지하여 의심이 엄습할 때 믿고, 절망이 닥쳐올 때 소망의 눈을 들며, 미움과 분노가 차오를 때 사랑을 선택하라. 셋째, 당면한 도전을 극복하는 데 필요한 모든 도움이 하나님의 가족에게 있음을 잊지 말라. 하나님의 가족인 교회 안에 우리가 도울 수 있고 우리를 도울 수 있는 사람들이 있다. 그렇게 우리는 힘써 믿음과 소망과 사랑으로 알려진 백성이 되어간다.

주

1. Ryrie, *First and Second Thessalonians*, 53.
2. 전반적 개요를 다음 자료에서 발췌했다. CovenantEyes, "Pornography Statistics: 250+ Facts, Quotes, and Statistics about Pornography Use", 2013년 판(Owosso, MI: CovenantEyes, 2013). 다음 웹사이트에서 볼 수 있다. www.covenanteyes.com/pornstats.
3. Thomas L. Constable, "1 Thessalonians", *The Bible Knowledge Commentary*, 신약 편, John F. Walvoord & Roy B. Zuck 편집(Wheaton, IL: Victor Books, 1983), 701.(『데살로니가전후서 디모데전후서: BKC 강해주석 시리즈 27』 두란노 역간)

4. 다음 책을 참조하라. Wanamaker, *The Epistles to the Thessalonians*, 152.

5. Ryrie, *First and Second Thessalonians*, 56.

6. Arthur W. Pink, *Exposition of the Gospel of John*, 전3권 세트, 제2권(Grand Rapids: Zondervan, 1975), 296.(『아더 핑크 요한복음 강해』 크리스천다이제스트 역간)

7. Morris, *1 and 2 Thessalonians*, 87.

8. 다음 책의 주해를 참조하라. Bruce, *1 and 2 Thessalonians*, 90-91.

9. 다음 책에 인용된 말이다. Lloyd Cory 편집, *Quote, Unquote*(Wheaton, IL: Victor Books, 1977), 172.

10. 다음 책을 참조하라. Wanamaker, *The Epistles to the Thessalonians*, 171.

11. Bruce, *1 and 2 Thessalonians*, 99.

12. 다음 두 책을 참조하라. Ryrie, *First and Second Thessalonians*, 67-68. Wanamaker, *The Epistles to the Thessalonians*, 177.

13. Robert L. Thomas, "1 Thessalonians", *The Expositor's Bible Commentary*, Frank E. Gaebelein 편집, 제11권(Grand Rapids: Zondervan, 1978), 282.

14. E. Schuyler English, "The Church and the Tribulation", *Prophetic Truth Unfolding Today*, Charles Lee Feinberg 편집(Westwood, NJ: Fleming H. Revell, 1968), 32.

15. Morris, *1 and 2 Thessalonians*, 103.

16. Bruce, *1 and 2 Thessalonians*, 119.

17. Ryrie, *First and Second Thessalonians*, 78.

18. 다음 여러 책을 참조하라. Clement, *1 Clement*, 5.3-4, 42.1-3. Ignatius, *Magnesians*, 13.1. Ignatius, *Romans*, 4.3. Polycarp, *Philippians*, 9.1. Tertullian, *Against Marcion*, 4.5.

19. Bruce, *1 and 2 Thessalonians*, 128-129.

20. Wanamaker, *Epistles to the Thessalonians*, 205.

21. G. Abbott-Smith, *A Manual Greek Lexicon of the New Testament*, 제3판(Edinburgh: T. and T. Clark, 1937), 445.

22. 다음 책을 참조하라. Charles C. Ryrie, *Basic Theology*(Wheaton, IL: Scripture Press, 1986), 196. (『평신도 신학입문』 두란노 역간)

23. 같은 책.

24. W. E. Vine, *Vine's Expository Dictionary of Old and New Testament Words*, 제2권(Old Tappan, NJ: Revell, 1981), 296.

25. 다음 책을 참조하라. Abbott-Smith, *Manual Greek Lexicon*, 479-480.

데살로니가후서 인사이트

이 서신이 우리에게 최고로 기여한 바 중 하나는 종말의 예언이라는 주제를
균형 잡힌 시각으로 보게 해준다는 점이다.
심판자와 왕으로 오실 그리스도에 관한 한 우리는 수동적으로
무지해서도 안 되고 극단적 광신으로 치달아서도 안 된다.
큰 그림에 대해서든 세부 사항에 대해서든 마찬가지다.
그보다 우리는 깨어 있어 주변에서 벌어지는
마귀의 모든 속임수를 간파하고
하나님이 이미 계획을 세우셨음을 확신해야 한다.
그리스도인다운 책임감 있는 생활로 하나님을 영화롭게 해야 한다.

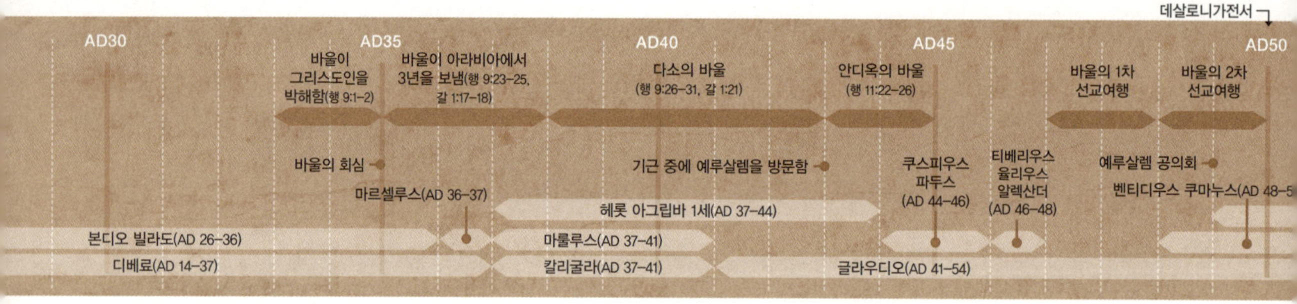

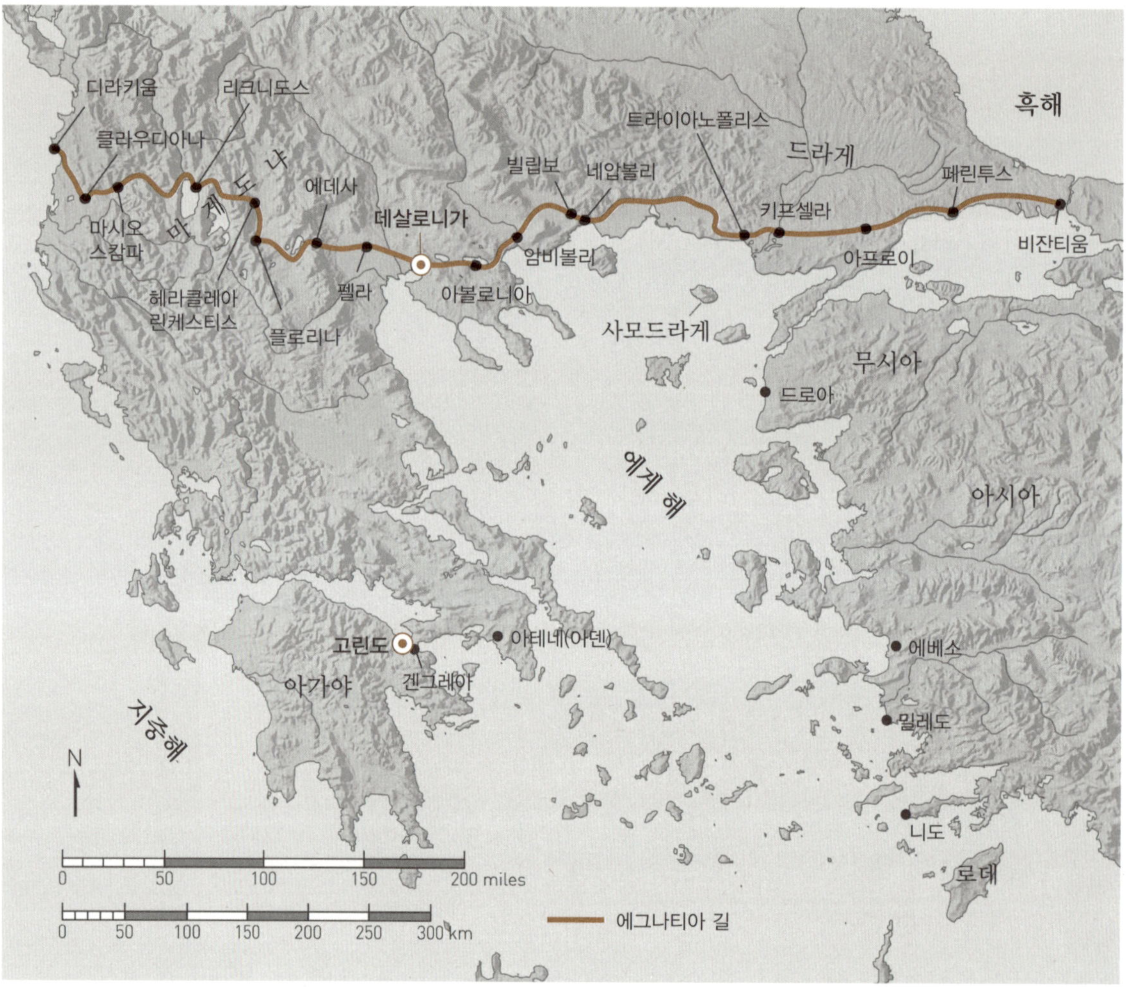

에그나티아 길은 로마 제국이 소아시아에서부터 마게도냐 서단까지 건설한 간선도로였다. 도로가 끝나는 항구 도시 디라키움에서 이탈리아의 항구 브룬디시움까지는 수로로 연결되었는데, 그곳은 로마로 가는 주요 도로인 아피아 가도의 남단이었다. 데살로니가를 비롯하여 바울이 사역했던 여러 도시가 에그나티아 길 선상에 자리하고 있어 도시 사이를 이동하는 일이 쉽고 편리했다.

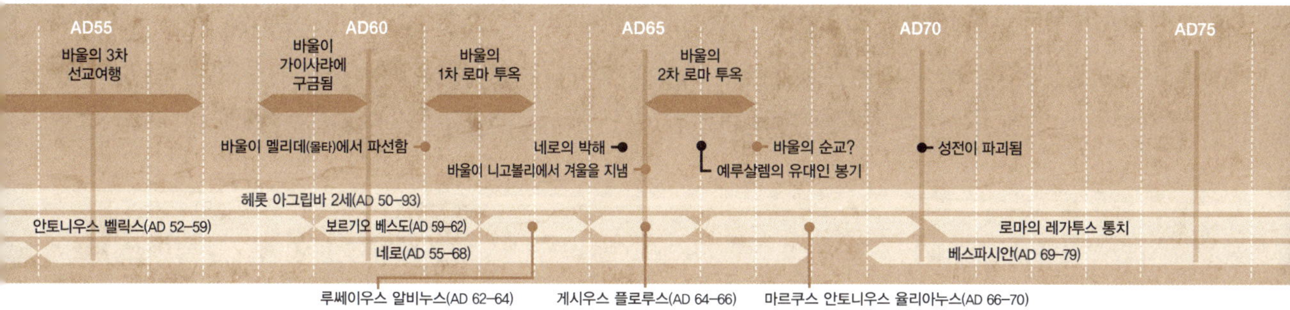

데살로니가후서

서론

어느 영화 비평가에게나 물어보라. 전편만큼 좋은 속편은 드물다고 전문가나 아마추어나 거의 이구동성으로 말할 것이다. 왜 그럴까? 대개 영화제작사에서 속편을 속성으로 만들기 때문이다. 전편이 만들어낸 성공의 파도를 타고 싶은 게 제작자의 마음이다. 이런 '날림 작업'의 결과는 대개 뻔하다. 참신성이 떨어지고, 각본이 허술하며, 줄거리가 엉성하고, 연기가 부실하며, 인물 전개가 얄팍하다. '아류'라고 불러도 손색이 없을 속편의 예를 누구나 떠올릴 수 있을 것이다.

그러나 데살로니가후서는 바울이 데살로니가 교회에 보낸 첫 편지의 속편인데도 그 위력이 전편과 대등하다. 분량은 비교적 짧지만 생생한 은유와 강력한 권고는 우리의 주목을 사로잡는다. 특히 배교, 적그리스도, 막는 자, 종말의 성전(聖殿), 사탄의 표적과 기사 등 고전적 은유가 그렇다(살후 2장). 이런 장면은 여러 모로 데살로니가전서 4장에 묘사된 부활과 휴거의 웅대한 영상에 필적한다!

하지만 잠깐 짚고 넘어갈 게 있다. '데살로니가서 속편'의 경우는 돈에 눈이 멀어 자금을 댄 거물급 투자자나 일을 억지로 밀어붙이는 제작자가 없었다! 그렇다면 3인조 작가 겸 감독인 바울과 실라와 디모데는 왜 전편을 쓴 지 불과 몇 주 내지 몇 달 만에 편지를 또 써

한눈에 보는 데살로니가후서

단락	환난 중의 인정	예언을 설명함	반응을 명확히 제시함
주제	"우리가 너희를 위하여… 감사할지니"(1:3). "우리가 친히 자랑하노라"(1:4). "우리도…너희를 위하여 기도함은"(1:11).	"너희가 미혹되지 말라"(2:3). • 불법의 비밀 • 막는 자가 옮겨질 때까지. • 불법의 사람 • "그러므로…굳건하게 서서"(2:15).	"형제들아…너희를 명하노니"(3:6). "누가…순종하지 아니하거든"(3:14). "주께서…너희에게 평강을 주시고"(3:16).
	환난 중에도 인내하면 성숙에 이른다.	혼란 속에서 신뢰하면 안정을 얻는다.	절제하며 기다리면 책임감이 길러진다.
핵심 용어	전통…굳건하게 하다		
	환난 안식	막다 거룩하게 하심	명하다 게으르게
본문	1:1–12	2:1–17	3:1–18

데살로니가후서의 핵심 용어

παράδοσις [*paradosis*, 파라도시스] *(3862)* '전수된 것', '전통'[1]

성경에서 명사 "전통"은 동사형 "물려주다"와 함께 문맥에 따라 긍정적 의미로도 쓰이고 부정적 의미로도 쓰였다. 부정적인 경우 예수님은 "사람의 전통"이 하나님의 계명을 대체했다고 말씀하셨고(막 7:8), 바울도 어떤 전통은 사람을 그리스도와 멀어지게 할 수 있다고 경고했다(갈 1:14, 골 2:8). 반면에 바울은 사도들이 하나님의 권위로 가르치고 전해준 "전통"은 지켜져야 한다고 말했다(고전 11:2). 데살로니가후서에도 바울은 이 단어를 긍정적 의미로 써서 독자들에게 사도들의 "전통"을 굳게 지키도록 촉구했다(살후 2:15). 이런 전통에는 건전한 가르침만 아니라 올바른 생활도 포함된다(살후 3:6).

στηρίζω [*stērizō*, 스데리조] *(4741)* '굳건하게 하다', '자리에 단단히 고정시키다', '확정하다', '확립하다'[2]

바울이 영적 자녀에게 둔 주요 관심사 중 하나는 영적, 물리적 공격에 처한 그들에게 힘을 더해주는 일이었다. 그래서 그는 신령한 은사를 나누어주어 로마 교인들을 견고하게 하려 했고(롬 1:11), 사람을 보내 데살로니가 교인들을 "굳건하게" 했으며(살전 3:2), 데살로니가후서에서는 하나님이 그들을 선한 일과 말에 "굳건하게 하시기를" 기도했다(2:17). 이렇듯 바울은 힘이란 우리가 불러내거나 만들어내는 게 아니라 하나님이 주시는 것이라고 믿었다. 하나님은 대개 그리스도의 몸 된 교회 안에서 다른 사람들의 사역을 통해 우리에게 힘을 주신다.

야 했을까? 이 둘째 편지가 쓰인 배후 동기를 알려면 초대 교회 시절로 거슬러 올라가야 한다.

왜 속편이 필요했는가?

사도 바울과 동역자 실라와 문하생 디모데는 데살로니가에 잠시 머물다가 불안정한 상태의 신생 교회를 두고 어쩔 수 없이 떠났다(행 17:9-10). 박해가 이들 교회 개척단을 몰아냈다. 바울과 실라는 얼마 후에 디모데를 보내 박해의 압력 속에서 데살로니가 교회가 어떻게 지내고 있는지 알아보게 했다. 디모데가 돌아와 그들이 믿음과 사랑과 소망 안에서 잘 견디고 있다는 기쁜 소식을 전하자 바울과 실라는 그들에게 편지—현재의 데살로니가전서—를 써서 아름다운 과거와 영광스러운 미래에 걸맞게 현재를 계속 거룩하게 살아가라고

에그나티아 길은 로마 제국의 간선도로로서 주로 로마와 마게도냐와 드라게를 연결하는 역할을 했다. 바울 일행은 네압볼리에서부터 이 길을 따라 빌립보와 데살로니가에 이르렀다.

권면하고 격려했다.

그런데 낙관적이고 긍정적인 메시지로 데살로니가전서를 쓴 지 몇 주 만에 일이 벌어졌다. 이 신생 교회는 교리적, 실천적 기초가 탄탄했는데 어찌된 일인지 불온한 신학적 진동 때문에 균열이 생기고 금이 가기 시작했다. 데살로니가 신자들을 괴롭히는 문제가 있다는 말에 바울과 실라와 디모데는 사태를 바로잡고자 다시 파피루스와 철필을 꺼냈다. 이미 기본이 아주 튼실한 교회였으므로 바울이 그들을 보강하는 데 고린도전서처럼 긴 논문은 필요 없었다. 서신의 첫 단락에서 환난에 처한 그들을 인정해준 뒤, 그는 종말과 관련한 교리 문제를 명쾌히 밝히는 데 주력했다.

이 교회에 보낸 첫 편지에서 바울은 아래와 같이 가르친 바 있는데, 이번 둘째 편지는 십중팔구 그 부분을 재확인하고 더 부연하려고 썼을 것이다.

> 주의 날이 밤에 도둑 같이 이를 줄을 너희 자신이 자세히 알기 때문이라 그들이 평안하다, 안전하다 할 그 때에 임신한 여자에게 해산의 고통이 이름과 같이 멸망이 갑자기 그들에게 이르리니 결코 피하지 못하리라 형제들아 너희는 어둠에 있지 아니하매 그날이 도둑 같이 너희에게 임하지 못하리니 너희는 다 빛의 아들이요 낮의 아들이라 우리가 밤이나 어둠에 속하지 아니하나니 그러므로 우리는 다른 이들과 같이 자지 말고 오직 깨어 정신을 차릴지라(살전 5:2–6).

의인과 악인을 구분한 바울의 가르침과 관련하여, 아무래도 거짓 교사가 위조 편지나 속이는 메시지로 신자들에게 의심을 조장했던 모양이다. 그 결과 데살로니가의 일부 그리스도인은—바울이 데살로니가전서 5장에서 가르친 내용과는 반대로—주의 날이 이미 임했다고 믿었다! 낮의 자녀인데도 자신들이 이미 최후 심판이라는 어둠 속에 있다고 확신하게 되었다. 그들은 이런 생각이 들었다. "하지만 잠깐만! 바울이 말하기를 주의 날이 우리를 덮칠 수 없다고 하지 않았던가? 주의 날이 임할 대상은 우리가 아니라 악인이라고 하지 않았던가? 바울이 말한 대로라면 우리는 하늘로부터 강림하여 장래의 노하심에서 우리를 구하실 아들을 간절히 기다리고 있지 않은가?"

거짓 교리 때문에 혼란이 심해질수록 그들은 바울의 가르침에 대한 믿음이 약해졌다.

종말의 세부 예언에 대한 이런 거짓된 메시지는 두 가지 악영향을 낳았다. 즉 일부 신자들이 "마음이 흔들리거나 두려워"했다(살후 2:2). 자신들도 나머지 악한 인류와 함께 마귀의 진노나 하나님의 진노에 휩쓸려갈까 두려웠던 것이다. 일부 학자가 지적했듯이 다른 신자들도 가정과 교회와 일터와 그 밖의 활동에 대한 일상적 책임을 점차 게을리했을 수 있다. 지금이 주의 날이라면 그런 속세의 일에 시간을 낭비할 필요가 없다는 논리에서였다.

바울은 그들이 당하고 있던 심한 환난과 박해의 현실을 부정하지 않으면서도 그 환난을 바른 시각에서 보게 해주었다. 그는 무조건 "주의 날이 너희를 덮쳤다고 말한 사람이 누구든 그는 멍청이나 사기꾼이나 거짓 선지자다"고 말한 게 아니다. 오히려 시간을 들여 사안의 사실 관계를 확증하고 내용을 바로잡았다. 생각해보라. 감수성이 예민하여 거짓 교사들 버전의 종말을 믿은 데살로니가의 영혼들은 이미 바울의 가르침이 잘못되었다고 암시적으로 단정했다. 그래서 바울은 자신의 논지를 전통적 방식으로—누구나 인정하는 계시된 사실에 입각하여 합리적 논증으로—입증해야 했다. 그래야만 그들이 이 문제에 대한 바울의 가르침이 옳고 돌팔이 종말론자들의 주장이 틀렸음을 알게 될 것이었다.

데살로니가후서가 기록된 배경

언제 기록했는가?
바울의 2차 선교여행 중인 AD 51년경에 기록했다.

어디서 기록했는가?
고린도(아가야)에서 써서 데살로니가(마게도냐)로 보냈다.

누가 기록했는가?
바울이 편지를 썼고 실라(실루아노)와 디모데도 공저자다.

왜 기록했는가?
데살로니가 신자들에게 박해를 받는 중에도 믿음을 지키도록 격려하기 위해서 그리고 특히 종말의 세부 사항과 관련된 거짓 가르침을 불식시키기 위해서 썼다.

서신 개괄

데살로니가후서의 풍경을 쭉 훑어보면 서로 구분되면서도 연관된 세 단락이 눈에 들어온다. 전체적으로 박해를 받는 중에도 신자들이 믿음을 지켜야 한다는 주제가 전개되면서, 또한 종말의 세부 사항에 대한 거짓 가르침이 논박된다.

환난 중의 인정(1:1–12). 바울은 첫 단락에서 데살로니가 신자들의 머릿속을 떠나지 않던 물음에 답한다. "우리는 왜 고난당하고 있는가?" 사실 고난은 하나님이 세우신 전체 계획의 일환으로 그들 안에 영적 성숙이라는 열매를 맺기 위한 것이었다. 그래서 바울은 그들의 인내를 칭찬하는 한편, 하나님이 고통을 감당하도록 끝까지 도우시고 결국 박해자를 심판하실 것을 일깨운다. 그런데 일부 신자는 이 물음에 잘못 답하여, 고난의 이유를 장래에 일어날 대환난, 즉 어두운 주의 날이 임했기 때문이라고 주장했다. 그래서 바울은 박해를 당하고 있는 그들의 심령을 굳건하게 하고자 칭찬으로 인정해주었다. 이번 장에서 도출되는 중요한 원리가 있다. 환난 중에도 인내하면 성숙에 이른다.

예언을 설명함(2:1–17). 바울이 데살로니가를 떠나 있는 동안 종말에 대한 그의 가르침을 반박하는 가짜 편지와 헛소문이 돌았다. 데살로니가 신자들은 불안하고 혼란스러웠다. 그래서 바울은 혼란을 걷어내고 그들을 안심시켜주려고 이 서신을 썼다. 그 의도가 가장 직설적으로 드러나는 대목이 편지의 둘째 단락인데, 여기에 진짜 주의 날을 알려줄 확실한 징조가 몇 가지 언급된다. 즉 불법의 사람이 나타나고, "막는 자" 곧 성령이 옮겨지며, 구원받지 못한 자들에게 속임이 임한다(2:3–12). 이어 13–17절에서 바울은 독자들에게 현재 임한 환난에 제대로 반응할 것을 촉구한다. 즉 그들은 굳건하게 서서(2:15) 하나님의 위로와 굳건하게 하심을 받아야 한다(2:17). 이번 장의 주요 원리는 혼란 속에서 신뢰하면 안정을 얻는다는 것이다.

반응을 명확히 제시함(3:1–18). 마지막 단락에서 바울은 힘들어하는 데살로니가 신자들이 거세지는 고난과 박해의 풍랑을 견딜 수 있도록 그들의 믿음에 닻을 내려준다. 그 방법은 무엇인가? 그들에게 우리 영혼의 참된 영적 닻이신 그리스도를 가리켜 보이는 것이다. 바울은 주께서 그들을 인도하여 굳건히 세워주시고(3:5), 자신(바울)을 본받게 하시며(3:7,9), 끝까지 옳은 길을 가게 해주시도록 기도한다(3:13). 이번 장의 중심 원리는 이것이다. 절제하며 기다리면 책임감이 길러진다.

이런 중요한 주제들 사이에서 이 서신이 최고로 공헌한 바는 종말의 예언이라는 주제를 균형 잡힌 시각으로 보게 해준다는 점이다. 심판자와 왕으로 오실 그리스도에 관한 한 우리는 수동적으로 무지해서도 안 되고 극단적 광신으로 치달아서도 안 된다. 큰 그림에 대해서든 세부 사항에 대해서든 마찬가지다. 그보다 우리는 깨어 있어 주변에서 벌어지는 마귀의 모든 속임수를 간파하고 하나님의 계획을 확신해야 한다. 그리스도인다운 책임감 있는 생활로 하나님을 영화롭게 해야 한다.

주

1. Walter Bauer 외, *A Greek-English Lexicon of the New Testament and Other Early Christian Literature* (Chicago: University of Chicago Press, 2000), 763.
2. 같은 책, 945.

환난 중의 인정

데살로니가후서 1:1-12

포도송이가 포도즙 틀에 짓이겨지듯이 박해라는 숫돌바퀴와 환난이라는 돌이 데살로니가 신자들의 연약한 교회를 짓누르고 있었다. 그런데 여린 아기 신자들이 하나님께 순복하면서 빚어지기 시작한 상등품 포도주는 감칠맛 나는 믿음, 향기로운 사랑, 소아시아 온 교회로 퍼져나가는 단맛을 자랑했다. 이번 편지에서 바울은 심히 고통스러운 포도즙 틀보다는 포도주에 초점을 맞춘다. 즉 고난이라는 압박 속에서 빚어진 믿음과 사랑과 오래 참는 소망이다.

그리스도 안에서 믿음으로 거룩하게 살려는 신자들의 마음을 끊임없이 괴롭히는 의문이 있다. "우리는 왜 고난당하고 있는가?" 책의 첫 단락에서 바울은 그 물음에 답한다. 하나님의 백성은 고난을 당하는데 박해자는 고난을 가하고도 벌을 모면한다는 게 직관에 어긋나 보인다. 그래서 1장에서 바울은 시련에 처한 그들을 힘써 격려한다. 하나님이 정의의 심판자시므로 유죄한 쪽에나 무죄한 쪽에나 반드시 각각 그에 상응하는 벌과 상이 있다며 그들을 안심시킨다.

핵심 용어

θλῖψις [*thlipsis*, 슬립시스] *(2347)* '고난', '환난'

이 헬라어 단어는 왕이신 그리스도의 물리적 재림으로 이어질 종말의 대환난을 뜻할 수도 있으나(마 24:21, 29) 그보다는 모든 시대의 그리스도인이 경험하는 전반적 시련과 박해를 가리킬 때가 더 많다(마 13:21, 24:9, 요 16:33, 롬 5:3). 이런 애매한 어의 때문에 데살로니가 신자들 사이에 혼란이 야기되었을 수 있다. 통상적 "환난"(살전 3:3, 살후 1:4, 6)을 겪으면서 이를 자신에게 종말의 "큰 환난"(막 13:19, 계 7:14)이 임한 징후라고 믿었을 수 있다.

ἄνεσις [*anesis*, 아네시스] *(425)* '구제', '고통의 완화', '안식'

아나신(Anacin)이라는 아주 오래된 진통제 상표명이 있는데 묘하게도 '안식'을 뜻하는 이 헬라어 단어와 발음이 비슷하다. 제약사에서 이런 말놀이를 의도했는지는 모르지만 덕분에 단어의 의미를 더 잘 기억할 수 있다. 이 적절한 예화를 통해 바울이 어떤 마음에서, 장차 하나님이 데살로니가 신자들에게 현재의 환난으로부터 "안식"을 주시리라고 단언했는지 엿볼 수 있다(살후 1:7). 한 번밖에 쓰이지 않은 단어지만 바울이 이 서신을 쓴 전체 목적이 시련과 환난 중에 있는 그들에게 영적 '안식'을 주기 위해서였다.

환난당하는 이들을 인정해줌(데살로니가후서 1:1-5)

1바울과 실루아노와 디모데는
하나님 우리 아버지와 주 예수 그리스도 안에 있는 데살로니가인의 교회에 편지하노니 2하나님
아버지와 주 예수 그리스도로부터 은혜와 평강이 너희에게 있을지어다
3형제들아 우리가 너희를 위하여 항상 하나님께 감사할지니 이것이 당연함은 너희의 믿음이 더
욱 자라고 너희가 다 각기 서로 사랑함이 풍성함이니 4그러므로 너희가 견디고 있는 모든 박해와 환
난 중에서 너희 인내와 믿음으로 말미암아 하나님의 여러 교회에서 우리가 친히 자랑하노라 5이는 하
나님의 공의로운 심판의 표요 너희로 하여금 하나님의 나라에 합당한 자로 여김을 받게 하려 함이니
그 나라를 위하여 너희가 또한 고난을 받느니라

1세기의 데살로니가는 마게도냐에서 가장 인구가 많고 번창한 도시였다. 무역과 사회적 교류가 왕성한 항구 도시였다. 흔히들 그곳의 다양성이 다원주의와 관용을 부추겼으리라 보지만, 그리스도께만 충성을 맹세한 그리스도인들은 오히려 더 큰 압박을 받았다. 한 주석가는 "로마 제국의 지방 수도들은 그리스도인이 살아남기에 가장 어려운 곳이었다. 그런 중심지일수록 황제 숭배의 열기가 광적이었기 때문이다"고 주해했다.[1] 그뿐 아니라 유대교 회당의 종교 지도자들도 거의 항상 기독교 공동체의 성장을 방해했다. 유대인은 기독교를 구약에 제시된 이스라엘의 소망이 실현된 상태로 보지 않고 유대교의 이단 분파로 간주했다.

이렇듯 데살로니가 신자들은 영적, 사회적으로 유대인과 이방인 양쪽 모두에게서 협공을 당하고 있었다. 이런 상존하는 외적 싸움의 여파 외에도 신자들은 새로운 내부 위협에 봉착했다. 그리스도의 재림 및 장차 임할 주의 날과 관련하여 어떤 거짓 교사가 바울이 이전에 가르쳤고 데살로니가전서에 명확히 제시한 내용과 반대되는 견해를 퍼뜨렸다. 이론의 여지없는 권위, 흠잡을 데 없는 교리, 훌륭한 생활방식 등을 두루 갖춘 믿을 만한 친구의 편지만이 데살로니가 교회를 다시 정로로 돌려놓을 수 있었다.

그래서 데살로니가후서가 등장한다. 그 믿을 만한 스승이 이번 장 서두에서 독자들을 안심시키며 그들을 인정해준다. "우리는 왜 고난당하고 있는가?"라는 때로 답하기 힘든 의문을 풀지 못한 그들에게 말이다.

—1:1–2—

데살로니가후서는 사역이 원맨쇼가 아니라 팀이 함께하는 수고임을 일깨우며 시작된다. 물론 편지 끝에 바울이 친필로 쓴 문안을 보면 그가 사역 팀의 지도자이자 편지 배후의 최고 권위자임을 알 수 있다(3:17–18). 그러나 그는 사역의 책임을 주저 없이 실라(본문에 실루아노로 지칭된)와 디모데와 공유했다. "바울과 실루아노와 디모데는…편지하노니"(1:1)라는 말로 시작하여 편지 전체에 "우리"라는 1인칭 복수 대명사를 썼다.

이 사역이 세 사람이 함께하는 일임을 데살로니가 교인들에게 상기시킴으로써 바울은 고난을 더 설득력 있게 설명하고 건전한 교리를 변호할 수 있는 토대를 다졌다. 바울과 실라도 복음을 위해 고난당하고 투옥되었는데, 이는 동일한 일을 겪고 있던 데살로니가의 제자들도 익히 아는 사실이었다. 아울러 교리적 오류와 거기에 함축된 실제적 영향을 지적할 때도 바울의 종말관은 분명히 그 혼자만의 생각이 아니었다. 정식으로 승인된 선지자인 실라(행 15:32)도 하나님께 세움 받은 권위자로서 바울의 가르침을 지지했다.

바울과 실라와 디모데는 한마음 한목소리로 데살로니가 교회를 향해 말하면서, "하나님 우리 아버지와 주 예수 그리스도 안에" 그리고 "하나님 아버지와 주 예수 그리스도로부터"라고 두 번이나 언급했다(살후 1:1–2). 이 편지에는 사도와 선지자 두 사람의 권위만 아니라 성부와 성자 하나님의 무오한 권위까지 실려 있다![2]

—1:3–5—

바울은 친숙한 인사말과 안부를 그리스도인 형제자매에게 건넨 뒤 세 가지 고백으로 환난 중에 있는 그들을 후히 인정해준다. 즉 "우리가 너희를 위하여…하나님께 감사할지니"(1:3)와 "우리가 친히 (너희를) 사랑하노라"(1:4)에 이어 나중에 "우리도 항상 너희를 위하여 기도함은"(1:11)이라고 말했다.

데살로니가 신자들은 밖으로는 유대인과 이방인 양쪽에서, 안으로는 거짓 교사들에게서 한창 고난을 당하던 중이었다. 그러니 첫 문단부터 바울의 책망을 들을 필요는 전혀 없었다. 오히려 사망의 음침한 골짜기를 지나는 고달픈 여정에서 그들을 지탱해줄 힘이 필요했다(시 23:4). 그들은 고난당하고 있었다. 미래가 밝아 보이지 않았다. 주의 날에 대한 거짓 정보가 퍼지고 있었다. 혼란과 두려움과 환멸의 감정이 바이러스처럼 데살로니가 교회를 온통 감염시키며 그들을 약화시키고 방향을 잃게 했을 것이다.

그들이 절망의 늪으로 더 깊이 빠져들고 있던 그 상황에서 바울은 확실한 부표를 던져 그들을 물 위에 떠 있게 해준다. 그들을 인하여 하나님께 감사한 것이다. 왜 그랬을까? 하나님을 향한 그들의 믿음이 자랐고 서로를 향한 사랑이 풍성했기 때문이다(살후 1:3). 이전 편지에서 두드러진 역할을 했던 세 가지 "신학적 덕목"(고전 13:13) 가운데 둘이 여기에도 나온다. 바로 믿음과 사랑이다.

바울은 또 이 힘들어하는 회중이 자신과 실라와 디모데에게 자랑스러운 존재라는 말도 했다. 첫걸음마를 떼는 아이를 보며 희색이 만면한 부모처럼 말이다. 물론 그들은 비틀비틀 넘어져 머리를 찧거나 무릎이 까일 수도 있다. 하지만 일어나 다시 시도하며 매번 이전보다 더 멀리까지 간다. 모든 "박해와 환난"을 "인내와 믿음"으로 견뎠기에 그들은 후한 칭찬을 받아 마땅하다(살후 1:4). "저 데살로니가 교인들 좀 보라. 인내의 귀감이다!"

바울은 진정한 목회자의 심정으로 이 신자들에게 시련과 도전의 의미를 찾아 믿음과 사랑을 키우도록 격려했다. 환난에 맞서 밀고 나아가라는 이런 당부는 바울이 하나님의 선하심과 주권을 굳게 확신했기에 가능했다. 그는 고난 중에도 하나님이 역사하고 계심을 알았고 데살로니가 신자들도 그것을 배우는 중이었다.

그들을 인정해주려는 바울의 동기가 그런 하나님의 관점에서 나왔다면, 인정이 필요할 것이라는 통찰은 선견지명에서 왔다. 바울은 그 교회를 볼 때 현재 처한 일시적 상황 너머까지 보았다. 그들은 믿음과 사랑에는 강했지만 소망은 약해진 듯 보였다. 그런데 미래의 지향점이 바르지 못하면 현재의 인내마저도 소망을 잃으리란 걸 그는 알았다. 소망을 잃으면 믿음과 사랑도 낡아지고 식는다.

그러니 바울이 철필의 바로 다음 획으로 미래의 소망을 언급한 까닭은 당연하다. 박해를 견디는 그들의 인내는 "하나님의 공의로운 심판의 표"이며, 그들을 "하나님의 나라에 합당한 자로 여김을 받"게 한다(1:5). "표"로 번역된 단어 *endeigma*(1730)는 '증거', '징후'를 가리킨다. 예로부터 주석가들은 어떻게 박해가 하나님의 공의로운 심판의 표일 수 있는지 의아해하며 머리를 긁적였다.[3] 웬만한 사람이 보기에 박해는 공의보다 오히려 불의가 지배한다는 징후처럼 보인다.

한편으로 고난 전반은 "하나님의 진노가…사람들의 모든 경건하지 않음과 불의에 대하여 하늘로부터 나타나"고 있다는 산 증거다(롬 1:18). 창세기 3장 이후로 하나님의 전반적 진노가 창조세계 위에 드리워져 있다. 바울은 하나님의 지속적 진노 아래 놓인 세상의 현 상태를 이렇게 묘사했다. "피조물이 허무한 데 굴복하는 것은 자기 뜻이 아니요 오직 굴복하게 하시는 이로 말미암음이라"(롬 8:20). "피조물이 다 이제까지 함께 탄식하며 함께 고통을 겪고 있는 것을 우리가 아느니라"(롬 8:22). 그러므로 질병, 골절, 자연재해, 물리적 죽음 등 모든 사람이 경험하는 전반적 고난은 죄 많고 타락한 세상을 향해 '내장된' 하나님의 공의로운 심판의 일환이다. 하나님이 발하시는 이런 진노는 특정한 죄 때문에 특정한 사람을 겨냥한 게 아니라 타락하여 저주받은 세상의 상태며, 이 상태는 하나님이 만물을 새롭게 하실 때까지 계속된다(계 21:5).

그러나 간과해서는 안 될 사실이 있다. 데살로니가 신자들이 당한 고난은 대부분 무서운 폭풍우, 불시에 일어나는 지진, 무참한 질병, 노화의 아픔과 통증 따위로 인한 게 아니었다. 오히려 그들은 신앙 때문에 따로 악인들의 과녁이 되었고, 그리스도 안의 소망 때문에 괴롭힘과 박해를 당했다. 따라서 이 신자들이 환난 중에도 인내와 믿음을 보였다는 사실은 하나님 나라가 영원하다는 증표이기도 했다. 그들도 그리스도처럼 매 맞고 멍들고 고문과 죽임까지 당할 수 있었지만, 그들이 표방한 장래의 그 나라는 무엇에도 결코 정복될 수 없었다. 어느 날 만왕의 왕이 악인들에게는 공의로운 심판을 포고하시고 환난당하는 이들에게는 상을 주실 것이다. 그리스도와 그 나라를 위하여 고난받은 이 신자들에게도(살후 1:5) 하나님은 반드시 보상해주신다.

결국 최종 승자는 박해하는 세력이 아니라 하나님이다.

적용: 데살로니가후서 1:1-5

보고, 나가서, 말하라

우리가 예배드리는 처소는 정치적 박해나 교활한 이단에게서 자유로울지 모르나 우리도 다 환난을 겪는다. 주변 사람들이 시련과 환난의 포도즙 틀에 짓이겨질 때면 우리도 바울처럼 신속히 반응해야 한다. 우리가 적용하여 바로 실행에 옮길 수 있는 세 가지 명령이 있다.

첫째, 주위를 둘러보라. 주일마다 당신이 교회에 앉아 예배드리는 자리에서 사방을 돌아보면 상한 심령이 즐비하다. 물론 그들은 미소 띤 얼굴과 말쑥한 옷차림으로 포장한 채 "어떻게 지내십니까?"라는 당신의 물음에 "잘 지냅니다"라고 답한다. 그러나 주변의 아픈 영혼이 그런 식으로 숨겨질 수는 없다. 교회는 아픈 심령을 위한 병원이 되어야 한다. 이번 주에 주위를 둘러보아 고난당하는 영혼을 말과 행동으로 인정하고 격려해주라.

둘째, 다가가라. 고통받고 고난당하고 있는 사람을 알아차리는 것만으로는 부족하다. 행동을 취하여 곁에 가서 그들의 짐을 함께 져야 한다. 함께함으로써 힘이 되어주어야 한다. 적시에 적절한 말을 해주거나 등을 두드려줄 수 있다. 따뜻하게 포옹해주거나 살짝 미소를 지어 보일 수도 있다. 방식이야 어찌됐든 우리는 편하고 뻔한 일상생활에서 벗어나 옷이 구겨지고 손이 더러워질 각오를 해야 한다. 삶은 지저분할 수 있다. 우리가 다가가 예수 그리스도의 사랑으로 사람들을 만져주어야 한다.

셋째, 담대히 말하라. 우리는 우리 자신과 다른 사람의 관심사를 기도로 주께 아뢸 뿐 아니라 직접 하나님의 가족에게 격려의 말로 활력을 더해주어야 한다. 힘든 시기를 지나는 모든 사람을 괴롭히는 근본적 물음이 있다. "왜 하필 나인가?" "왜 지금인가?" 이런 의문에 우리가 답할 수는 없더라도 솔로몬의 원리를 따를 수는 있다. "근심이 사람의 마음에 있으면 그것으로 번뇌하게 되나 선한 말은 그것을 즐겁게 하느니라"(잠 12:25). 이번 주에 작정하고 누군가에게 선한 말을 하여 그 사람의 마음을 즐겁게 해주라.

최후 승리는 하나님께(데살로니가후서 1:6-12)

6너희로 환난을 받게 하는 자들에게는 환난으로 갚으시고 7환난을 받는 너희에게는 우리와 함께 안식
으로 갚으시는 것이 하나님의 공의시니 주 예수께서 자기의 능력의 천사들과 함께 하늘로부터 불꽃
가운데에 나타나실 때에 8하나님을 모르는 자들과 우리 주 예수의 복음에 복종하지 않는 자들에게 형
벌을 내리시리니 9이런 자들은 주의 얼굴과 그의 힘의 영광을 떠나 영원한 멸망의 형벌을 받으리로
다 10그 날에 그가 강림하사 그의 성도들에게서 영광을 받으시고 모든 믿는 자들에게서 놀랍게 여김
을 얻으시리니 이는 (우리의 증거가 너희에게 믿어졌음이라) 11이러므로 우리도 항상 너희를 위하여
기도함은 우리 하나님이 너희를 그 부르심에 합당한 자로 여기시고 모든 선을 기뻐함과 믿음의 역사

를 능력으로 이루게 하시고 [12]우리 하나님과 주 예수 그리스도의 은혜대로 우리 주 예수의 이름이 너희 가운데서 영광을 받으시고 너희도 그 안에서 영광을 받게 하려 함이라

오늘날 우리가 떠받드는 신(神)은 속전속결의 신이다. 무언가 알아야 할 게 있으면 우리는 그것을 당장 알기 원한다. 배가 고프면 패스트푸드를 원한다. 통증이 생기면 바로 낫기를 원한다. 억울한 일을 당하면 정의가 신속히 이루어지기를 원한다. 병에 걸리면 빠른 회복을 원한다.

하나님이 하시는 일이 이해가 안 갈 때도 우리는 답을 원하되 당장 원한다!

그게 특히 심해질 때가 있다. 선해 보이는 사람에게 악한 일이 벌어지거나, 악한 사람이 벌을 모면하는 것 같거나, 심지어 악 때문에 상을 받는 듯 보일 때다. 그럴 때면 즉시 인간의 정의감이 발동하여 하나님께 줄줄이 의문을 늘어놓는다. "왜 가만히 계십니까? 어디에 계십니까? 하나님은 선하신 분이 아닙니까? 능하신 분이 아닙니까? 이런 일이 벌어지는데도 보이지 않습니까?"

선하시고 전지전능하신 하나님이 창조하신 세상에 고통과 고난과 죽음과 불의가 존재한다. 이 문제는 그분과 동행하는 많은 사람이 걸어가는 길에 깊게 패인 구멍과 같다. 환난을 당하는 신자들은 종종 하나님 아버지의 능력이나 사랑을 의심한다. 지적으로나 정서적으로 하나님과 씨름하며 자신의 신학이 잘못된 것은 아닌지 의아해한다. 하나님은 정말 전능하신가? 정말 사랑이신가? 정말 정의로우신가?

C. S. 루이스(C. S. Lewis)는 자신의 고전 『고통의 문제』(*The Problem of Pain*)에서 이 문제를 언급하면서 고난 가운데 드러나는 하나님의 주권적 목적에 논의의 초점을 맞추었다. 그에 따르면 현세에서 하나님의 목적은 고난을 막아주시는 게 아니라 자기 백성을 거룩하게 하시는 데 있다. 그분은 선하시고 능하시며 장차 세상의 모든 죄와 악과 죽음과 고통을 없애실 것이다. 다만 그때까지는 계속 그런 것들을 허용하시며, 이를 통해 자녀들을 그분께로 이끄신다. 루이스는 이렇게 썼다. "고통은 어떻게 해서든 우리의 주목을 끌어낸다. 하나님은 우리가 기쁠 때는 속삭이시고 우리의 양심에 조용히 말씀하시지만, 우리가 고통 가운데 있을 때는 고함을 치신다. 고통은 귀먹은 세상을 깨우기 위한 하나님의 메가폰이다."[4]

바울도 데살로니가후서에서 고통의 문제를 다루면서 하나님이 고통을 통해 신자들의

삶에 그분의 목적을 이루심을 상기시킨다. 1장 4절에서 그가 이미 지적했듯이 독자들은 힘겨운 박해와 환난의 때를 통과하고 있었다. 그들의 믿음과 인내를 인정해준 바울은 이제 영광스러운 하나님 나라로 주의를 돌린다. "이는 하나님의 공의로운 심판의 표요 너희로 하여금 하나님의 나라에 합당한 자로 여김을 받게 하려 함이니 그 나라를 위하여 너희가 또한 고난을 받느니라"(1:5).

이어지는 본문에서 바울은 환난의 문제를 보는 시각을 더 보충하면서, 최후 승리가 고통과 고난과 죽음 쪽에 있지 않음을 입증한다.

—1:6-7—

예수 그리스도의 안내로 하나님 나라에 들어선 우리의 노정은 현재는 고통으로 얼룩져 있다. 예수님도 하나님의 고난당하는 종이셨다. 그러나 신자에게는 하나님의 공의로운 심판을 통한 최후 승리와 신원(伸寃)이 약속되어 있다. 이번 본문에서 바울이 일깨우듯이 하나님의 백성은 비록 환난당하고 부당한 대우를 받지만 장차 하나님은 자기 백성에게 환난을 가한 이들을 벌하신다.

6-7절에서 바울은 하나님의 공의로운 심판이 두 가지 측면에서 이루어짐을 밝힌다. 첫째, 주 예수께서 나타나실 때에 환난의 가해자에게 갚으신다(1:6). 그날 하나님이 최후 승리를 거두신다. 그때는 아무도 하나님이 악에 관대하시다든지 심판자의 직무를 소홀히 하신다는 의혹을 품을 수 없다. 왜 그런가? 그분의 정의 때문이다. 그분이 정의로우시기에 악은 척결될 수밖에 없다. 그런 심판이 없다면 그분은 불의하신 분이 된다. 그러므로 하나님의 백성에게 환난을 가한 모든 적-죄, 죽음, 질병, 장애, 재해, 악인, 악귀, 심지어 사탄까지 인격체와 비인격체를 통틀어-은 응분의 대가를 받는다(계 20:10, 14-15, 21:4).

둘째, 주 예수께서 나타나실 때에 환난당한 이들에게는 안식을 주신다(살후 1:7). 악인에게 갚으실 심판자는 환난당한 이들을 건지실 구주와 왕이시기도 하다. 앞서 데살로니가전서에서 보았듯이 바울은 악인과 의인의 이런 차이를 어둠의 자녀와 빛의 자녀로 표현했다(살전 5:1-11). 주의 날에 악인의 운명은 진노와 심판이지만(살전 5:3) 의인을 세우심은 진노에 이르게 하심이 아니라 "구원을 받게 하심"이다(살전 5:9).

이런 일은 언제 일어날까? 데살로니가후서 1장 7절에서 바울은 이 땅에 임할 진노의 때를 묘사하면서, 구약에 배경을 둔 생생한 묵시적 이미지를 몇 가지 제시한다.[5] 9절까지 계속되는 이 묘사를 보면, 영화를 상영하듯 사건들을 차근차근 보여주는 요한계시록의 여러 환상과는 다르다. 대신 바울은 장차 임할 심판에서 몇 장의 사진만 신중히 골라 탁자 위에 던져놓고는 사실상 이렇게 말한다. "장차 될 일은 이렇다. 하늘로부터 나타나실 주 예수…능력의 천사들…불꽃…형벌…영원한 멸망. 이제 알겠는가?"

이 형벌과 건짐의 시기가 이 땅에 임할 때, 주 예수께서 "나타나실" 것이다(1:7). 헬라어 문구를 직역하면 "하늘로부터 주 예수의 나타나심 안에"가 된다.[6] "나타나심"에 해당하는 헬라어 단어는 *apokalypsis*(602)로, 여기서 영어의 "묵시"(*apocalypse*)라는 말이 나왔다. 요한계시록(일명 "계시록", "예수 그리스도의 계시", "요한 묵시록")의 제목도 같은 단어다. 그 책에는 종말에 벌어질 심판이 아주 상세히 밝혀지다가 결국 만왕의 왕이요 만주의 주이신 그리스도의 나타나심에 이른다. 불꽃으로 가득한 요한계시록의 스물두 장에 묘사된 내용을 바울은 몇 장면만 골라 몇 구절로 요약했다. 마치 곧 개봉할 영화를 조금만 보여주는 예고편과 흡사하다.

—1:8-10—

바울은 앞서 5절에서 신자의 환난에 따른 보상을 언급했다. 바로 장차 임할 하나님 나라다. 6절에서는 신자에게 환난을 가하는 이들이 처할 운명으로 장면이 바뀐다. 그러다 그는 다시 의인 쪽으로 돌아선다. 주께서 악인을 심판하실 때 의인은 환난으로부터 안식을 얻는다(1:7). 진노는 신자의 몫이 아니라 비신자의 몫이다(살전 1:9-10, 5:9). 그런데 이번 8-9절에서 장면은 다시 "하나님을 모르는 자들과 우리 주 예수의 복음에 복종하지 않는 자들"에게로 전환된다(1:8). 바울은 붓을 몇 번 내둘러 악인의 운명을 이렇게 요약한다.

- 환난으로 되갚음을 당한다(1:6).
- 형벌을 받는다(1:8).
- 영원한 멸망의 형벌을 받는다(1:9).

• 주의 얼굴(임재)로부터 추방된다(1:9).

주 예수께서도 자신이 강림하실 때 악인에게 임할 심판을 이렇게 친히 묘사하셨다.

> 인자가 자기 영광으로 모든 천사와 함께 올 때에 자기 영광의 보좌에 앉으리니…그 때에 임금이 그 오른편에 있는 자들에게 이르시되 내 아버지께 복 받을 자들이여 나아와 창세로부터 너희를 위하여 예비된 나라를 상속받으라…또 왼편에 있는 자들에게 이르시되 저주를 받은 자들아 나를 떠나 마귀와 그 사자들을 위하여 예비된 영원한 불에 들어가라…그들은 영벌에, 의인들은 영생에 들어가리라(마 25:31, 34, 41, 46).

이것이 악과 불신으로 하나님을 완전히 거부하는 이들에게 임할 공의로운 정죄다. C. S. 루이스의 표현으로 그들은 "배제와 추방과 분리를 당해 마침내 말로 다할 수 없이 무시될 것이다."[7] 이것이 만왕의 왕 만주의 주가 보내신 초청을 거부하는 이들이 맞이할 운명이다.

그러나 알다시피 "우리 주 예수의 복음"(살후 1:8)을 모두가 거부한 것은 아니다. 데살로니가 신자들은 초청을 받아들여 사도들이 전한 증거를 믿었다(1:10). 교회사를 통틀어 무수히 많은 사람도 마찬가지다. 왕이신 예수님을 향한 충정을 어떤 사람들은 평생의 섬김으로 증언했고 어떤 사람들은 순교의 죽음으로 증언했다.

여태 바울은 환난당하는 쪽과 환난을 일으키는 쪽, 의인과 악인, 구원받는 무리와 하나님의 진노를 당하는 무리 사이를 왔다 갔다 했는데, 마침내 그 논법을 구원받는 무리에게서 끝맺는다. 신자에게 그리스도의 재림은 왕과 함께 빛을 발할 순간이다. 그분의 영광은 모든 고난을 종식시킨다(롬 8:18). 장차 임할 주의 날이 신자에게는 세상과 인류라는 책을 마지막으로 덮는 순간이 아니라 새 책을 펴서 새 이야기-새 하늘과 새 땅-를 만나는 순간이다(계 21:1).

그리스도는 구원을 잃은 무리의 심판자로서만 아니라 구원받은 무리의 왕으로서 다시 오신다. 그날 그분은 "성도들에게서" 영광을 받으시고 신자들에게 놀랍게 여김을 얻으실 것이다(살후 1:10). 얼마나 위대한 영광과 존귀와 예배의 순간인가! 박해자들은 구원을 거부했기에 당연히 심판을 받지만, 환난당한 이들은 구주를 믿었기에 영화롭게 된다!

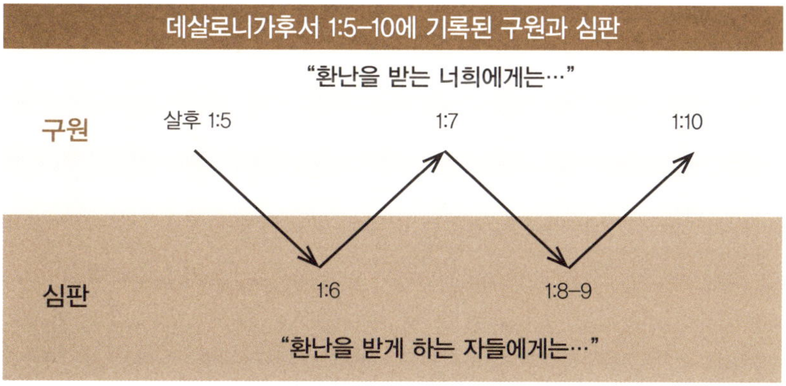

—1:11-12—

지금까지 이 서신에서 바울은 신자들의 믿음과 사랑이 자라남으로 인해 감사를 표했고(1:3), 환난 중에 인내하는 그들을 인정해주었으며(1:4), 그리스도가 재림하실 때 악인을 벌하시고 의인을 건지실 하나님을 그들에게 확신시켜주었다(1:5-10). 이번 장 마지막 두 구절에는 그들을 위한 바울의 중보 기도가 나온다. 이는 장차 오실 그리스도를 내다보며 현재 임한 고난과 환난을 견디는 그들에 대한 바울의 반응이다.

보다시피 데살로니가 신자들은 "항상" 바울의 마음과 생각 속에 있었다. 그래서 그는 항상 무릎 꿇고 그들을 기도로 올려드렸다(1:11). 바울은 주님의 영광스러운 재림에 비추어 그리고 그들이 당한 고난을 신원해주실 그분의 계획에 비추어 그들을 위해 세 가지를 기도한다.

- 하나님이 그들을 부르심에 합당한 자로 여겨주시도록(1:11).
- 하나님이 그들에게 선을 기뻐함과 믿음의 역사를 능력으로 이루어주시도록(1:11).
- 예수 그리스도의 이름이 그들 가운데서 영광을 받으시고 그들도 그분 안에서 영광을 받도록(1:12).

바울이 드린 첫째 기도 제목은 1장 5절을 연상시킨다. "너희로 하여금 하나님의 나라에 합당한 자로 여김을 받게 하려 함이니." 그는 그들이 환난을 면하게 해달라고 구한 게 아니라 그 나라의 신민으로서 고귀한 부르심에 부응하게-"다만 그를 믿을 뿐 아니라 또한 그를 위하여 고난도 받게"(빌 1:29)-해달라고 구했다.

데살로니가 신자들을 위한 바울의 둘째 기도 제목은 그들이 바라는 선(善)과 믿음의 역사를 주께서 이루어달라는 것이었다(살후 1:11). "선"이라는 단어는 '도덕적 탁월함'을 가리킨다. 갈라디아서 5장 22절에 나오는 성령의 열매에도 선(양선)이 들어 있다.[8] 믿음의 감화와 성령의 능력으로 말미암은 이런 선행은 결국 바울의 마지막 간구로 연결된다.

끝으로, 그는 데살로니가 신자들이 고난받는 중에도 믿음을 온전히 실천하여 그리스도의 이름과 명예가 그들 안에, 그들을 통해 드러나도록 기도했다(살후 1:12). 성경에서 "이름"이라는 단어는 "그 이름의 소유자, 그의 성품, 품행, 평판, 나머지 전부를 상징한다."[9] 신자들이 어떻게 살아가느냐에 그리스도의 평판이 달려 있었다. 다른 사람들이 그리스도를 안다는 이들의 삶에서 위선을 본다면 "하나님의 이름이…이방인 중에서 모독을 받는"다(롬 2:24). 그러나 빛의 자녀들이 사람들 앞에 의를 비추면 그들은 그 선행을 보고 하늘에 계신 우리 아버지께 영광을 돌린다(마 5:16).

적용: 데살로니가후서 1:6-12
최후의 승자

최후의 승자는 악인들이 아니라 하나님이다. 이것이 바울이 데살로니가 신자들과 우리에게 주는 메시지다. 그렇다고 바울이 이 진리 때문에 미래의 승리에 도취되거나, 현재의 상황을 한탄하거나, 하나님께 서두르시라고 요구한 것은 아니다! 대신 그는 기도했다. 우리도 하나님이 환난을 이기신다는 강력한 메시지에 똑같이 반응하여 이 진리를 적용해보자.

우리는 고통과 역경에 부딪히면 대개 기도로 이를 몰아내려는 버릇이 있다. "하나님, 이 고통을 없애주소서! 이 고난을 중단시켜주소서! 이 시련이 끝나게 하소서!" 그러나 바울은 주님께 데살로니가 신자들의 환난을 없애달라고 구하지 않았다. 당신도 그 점을 눈여겨보았는가? 우리가 드리는 전형적인 기도와는 얼마나 다른가. 우리는 하나님께 고난을 중단시켜주시고 고달픈 삶의 스트레스와 중압에서 건져달라며 매달린다. 그러나 바울은 환난당하는 신자들이 성장하여 하나님 나라의 관점을 품고, 그리하여 고난을 통해 더욱 거룩해지기를 원했다.

마찬가지로 우리도 환난을 당할 때 하나님께 기도하는 방식을 조정해보자. 신음을 통한 성장, 고통을 통한 정화, 고난을 통한 성화를 구하는 데 더 시간을 들이자. 물론 고통을 없애달라는 기도도 얼마든지 정당하다(고후 12:8). 하지만 문제가 해결되어 즉시 안식을 누리는 것보다는 인내를 통한 점진적 성장에 우리의 초점을 맞추어야 한다.

하나님이 하시는 일을 대할 때 우리는 구경꾼의 자리를 벗어나 능동적 참여자의 역할에 뛰어들어야 한다. 이를 돕고자 하나님의 뜻에 맞추어 더 목적의식을 가지고 민감하게 기도하는 법을 몇 가지 제안한다.

첫째, 구체적으로 기도하라. 구체적인 기도일수록 구체적으로 응답된다(살후 1:11-12, 2:17, 3:16). 그러므로 하나님께 구체적인 기도를 올려드리라. 성경에 주신 그분의 약속을 들고 그분께 나아가라. 창세기부터 요한계시록, 시편부터 선지서까지 성경 본문으로 기도하라. 그분의 감동으로 기록된 말씀에서 구체적인 약속을 주장하며 기도하라.

둘째, 사람들이 처한 상황 속에서 하나님 나라를 읽어내라. 남들이 겪고 있는 일을 하나님 나라의 눈으로 보라. 그 나라에 합당하게 살려면 환난이 삶의 일부임을 잊지 말라. 환난은 무슨 이상한 일이라도 당하는 것 같은 이변이 아니다(벧전 4:12). 남들을 위해 중보할 때 같은 왕을 모신 동료 신민으로서 기도하라.

셋째, 최종 목표를 기억하라. 신자에게 삶의 최종 목표는 하나님을 영화롭게 하는 것이다. 이 사실을 명심하면 객관적 시각을 유지할 수 있다. 효과적인 중보 기도란 반드시 환난당하는 사람을 건져달라거나 환난을 없애달라는 기도가 아니다. 오히려 하나님 나라의 관점에서 목적에 맞게 드리는 기도다. 고통에 목적이 있음을 알고 드리는 기도다.

주

1. Earl F. Palmer, *1 and 2 Thessalonians*, A Good News Commentary(San Francisco, CA: Harper and Row, 1983), 59.
2. 엄밀히 말해서 이 편지는 바울과 실라와 디모데가 '공저'한 것이지만 분명히 한목소리로 기록되었다. 아마 바울이 편지 배후의 목소리였고 실라는 비서나 대필자로 기여했을 것이다. 이 주석 전체에서 주로 바울이 저자로 지칭되지만 다른 두 동역자도 편지에 협력했음을 잊어서는 안 된다.

3. 다음 책을 참조하라. Charles A. Wanamaker, *The Epistles to the Thessalonians*, The New International Greek Testament Commentary(Grand Rapids, MI: Eerdmans, 1990), 220.
4. C. S. Lewis, *The Problem of Pain*(New York: Macmillan, 1970), 93.(『고통의 문제』 홍성사 역간)
5. 다음 책을 참조하라. F. F. Bruce, *1 and 2 Thessalonians*, Word Biblical Commentary 제45권(Waco, TX: Word Books, 1982), 150-151.(『데살로니가전후서: WBC 성경주석 45』 솔로몬 역간)
6. "안에"로 옮겨진 전치사를 "동안에, …에, …에 의하여"로 이해할 수도 있다[다음 책을 참조하라. D. Edmond Hiebert, *The Thessalonian Epistles*(Chicago: Moody, 1971), 288]. 어쨌든 요지는 분명하다. 장차 그리스도가 심판자와 왕으로 오셔서 악인에게는 심판을, 의인에게는 안식을 주실 것이다.
7. C. S. Lewis, *The Weight of Glory and Other Addresses*(Grand Rapids, MI: Eerdmans, 1974), 12.(『영광의 무게』 홍성사 역간)
8. Gerhard Kittel & Gerhard Friedrich 편집, *Theological Dictionary of the New Testament: Abridged in One Volume*, Geoffrey W. Bromiley 번역(Grand Rapids, MI: Eerdmans, 1985), 4.(『신약성서 신학사전: 킷텔 단권 원어사전』 요단출판사 역간)
9. Thomas L. Constable, "2 Thessalonians", *The Bible Knowledge Commentary*, 신약 편, John F. Walvoord & Roy B. Zuck 편집(Wheaton, IL: Victor Books, 1983), 716.(『데살로니가전후서 디모데전후서: BKC 강해주석 시리즈 27』 두란노 역간)

예언을 설명함

데살로니가후서 2:1-17

데살로니가전서에서 바울은 장차 임할 주의 날이라는 소망을 제시했다. 둘째 편지 첫 단락에도 그는 환난당하는 독자들을 격려하며, 어느 날 하나님이 신원하셔서 그들의 인내를 보상하시고 환난의 가해자를 벌하실 것을 상기시켰다. 그 과정에서 불꽃, 천사들, 영원한 심판 등 구약에 나오는 생생한 묵시적 이미지로 진노와 건짐을 묘사했다.

이제 데살로니가후서 2장에서 바울은 본격적으로 종말의 주제로 다시 돌아간다. 하지만 그의 관심사는 단지 종말론, 즉 '마지막 때에 관한 교리'를 깔끔하고 정연하게 전하는 게 아니었다. 더 절박한 관건이 있었다. 바울이 데살로니가를 떠나 있는 동안 그 교회의 새 신자들 사이에 종말에 대한 거짓 가르침이 퍼졌다. 바울이 이전에 가르쳤던 내용과 어긋나는 것이라서 교인들은 혼란에 빠졌다.

그래서 그는 혼란을 걷어내고 사실관계를 바로잡고자 이번 장에 예언의 사건들을 설명한다. 우선 3-12절에 주의 날을 분별할 수 있는 확실한 징조를 몇 가지 언급한 뒤, 13-17절에는 독자들에게 현재 일어난 환난에 제대로 반응할 것을 촉구한다. 바울은 이 예언에 대한 감동적인 설명을 통해 혼란 속에서 하나님을 신뢰하면 안정을 얻는다는 원리를 전달한다.

핵심 용어

κατέχω [*katechō*, 카테코] *(2722)* '방지하다', '막다', '제지하다', '억제하다'

바울은 2장 6절과 7절에서 동사 '막다'의 분사형을 동명사로 썼다. 이 용법은 해당하는 행위의 주체를 가리키므로 직역하면 '막는 것' 또는 '막는 자'가 된다. 사실상 어떤 '행위를 제지하는' 주체를 뜻한다.[1] 6절에는 바울이 이 단어를 중성형으로 써서 '막는 힘'을 암시하지만, 7절에 쓴 남성형은 그 주체가 인격체임을 나타내는 것 같다. 막는 정체가 불확실하기는 하지만 이 동사의 취지는 불법의 사람, 즉 적그리스도가 나타나지 못하도록 그를 막고 제지하는 역할을 강조하는 데 있다 (2:6-8).

ἁγιασμός [*hagiasmos*, 하기아스모스] *(38)* '성화', '정결하게 함', '거룩함'

바울의 구원 신학에서 이 단어는 신자의 삶에 점진적으로 이루어지는 영적 성장을 가리키는 말로 가장 자주 쓰인다. 즉 점점 더 거룩해져가는 과정이다(살전 5:23). 그런데 데살로니가후서 2장 13절에서는 이 단어가 처음 그리스도인의 삶에 들어설 때 거룩하게 성별된 상태를 강조하는 듯 보인다. 거룩함에 헌신된 그 상태가 거룩한 삶으로 지속된다는 개념이다.

불법의 사람, 불법의 비밀(데살로니가후서 2:1–12)

1형제들아 우리가 너희에게 구하는 것은 우리 주 예수 그리스도의 강림하심과 우리가 그 앞에 모임에
관하여 2영으로나 또는 말로나 또는 우리에게서 받았다 하는 편지로나 주의 날이 이르렀다고 해서 쉽
게 마음이 흔들리거나 두려워하거나 하지 말아야 한다는 것이라 3누가 어떻게 하여도 너희가 미혹되
지 말라 먼저 배교하는 일이 있고 저 불법의 사람 곧 멸망의 아들이 나타나기 전에는 그 날이 이르지
아니하리니 4그는 대적하는 자라 신이라고 불리는 모든 것과 숭배함을 받는 것에 대항하여 그 위에
자기를 높이고 하나님의 성전에 앉아 자기를 하나님이라고 내세우느니라 5내가 너희와 함께 있을 때
에 이 일을 너희에게 말한 것을 기억하지 못하느냐 6너희는 지금 그로 하여금 그의 때에 나타나게 하
려 하여 막는 것이 있는 것을 아나니 7불법의 비밀이 이미 활동하였으나 지금은 그것을 막는 자가 있
어 그 중에서 옮겨질 때까지 하리라 8그 때에 불법한 자가 나타나리니 주 예수께서 그 입의 기운으로
그를 죽이시고 강림하여 나타나심으로 폐하시리라 9악한 자의 나타남은 사탄의 활동을 따라 모든 능
력과 표적과 거짓 기적과 10불의의 모든 속임으로 멸망하는 자들에게 있으리니 이는 그들이 진리의
사랑을 받지 아니하여 구원함을 받지 못함이라 11이러므로 하나님이 미혹의 역사를 그들에게 보내사
거짓 것을 믿게 하심은 12진리를 믿지 않고 불의를 좋아하는 모든 자들로 하여금 심판을 받게 하려 하
심이라

지진에 관해서라면 흥미진진한 소설과 거액의 예산을 들인 영화와 섬뜩한 다큐멘터리가 이미 나올 만큼 많이 나와 있어, 지진대에서 먼 지역에 사는 사람들조차 지진의 파괴력을 잘 알고 있을 정도다. 그러나 아무것도 지진을 실제로 겪는 그 불안한 공포에는 견줄 수 없다.

이전에 내가 캘리포니아에 20년 넘게 살면서 만난 현지인 가운데, 직접 지진을 당한 아찔한 사연이 없는 사람은 아무도 없었다. 지진의 강도가 어떤 때는 그냥 가벼운 떨림 정도라서 지나가는 화물차나 저공 비행기의 요란한 소리와 혼동하기 쉽다. 진동이 오래가는 경우에는 몸의 균형을 잃거나 부리나케 숨을 곳을 찾기도 한다. 그래도 캘리포니아에서 발생하는 웬만한 지진은 대개 접시가 깨지고 벽에 금이 가며 자동차 경보음이 울리고 일부 아이들이 겁을 먹는 정도다.

하지만 캘리포니아 사람이라면 누구나 수많은 전문 지질학자가 말하는 '대지진'에 대해 들어보았다. 앞으로 산안드레아스 단층을 따라 진도 8.5 이상의 강진이 발생할 거라고 한다. 그 전문가들은 이렇게 말한다. "일단 발생했다 하면 그 규모가 대단하여 캘리포니아 역사상 이전의 모든 지진은 시시한 장난처럼 보일 것이고, 이 대참사를 예고한 미약한 전조

묵상의 서재

예언의 탄력(데살로니가후서 2:1-2)

나는 로스앤젤레스 램스팀의 시합 전 채플 시간에 말씀을 전한 적이 있다. 그날 밤 풋볼 경기에서 그들은 댈러스 카우보이스팀을 완파했다. 제14회 슈퍼볼 전날 밤에는 피츠버그 스틸러스팀에 말씀을 전했는데 이튿날 그들이 램스팀에 압승했다. 야구 시합을 앞둔 로스앤젤레스 다저스팀에 말씀을 전했을 때도 그들이 신시내티 레즈팀을 상대로 대승을 거두었다.

스포츠 팀이 연승 가도를 달리면 중계 아나운서들은 '경기의 탄력'이 붙었다는 표현을 쓴다. "틀림없이 이번에도 우리가 이긴다!"는 깊은 자신감과 솟구치는 확신을 두고 하는 말이다. 나도 앞가림을 할 줄 몰랐다면, 내가 시합 전에 인도하는 채플 시간을 팀 승리와 연결해 내가 거둔 연승 가도를 '예언의 탄력'이라 불렀을지 모른다. 어쩌면 스포츠 팀들을 유도하여 내게 그런 은사가 있다고 믿게 만들었을 수도 있다. "경기에서 이기고 싶은가? 시합 몇 시간 전에 나를 부르기만 하라. 결과는 보장한다. 내가 말씀만 전하면 어느 팀이든 이긴다!"

어림없는 소리다.

스스로 속을 이유는 없다. 장기적으로 내 예언의 은사는 믿지 못할 일기 예보 수준에 불과하며, 그 탄력도 아무리 탱탱해봐야 계란 반숙 수준이다. 내 설교와 팀의 승리 사이에 무슨 관계가 존재했든, 그것은 순전히 우연의 일치였다. 예언하는 재주는 내게 없다.

참된 선지자는 역사 속으로 사라진 지 오래다. 하지만 한때는 그들이 영적 거인처럼 이 땅을 활보했다. 이 용감한 사람들은 기꺼이 목숨을 걸고 절대 진리를 주장했다. 그들은 털끝만큼의 판단 착오나 아주 시시콜콜한 착각도 용납하지 않았다. 그들의 예언은 "내일 해가 뜨리라"처럼 뻔한 일반론도 아니었고, "호리호리한 남자가 9시 이전에 오른쪽에서 선을 넘어오리라"(아무 뜻이나 될 수 있다!)처럼 두루뭉술한 풍월도 아니었다. 반대로 본래의 진정한 선지자는 모험을 감수했고 고도로 정확했다.

그 옛날의 참 선지자는 아주 단순하고도 엄격한 시험을 통과해야 했다. 선지자의 말이 참으로 주님의 말씀이면 무슨 예언이든 그대로 이루어졌으나 선지자가 행여 가짜면 아무 일도 일어나지 않았다. 모세는 이 원리를 신명기 18장 20-22절에 간단히 천명했다. 이 시험에서 선지자가 받을 수 있는 학점은 A나 F 둘 중 하나였다. 최고점이 아니면 완전히 낙제점이었다. 그뿐 아니라 예언한 내용이 실현되지 않으면 가짜 선지자를 죽여야 했다(참조. 신 13장)!

그러나 하나님의 손이 선지자 위에 머문다면 백성은 두려워하며 뒤로 물러서야 했다. 그 선지자가 정말 하나님의 대언자라면 반드시 예언한 대로 되었다. 예언의 탄력은 장엄하여 두려울 정도였다! 모든 참 선지자는 하나님의 임재 학교를 최우등으로 졸업했다. 그들은 장난을 치거나 한 번도 빗맞지 않았다.

하지만 오늘날에는 그 정도로 정밀한 예언은 불가능하다. 그런데도 많은 사람이 내 표현으로 '날짜 맞히기 놀이'를 하고 있다. 그리스도의 재림 날짜를 꼬집어 말하려는 섣부른 시도다. 다시 말하지만 예수님이 그 일이 일어날 때를 아버지만이 아신다고 친히 말씀하셨는데도(마 24:36) 사람들은 그런 예측을 서슴지 않는다.

날짜를 정하려 하지 말라. 날짜를 정하는 사람을 따르지도 말라. Y2K를 기억하는가? 그 당시 사람들은 2000년이 되면 컴퓨터마다 돌연 기능이 멎어 불타버릴 거라고들 했다. 하지만 모든 게 정지할 거라던 말과 달리 아무 일도 없었다. 내가 아는 어떤 사람들은 사역의 기초를 그 거짓 예측에 두었고, 더러는 그런 내용으로 책까지 썼다. 솔직히 나는 그 저자들에게 글을 보내 "오늘이 1월 2일인데 책은 잘 팔리고 있습니까?"라고 물어보고 싶었다. 날짜를 따지지 말라. 그리스도의 재림 시점을 꼬집어 예측한다는 이유로 그 사람의 가르침이 '깊다'고 생각하지 말라. 예수님은 "너희가 알 바 아니요"(행 1:7)라고 말씀하셨다. 그 사실을 절대로 잊지 말라!

에 불과해질 것이다."

온 세상 잃어버린 인류에게 캘리포니아의 대지진에 해당하는 게 바로 대환난이다. 작은 환난, 거짓 선지자와 거짓 메시아, 전쟁과 대립, 질병과 기만 등의 진동은 역사 속에 늘 있었다. 그러나 대환난이 닥치면 과거의 모든 시련은 가벼운 떨림 정도에 불과해진다. 그리스도의 재림으로 귀결될 그 극도의 파멸에 비하면 그렇다.

바울은 데살로니가 신자들과 함께 있을 때 그들에게 주의 날과 그 두려움에 대해 가르쳤었다. 그런데 그가 부득이 떠나 있던 동안 그들은 타이밍에 대한 혼란에 빠졌다. 작은 진동을 대지진으로 혼동하여, 자신들이 박해 세력에게 당하고 있던 시련과 환난이 곧 하나님의 대환난 심판인가 싶어 불안해졌다. 주의 날에 해당하는 자는 빛의 자녀가 아니라 어둠의 자녀라고 바울이 명백히 가르쳤는데도 그들은 그날이 이미 시작되었다고 생각했다!

그래서 본문 2장 1-12절에서 바울은 교회의 다리에 교리적 부목을 대주려 했다. 그들은 종말을 오해하고 시사를 잘못 해석하여 다리에서 힘이 빠지고 있었다. 오늘날 이 시대와 얼마나 비슷한가. 지금도 예언과 종말에 대해 사이비들과 돌팔이들은 엉뚱하게 날짜를 정하고, 예언의 성취를 견강부회하며, 미련하게 애꿎은 '적그리스도' 후보자들을 감시하곤 한다.

우리도 바울을 통해 사실 관계를 바로잡아야 할 때다.

—2:1-2—

창세기 3장 이후 펼쳐진 이 타락한 세상에서는 누구나 온갖 시련과 환난을 겪는다. 죽는 날까지 우리는 압박감, 갈등, 고민 따위와 씨름하며 그중 더러는 정도가 더 심하다. 또 질병에 걸리거나 부상을 당해 고통을 겪고 어떤 때는 죽기도 한다. 우리 믿음을 시험하는 박해와 압제와 불의도 경험한다. 정도 차이는 있지만 날마다 우리 모두가 이런 환난에 부딪힌다.

그런데 성경은 장차 큰 환난의 때가 온다고 가르친다. 온 세상과 온 인류를 참혹한 재앙으로 몰아넣을 최후의 환난이다. 지금의 시련이나 환난과 달리 이 대환난에는 중간중간 비교적 차분한 소강상태가 없다. 오히려 대환난은 7년 동안 계속 더 맹렬해지다가 마침내 아마겟돈 전쟁을 거쳐 심판자이자 왕이신 그리스도가 물리적으로 재림하심으로 절정에 달한다(계 6-19장).

모든 그리스도인처럼 데살로니가 신자들의 삶 속에도 첫째 부류의 시련과 환난이 있었다. 그 정도가 심한 경우도 많아 아마 견디기 어려워 보였을 것이다. 소소한 환난에서 대환난으로 선을 넘어갔다는 생각이 절로 들었을지도 모른다. 어떤 거짓 선지자가 일부러 퍼뜨린 다음과 같은 헛소문도 도움이 되지 않았음은 물론이다. 즉 주의 날이 이미 이르러 대환난이 시작되었고, 그리스도를 기다리는 이들에게 그분이 약속하신 건지심(살전 1:9-10)도 이미 지나간 일이며, 따라서 데살로니가 신자들이 종말의 심판과 진노 앞에 남겨졌다는 소문이었다.

그래서 바울은 사실 관계를 명확히 하여 그들의 혼란을 불식시키려는 바람에서 이 주제를 정면으로 다루었다. 그의 주요 관심사는 그들이 "쉽게 마음이 흔들리거나 두려워하거나 하지"(살후 2:2) 않는 것이었다. "흔들리거나"로 옮겨진 헬라어 단어 *saleuō*(4531)는 '흔들리다', '비틀거리다', '요동하다'는 뜻이다.[2] 지진처럼 물리적으로 흔들리는 일에도 쓰일 수 있지만(행 16:26), 소동하거나 교란된 사람들의 심리적 결과를 가리킬 수도 있다(행 17:13). 데살로니가 신자들은 "영으로나 또는 말로나 또는…편지" 때문에 흔들리고 교란되어 혼란에 빠져 있었다. 그런데 거짓 교사는 그런 영이나 말이나 편지가 권위 있는 사도나 선지자에게서, 어쩌면 아예 바울과 실라에게서 왔다고 주장했다(살후 2:2).

그 결과 그들은 "두려워"했다. 예수님도 같은 단어 *throeō*(2360)를 써서 제자들에게 "난리와 난리 소문"만 듣고 비약하여 그분의 재림에 대해 속단하지 말라고 경고하셨다. "너희는 삼가 두려워하지(*throeō*) 말라 이런 일이 있어야 하되 아직 끝은 아니니라"는 말씀이다(마 24:6). 아마도 바울은 예수님의 이 말씀을 염두에 두고서 데살로니가 신자들에게 주의 날이 이미 이르렀다고 주장하는 사람들 때문에 "두려워하"지 말라고 했을 것이다(살후 2:2). 만일 그렇다면 이 신자들은 예수님이 제자들에게 경고하셨던 바로 그 덫에 빠진 셈이다. 즉 자신들이 겪고 있던 약한 진동을 비약하여 대환난에 이를 종말이 이미 임했다고 속단한 것이다.

바울은 그들이 견고히 서서 평정을 유지하기를 바랐다. 주 예수의 강림하심과 그들이 그분 앞에 모임에 관하여 확신이 흔들리지 않기를 바랐다(2:1). 현혹하는 잘못된 정보 때문에 "주의 날이 이르렀다"는 잘못된 결론에 빠지지 않기를 바랐다(2:2). 그가 이전 편지에서 이미 가르쳤듯이, 주의 날이 이르기 전에 예수 그리스도가 그분을 따르는 이들을 모두 이 땅에서 끌어올려 공중에서 그분 앞에 모으실 것이다(살전 4:17). 그런데도 주의 날이 이미 이르렀다는 헛소문이 퍼졌다. 여기에는 몇 가지 해로운 의미가 함축되어 있을 수 있다. 1) 바울이 종말에 대해 데살로니가전서 4-5장에서 가르친 내용이 틀렸고, 따라서 그는 거짓 선지자다. 또는 2) 그리스도가 이미 오셔서 교회를 건지셨는데 데살로니가 신자들은 뒤에 남겨졌다!

바울은 어떻게 이 오류를 바로잡고 그 흉포한 영과 말과 편지의 거짓 가르침을 논박할 것인가? 그는 단순히 이렇게 주장할 수도 있었다. "아니다. 내 말을 듣고 나를 믿으라! 내 말이 맞다! '주의 날'의 심판은 아직 시작되지 않았다. 너희가 겪고 있는 일은 흔히 일어나는 시련과 환난이다." 하지만 데살로니가 신자들이 이미 거짓 교사나 거짓 선지자 쪽을 믿고 있었다면, 바울의 권위는 벌써 손상을 입은 것이다. 그러니 단순히 오류를 반박해서는 아무 소용이 없을 터였다. 게다가 자신들만 뒤에 남겨졌을까 봐 불안한 그들에게 바울의 반대 주장은 오히려 역효과를 낼 수도 있었다. 바울까지도 뒤에 남겨졌으면 어찌할 것인가? 어쩌면 지극히 거룩한 다른 성도들은 건짐을 받았는데, 나머지는 대환난을 거쳐야 하는지도 몰랐다!

그러니 바울은 어찌할 것인가?

그는 종말 사건의 순서를 되짚으면서, 주의 날이 그들에게 이미 이르렀다는 것이 어째서 불가능한지 설명한다. 그는 차분한 말로 헛소문을 바로잡는다. 주의 날에 대한 바울의 묘사는 배교, 지체, 멸망, 미혹 등 네 단어로 압축된다. 그의 요지는 대환난을 가리키는 이런 명약관화하고 틀림없는 징후들이 아직 없기 때문에 주의 날이 시작되었을 수 없다는 것이다. 논리적 결론은 무엇인가? 그들이 지금 겪고 있는 시련과 환난이 비록 힘들긴 해도, 장차 임할 주의 날에 일어날 사건들에 비하면 아무것도 아니라는 것이다.

마치 바울은 "주의 날"에 분명히 벌어질 사건을 줄줄이 나열하면서 이렇게 말하는 것 같다. "좋다, 너희가 정말 뒤에 남겨졌고 주의 날이 임했다고 생각하느냐? 그렇다면 주의 날을 뜻하는 징조 가운데 지금 일어난 일이 무엇이기에 그렇게 확신하는 것이냐?" 주의 날을 가리키는 네 가지 징후와 그에 따른 다양한 사건을 그가 다 기술하고 나면, 데살로니가 신자들도 스스로 성급했음을 인정할 수밖에 없을 것이다.

주의 날, 휴거, 대환난, 천년왕국(데살로니가후서 2:1–12)

성경 교사 토머스 컨스터블(Thomas Constable)은 이 주제에 대한 성경의 가르침을 종합하여 주의 날을 이렇게 정의했다.

> 주의 날은 구약에 누누이 언급된 역사상의 한 시기로, 그때 하나님은 이 땅의 사람들에게 사상 최고의 직접적이고 극적이며 철저한 방식으로 심판과 복을 내리신다(비교. 사 13:6, 9, 습 1:14–16). 신약의 계시를 더 보면 이 시기는 교회의 휴거 이후에 시작되며 대환난과 천년왕국을 포괄한다.[3]

"주의 날" 외에도 더 자세히 살펴보아야 할 세 단어가 있다. 바로 휴거와 대환난과 천년왕국이다. 바울은 데살로니가전서에 교회의 휴거를 상술했다. 휴거란 산 자나 죽은 자를 막론하고 모든 시대 모든 장소의 신자들이 부활하거나 영광스러운 몸으로 변화되어 하늘로 끌어올려져 공중에서 주를 영접하는 사건이다(살전 4:13–18). 바울은 신자를 건지실 휴거와 장차 주의 날에 임할 진노를 명확히 구분하여, 심판은 어둠 속에 거하는 악인의 몫임을 지적했다(살전 5:1–6, 살후 1:6, 8–9).

주의 날이 "밤에 도둑 같이" 홀연히 이르면 일정 기간 이 땅을 심판할 대환난이 수반되고, 그 후에 일정 기간 이 땅을 복되게 할 천년왕국이 세워진다. 대환난으로 알려진 그 멸망과 진노의 시기를 선지자 다니엘이 예언했고(단 9:24–27) 예수님이 설명하셨다(마 24:7–9, 21–22). 심판의 강도가 더해가고 적그리스도가 지배하는 그 시기에 많은 유대인과 이방인이 구원받을 것이다(계 7장). 끝까지 인내하라는 예수님의 독려는 바로 이 "대환난 성도"를 두고 하신 말씀이다(마 24:13). 대환난은 지상에 왕으로 오실 그리스도의 재림으로 절정에 달한다(욜 3:12–17, 습 1:14–18, 계 6:12–17, 19장). 그리스도는 적들을 무찌르신 후 천년왕국으로 알려진 자신의 나라를 지상에 세우시는데, 이는 약속된 다윗 자손의 왕이신 그분의 영원한 통치 중에서 처음 천 년에 해당한다(삼하 7:16, 시 89:3–4, 33–37, 계 20:4–6). 천년왕국 후에는 마지막으로 악인이 부활하고 하늘과 땅이 소멸되어(계 20:7–15) 영원한 의가 거하는 새 하늘과 새 땅이 이루어진다(계 21:1–8, 벧후 3:13).

주의 날

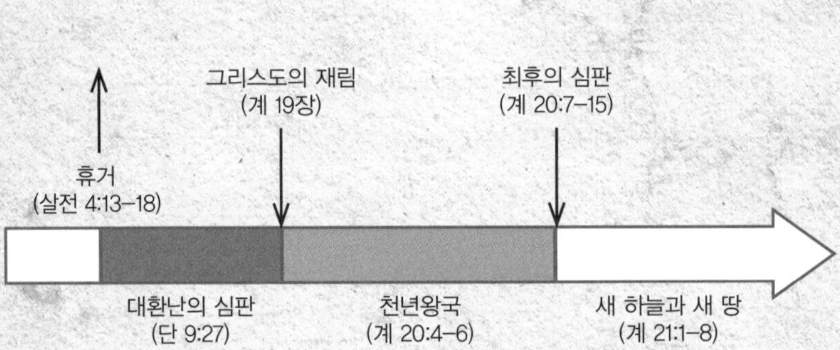

—2:3–4—

이번 본문에서 바울은 주의 날의 초기 국면에 벌어질 사건을 시간 순서로 개괄한다. 바로 배교다. 그의 말대로 주의 날은 만연한 배교로 시작된다. 헬라어 단어 *apostasia*(646)는 왕에 맞선 정치적 반란을 뜻할 수도 있고, 하나님께 맞선 종교적 반항을 뜻할 수도 있다. 종말에 대한 이후의 계시를 보면 그 둘이 함께 일어남을 알 수 있다. 즉 모든 나라가 하나님을 예배하기를 그치고 단일한 세계 정부 아래서 짐승 곧 적그리스도를 숭배한다(계 13장). F. F. 브루스는 "이 본문은 하나님의 권위에 맞서 일어나는 종말의 범세계적 반항을 가리키므로 정치적 반란과 종교적 배교의 개념이 섞여 있다"고 주해했다.[4] 바울이 원문의 "배교(하는 일)" 앞에 정관사를 썼다는 것은 그가 지칭한 세상의 종교적, 정치적 현상을 독자들도 이미 알고 있었음을 암시해준다.

바울은 이렇게 말한 셈이다. "주위를 둘러보라. 아직 사람들이 그리스도께로 나아오고 있다. 하나님께로 돌아오고 있다. 우리 사도들의 사역이 그 증거다. 아직은 혼돈보다 질서가 많다. 그 배교는 아직 발생하지 않았다. 그러므로 너희가 겪고 있는 일이 주의 날일 수는 없다."

이어 바울은 주의 날을 가리키는 확실한 둘째 징후로 "불법의 사람 곧 멸망의 아들"(살후 2:3)이 나타나는 것을 꼽았다. 레온 모리스(Leon Morris)는 이렇게 주해했다.

> 고금의 많은 사람이 사탄의 악한 일을 수행했다(요한일서 2:18에 나오는 "많은 적그리스도"를 참조하라). 이는 역사에 등장하는 아무 인물에 대해서나 이번 장이 설명하는 그 사람으로 속단하지 말라는 경고다. 바울의 관심사는 수시로 나타나는 악한 자들이 아니라 종말에 나타날 가장 악명 높은 한 존재다. "적그리스도"라는 표현을 쓰지는 않았지만, 요한이 그 이름으로 칭한 존재를 바울도 염두에 두었음이 분명하다.[5]

불법의 사람의 출현은 주의 날이 도래했다는 한 징후가 될 터인데, 이 인물을 더 설명하고자 바울은 구약의 잘 알려진 전형적 어법과 은유를 빌려왔다. 특히 종말에 나타날 적그리스도에 해당하는 인물을 꽤 자세히 묘사한 다니엘 7–12장의 여러 본문을 활용했다.[6]

Ariely/Wikimedia Commons

예루살렘 성전은 성경의 예언에서 중요한 역할을 한다. 제2성전(사진 속 모형)은 바울이 데살로니가후서를 쓴 지 20년쯤 후에 소실되었지만 종말 대환난기의 성전이 앞으로 지어질 것이다. 그 후에 적그리스도가 그 새 성전에 들어가 신으로 자처할 것이다.

불법의 사람은 온갖 신과 사람들의 숭배를 받는 대상에 대항하여 자신이 모든 신보다 크다고 주장할 것이다. 심지어 하나님으로 자처하며 예루살렘에 있는 하나님의 성전–아마 앞으로 건축될 종말 대환난기의 성전을 가리킬 것이다–에 앉기까지 한다. 종말에 나타날 악한 통치자에 대한 이런 은유와 개념은 구약 시대부터 잘 알려져 있었으므로, 바울이 장래의 적그리스도에 대한 데살로니가 신자들의 이해를 확실히 다져주는 데 도움이 되었다.

다시 말해 독자들은 바울이 그들과 함께 있을 때 종말에 대해 가르쳤던 내용을 적그리스도에 대한 구약의 명백한 가르침과 대조하면서, "불법의 사람"이 아직 나타나지 않았음을 마땅히 깨달았어야 했다. 바울은 거짓 가르침을 경솔히 받아들인 이 신자들을 다음과 같은 명쾌한 논리로 반박했다.

- 대환난(주의 날)이 시작된 징후 중 하나로 불법의 사람이 나타난다.
- 불법의 사람은 아직 나타나지 않았다.
- 따라서 주의 날은 아직 시작되지 않았다.

—2:5-7—

바울이 3-4절에서 상술한 징후는 배교였다. 불경한 배교자들의 세상은 하나님께 등을 돌려 반항하고, 모든 불법과 멸망의 화신이 될 적그리스도의 반항은 스스로 하나님으로 칭하며 숭배를 받기에까지 이른다(살후 2:3-4, 계 13:1-6). 이번에 바울이 묘사할 징후는 지체다(*delay*, 살후 2:5-7). 이는 주의 날이 도래했다는 징후라기보다 오히려 대환난이 아직 시작되지 않았다는 분명한 증거다.

이번 본문은 바울의 논의에서 일종의 괄호에 속한다. 데살로니가 신자들에게 그는 자신이 그들과 함께 있을 때 복음을 처음 받아들인 그들을 대면하여 가르쳤던 내용을 상기시킨다(2:5). 그의 말처럼 지금은 무언가 불법의 사람을 막는 것이 있다. 불법의 사람은 앞으로 때가 되면 정치적, 종교적 스포트라이트를 받는 게 허락되어 전 세계에 기만과 멸망의 화신이 될 것이다(2:6).

이 "막는" 세력(2:6-7)이 실제로 무엇이냐를 두고 그동안 해석이 분분했다. 인간 정부, 로마 제국, 이스라엘, 강력한 천사, 복음 전파, 성령, 교회 등 얼마든지 많이 있다. 찰스 라이리가 이렇게 가장 잘 설명했다. "이 막는 주체를 하나님 외의 다른 존재로 보는 것은 정말 불가능하다. 물론 하나님은 선한 정부, 택하신 천사들, 기타 방법을 통해 악을 제지하신다. 하지만 그렇게 강력하게 억제할 수 있는 궁극적 힘은 하나님 자신과 그분의 권능일 수밖에 없다."[7]

나노 막는 힘을 주로 교회를 통해 세상에 역시히시는 성령으로 본다. 오늘날 성령은 주로 교회를 통해 세상의 불법을 억제하신다. 신자들 안에 내주하시는 그분의 임재는 세상의 빛으로 반짝이고 세상의 소금으로 세속 문화에 침투한다(마 5:13-16). 그러나 교회가 휴거되어 주와 함께 있게 되면(살전 4:16-17), 어두운 세상에서 빛의 자녀가 다 사라져 칠흑 같은 밤만 남는다(참조. 살전 5:4-8). 선은 모든 흔적조차 증발하고 진리는 모든 잔재조차 스러져 결국 어둠만 남는다. 그뿐 아니라 불법의 사람인 적그리스도가 무대의 중앙을 차지한다. 물론 "적그리스도의 영"이 벌써 와서(요일 4:3) 소규모의 "많은 적그리스도"를 부추기고 있듯이(요일 2:18), "불법의 비밀"도 세상에 이미 활동하고 있다(살후 2:7). 그러나 현재는 사탄의 영적 악이 막혀 있어 완전한 주도권을 쥘 수 없다. 앞으로 막는 자가 옮겨질 때까지는 그럴 것이다.

주의 날이 이르렀다는 데살로니가 신자들의 잘못된 관점을 바울은 흠잡을 데 없는 논리로 반박했다. F. F. 브루스는 이를 이렇게 요약했다. "막는 자가 아직 옮겨지지 않았다. 그러므로 불법의 사람이 아직 나타나지 않은 것이다. 그러므로 주의 날이 아직 도래하지 않았음은 더욱 자명하다."[8]

—2:8-10—

데살로니가 신자들의 뒤틀린 종말 시간표를 바로잡고자 바울은 첫째로 반항 세력과 적그리스도의 배교가 아직 나타나지 않았음을 예증했다(2:3-4). 둘째로 교회를 통해 역사하시는 성령의 막는 힘 때문에 악이 억제되고 지체되고 있음을 지적했다(2:5-7). 이제 그는 예수님이 권능으로 재림하실 때 그리스도 대 적그리스도의 최후 대결을 통해 이루어질 멸망으로 넘어간다(2:8-10).

막는 힘이 휴거로 말미암아 옮겨지면 "불법한 자[적그리스도]가 나타"난다(2:8). 그가 통치하는 기한은 짧지만 "능력과 표적과 거짓 기적"으로 사탄의 기만술을 유례없이 보여줄 것이다(2:9). 그때 그는 하나님의 허락을 받고 "멸망하는 자들"—구원받지 못한 이들—에게 "불의의 모든 속임"을 구사한다(2:10). 그 후 주 하나님이 "족하다!"고 말씀하실 것이다. 그리스도가 이 땅에 재림하시면 그분의 입김만으로도 싸움은 끝난다. 세상의 빛이신 그분이 어둠의 나라를 뚫고 들어가 무찌르신다.

—2:11-12—

그리스도가 불법의 사람을 제거하시기 전에, 많은 사람이 적그리스도를 구주로 믿어 그가 주창하는 사악한 범세계적 이단 종교를 받아들이고 세계 정부에 복종할 것이다. 그 주된 이유는 그가 사탄의 권능으로 능히 행하는 표적과 기적 때문이다(살후 2:9, 계 13:12-14). 이 사람들은 고집스레 진리를 거듭 배척해왔기 때문에 적그리스도의 미혹에 금방 넘어간다. 이런 미혹은 주의 날이 도래했다는 확실한 넷째 징후다.

물론 이 땅에서 하나님의 허락 없이 벌어지는 일은 없다. 미래의 대환난기에 사탄이 막대한 재량으로 무수히 많은 사람을 속여 적그리스도를 숭배하게 만들겠지만, 그 능력의 강도와 기한은 겨우 심판자 하나님이 허락하시는 만큼까지다. 주의 날이 이르러 대환난의 심판이 진행되는 동안, 아직 적그리스도가 세상을 지배할 그때 하나님은 비신자들에게 막강한 미혹의 역사를 보내 그들의 반항이 굳어지게 하실 것이다(살후 2:11-12).

혼란에 빠졌던 데살로니가 신자들도 오래지 않아 깨달았겠지만, 그들을 박해하고 압세하는 세력 가운데에는 "능력과 표적과 거짓 기적"으로(2:9) 남을 놀라게 하는 사람이 하나도 없었다. 오히려 바울 같은 사도들이 여전히 참음과 표적과 기사와 능력을 행하여 사람들에게 진리에 대한 확신을 심어주고 있었다(고후 12:12, 히 2:4). 따라서 분명히 주의 날은 아직 도래하지 않았다.

적용: 데살로니가후서 2:1-12
불안과 두려움이 아니라 믿음과 소망이다

종말을 설교 주제로 삼지 않는 목회자가 많다. 그것은 사람들에게 흥미롭고 유익한 주제이기는 하지만 때로 삶의 변화로 직결시키기가 어렵기 때문이다. 잠언 몇 구절을 읽고 명쾌한 진리를 즉시 삶에 적용하는 편이 얼마나 더 쉬운가. 하지만 미래의 사건이 기술된 성경 본문들은 어찌할 것인가? 하나님의 은혜로 우리가 건짐 받을 그런 사건 말이다.

잠시 뒤로 물러나 우리가 데살로니가 신자들의 입장이 되어보자. 그들은 종말의 사건을 제대로 이해하지 못해 혼란에 빠졌고, 혼란은 경악으로 이어졌다. 하나님의 자녀는 반드시 구원받는다던 바울의 단언이 틀렸을까 봐, 또는 그리스도가 계획하신 건지심을 자신들이 어쩌다 놓쳤을까 봐 우려되었던 것이다.

당신도 종말이 혼란스러운가? 이런저런 시사 뉴스를 시청하며, 그것이 대환난이 임했다는 징후가 아닐지 걱정되는가? 세계 지도자들이 저지르는 불법을 보며, 그중 하나가 금방이라도 온 인류에게 지옥 같은 격노를 쏟아낼 적그리스도는 아닐지 의문이 드는가? 요컨대 당신의 초점은 심판과 진노에 있는가, 아니면 구원과 건지심에 있는가? 당신의 생각이 머무는 곳은 데살로니가전서 4장의 영광스러운 구원인가, 아니면 데살로니가후서 2장의 무서운 심판인가? 당신은 빛을 흠뻑 쪼이고 있는가, 아니면 어둠 속에서 초조해하고 있는가?

미래에 대한 성경의 가르침은 세상을 보는 우리의 시각에 중대한 영향을 미친다. 관심의 초점도 달라진다. 데살로니가 신자들처럼 종말 사건의 순서를 애매하고 부정확하게 아는 사람은 결국 적그리스도에게 초점을 맞추어, 아무개 정치 지도자가 그 불법의 사람은 아닐지 또는 이런저런 시사 뉴스가 요한계시록에 나오는 인봉이나 나팔의 심판은 아닐지 걱정한다. 그러나 바울이 제시한 대로 미래에 대한 윤곽이 명확한 사람은 그리스도께 초점을 맞추어, 세상이나 혹은 날로 깊어가는 어둠을 보지 않고 고개를 들어 "그의 아들이 하늘로부터 강림하실 것을…기다리"는데 "이는 장래의 노하심에서 우리를 건지시는" 분이기 때문이다(살전 1:10).

우리도 바르게 알면 불안과 두려움이 아니라 믿음과 소망 가운데 살아갈 수 있다. "우리 주 예수 그리스도의 강림하심과 우리가 그 앞에 모임에 관하여" 내용의 전말을 받아들이면(살후 2:1), 잘못된 정보 때문에 "쉽게 마음이 흔들리거나 두려워"할 일이 없다(2:2).

잘못된 정보에 무너져 그리스도에게서 초점을 떼서는 안 된다. 그리스도의 재림과 관련된 사실 관계를 똑바로 알아야 한다. 그 상태에서 소망으로 고개를 들어 "구원하는 자 곧 주 예수 그리스도를 기다리"라. "그는…우리의 낮은 몸을 자기 영광의 몸의 형체와 같이 변하게 하시리라"(빌 3:20-21).

어두운 시절을 밝힐 빛(데살로니가후서 2:13-17)

13주께서 사랑하시는 형제들아 우리가 항상 너희에 관하여 마땅히 하나님께 감사할 것은 하나님이 처
음부터 너희를 택하사 성령의 거룩하게 하심과 진리를 믿음으로 구원을 받게 하심이니 14이를 위하여
우리의 복음으로 너희를 부르사 우리 주 예수 그리스도의 영광을 얻게 하려 하심이니라 15그러므로
형제들아 굳건하게 서서 말로나 우리의 편지로 가르침을 받은 전통을 지키라

[16]우리 주 예수 그리스도와 우리를 사랑하시고 영원한 위로와 좋은 소망을 은혜로 주신 하나님 우리
아버지께서 [17]너희 마음을 위로하시고 모든 선한 일과 말에 굳건하게 하시기를 원하노라

고통은 하나님이 세우신 교육 과정이며 삶의 일부다. 피할 수 있는 선택 과목이나 멀리서 청강만 해도 되는 과목이 아니다. 성장하려면 고통이 주는 교훈을 배워야만 한다. 하지만 '고통 수업'이라면 빼먹고 싶은 게 우리 대다수의 마음이다. 신체적, 정서적, 정신적, 영적 고난의 어두운 시절을 견디는 수고란 늘 불편하며 때로 고역스럽기까지 하다. 그래서 하나님의 성화 프로그램을 중퇴하고 싶어진다. 하지만 성령의 위로하심과 굳건하게 하심으로 끝까지 견디는 사람은 "영원한 영광의 중한 것"(고후 4:17)이라는 최고의 졸업 선물을 받는다.

인간적 관점에서 고통은 대개 무의미하고 제멋대로이며 신앙에 심히 해로워 보이기까지 한다. 하지만 하나님은 시련과 비극과 역경과 환난 등 모든 것이 합력하여 목적대로 신자에게 궁극적 선을 이룬다고 우리를 안심시켜주신다(롬 8:28). 그럼에도 일단 고난의 해일이 우리의 안락하고 질서정연한 삶에 덮쳐오면, 하나님께 배반당했고 무시당했으며, 심지어 속았다는 기분마저 들 수 있다. 내 삶에 선을 이루고 계신 하나님을 신뢰하기보다는 그분이 내게 앙심을 품고 고통을 가하시며 즐거워하신다는 생각이 슬슬 고개를 들 수 있다.

데살로니가의 새 신자들도 버거운 고난 때문에 그런 신학적, 실천적 긴장에 휘말려 있었다. 강도에게 맞고 강탈당한 예수님의 비유에 나오는 인물처럼(눅 10:25-37) 그들도 신앙생활 때문에 길가에 버려져 죽도록 방치된 심정이었다. 이번 본문에서 바울은 선한 사마리아인의 역할을 맡아 데살로니가의 사랑하는 영적 자녀들을 보살핀다. 그들은 곧고 좁은 길을 가다가 두들겨 맞아 길섶에 나자빠져 있었다. 이들이 당한 환난에 목회적으로 차분히 접근하는 바울에게서 우리도 영적으로 응급 치료하는 방법을 훈련받을 수 있다. 한바탕 고난이 닥치거나 남을 도와야 할 때 유용하게 쓰일 훈련이다.

하나님이 고통을 허락하시는 다섯 가지 이유와 목적

1. 인격적으로, 믿음을 키워주시려고(약 1:2-4).
2. 신학적으로, 오류를 드러내시려고(고전 3:13-15).
3. 수직적으로, 순종을 가르치시려고(히 5:8).
4. 수평적으로, 겸손을 길러주시려고(고후 12:7).
5. 궁극적으로, 친히 영광을 받으시려고(벧전 4:16).

바울이 짓밟힌 새 신자들의 삶 속에 들어가 보

니 그들은 빗장을 지르고 커튼을 내린 채 불 꺼진 어둠 속을 뒹굴고 있었다. 그래서 바울은 이 짤막한 다섯 구절에서 네 가지 소망의 불을 켠다. 오늘 우리도 어두운 시절이 닥쳐올 때 똑같은 불을 밝힐 수 있다.

—2:13—

첫째, 어둠을 밝히려면 고난당하는 이들을 긍휼의 말로 격려해야 한다. 데살로니가 신자들은 아주 어두운 시절을 통과하고 있었다. 그들은 아마 비참하고 혼란스러운 심정에, 도움받을 곳이 아무 데도 없다고 느껴졌을 것이다. 과거에 내린 결정이 후회스럽고, 현재의 처지가 걱정스러우며, 미래가 막막했을 것이다.

바울은 이런 짙은 어둠 속에 다짜고짜 뛰어들어 창문을 열고 이불을 걷어 그들을 밖으로 끌어낸 게 아니다. 오히려 희망의 촛불 하나를 밝혔다. 하나뿐이지만 환히 빛나는 긍휼의 불꽃이다. 그들을 인하여 하나님께 감사하고 있음과 그들이 그리스도 안의 형제자매로서 그분 보시기에 소중한–"주께서 사랑하시는"(살후 2:13)–존재임을 그는 부드러운 말로 고백했다. 환난에 난타당한 사람이 이런 말을 들으면 눈물이 절로 날 수 있다.

우리도 고통과 고난을 당할 때면 남들이 어떻게 대하든 하나님이 우리를 사랑하심을 기억해야 한다. 영적 형제자매들도 그분의 영원한 가족인 우리를 돌보아준다. 우리는 성령이 긍휼과 소망의 빛을 불어넣어 주시는 공동체 안에 살고 있다.

—2:14—

둘째, 어둠을 밝히려면 고난당하는 이들을 교훈의 말로 격려해야 한다. 데살로니가 교인들이 고난 때문에 종말에 관한 교리에서 탈선했듯이, 고난은 종종 우리를 신학적으로 방향을 잃게 하고 환멸에 빠트릴 수 있다. 고난의 어두운 시절을 지나노라면 하나님의 선하심, 구원의 소망, 성령을 위로자로 주신 약속 등 핵심 교리를 망각하기 쉽다. 고난당하는 신자에게는 다시 방향을 잡아주고 안심시켜줄 온유한 교훈이 필요하다. 하나님의 약속에 도로 초점을 맞추게 해주어야 한다.

바울은 그들을 둘러싼 어둠을 어떻게 밝혀주는가? 다음과 같은 신학의 광선으로 그들을 교훈하고 격려한다.

- 하나님은 너희를 사랑하신다.
- 너희는 그분의 가족이다.
- 그분이 너희를 택하여 구원받게 하셨다.
- 그분이 복음으로 너희를 부르셨다.
- 그분이 성령과 믿음으로 너희를 거룩하게 하신다.
- 어느 날 너희는 그리스도의 영광을 얻을 것이다.

바울은 이렇게 교리적 진리를 간략히 열거하면서 성부와 성자와 성령(삼위일체), 구원과 선택(구원론), 교회(교회론), 영적 성장(성화론), 심지어 장래에 우리가 누릴 영광(종말론)까지 언급한다. 그 자체로 환한 낱낱의 교리가 한데 모여 신학적 진리의 햇빛을 이루어 고난당하던 그들의 어두운 시절을 밝혀준다. 신학자 존 스토트(John Stott)가 다음과 같이 잘 요약했다.

> 한 문장 안에서 사도의 생각은 "처음"에서부터 "영광"에까지 단숨에 내달린다. 그리스도인의 입지가 불안정할지도 모른다는 우려는 그런 확신 속에 들어설 여지가 없다. 지극히 연약한 성도에게 마귀가 최악의 맹공을 퍼붓고, 적그리스도가 나타나며, 배교가 성행할 것이다. 그러나 우리의 성품과 상황은 불안정할지라도 우리를 향한 하나님의 목적은 영원불변하다.[9]

—2:15—

셋째, 어둠을 밝히려면 고난당하는 이들을 권면의 말로 격려해야 한다. 권면이란 "경고나 조언을 베푼다"는 뜻이다.[10] 이번 구절에서 바울은 데살로니가 신자들에게 권면하기를, 이미 사도들에게 배운 대로 "굳건하게 서"라고 했다. 건전한 교리와 올바른 실천을 끝까지 고수하라는 뜻이다. 그들은 그런 내용을 바울과 실라와 디모데가 데살로니가에 있을 때 그들에게 직접("말로나") 배웠을 수도 있고, 글을 통해("편지로") 배웠을 수도 있다. 어쨌든 배운 바를 "지키"어야 했다.

바울이 동역자들의 권위 있는 "말"과 "우리의 편지"를 굳이 언급한 것은 "영으로나 또는 말로나 또는 우리에게서 **받았다 하는** 편지"(살후 2:2, 강조 추가)로 데살로니가 신자들을 현혹했던 가짜 정보와 날카롭게 대비하기 위해서였다. 그런 거짓말 때문에 그들은 마음이 흔들리고 두려워했다. 반면에 진리는 능히 그들을 굳건하게 세워준다. 데살로니가 신자들이 거짓 가르침의 맹공을 이겨내는 비결은 참된 가르침을 굳게 붙드는 데 있었다.

우리가 받아야 할 권면도 똑같다. 특히 고난을 겪고 있을 때는 더하다. 고통과 고뇌와 애통과 우울과 회의의 시절에 성경의 진리보다 더 우리를 안정시켜주는 것은 없다. 아무것도 없다. 절망의 어둠 속에서 걸음을 무턱대고 내딛거나 아예 노정을 변경하려는 유혹에 결코 굴해서는 안 된다. 그랬다가는 반드시 발을 헛디디거나 정로를 벗어나거나 보이지 않는 장애물에 걸려 넘어진다. 그래서 바울은 "굳건하게 서"라는 권면의 빛으로 어둠을 밝혔다.

—2:16-17—

넷째, 어둠을 밝히려면 고난당하는 이들을 중보의 말로 격려해야 한다. 이번 마지막 두 구절은 데살로니가 교인들을 위한 또 한 번의 짤막한 기도다. 당신도 세어보았는지 모르지만 영적으로 어린 데살로니가 회중을 바울이 늘 은혜의 보좌 앞에 올려드리는 장면이 이 서신에서만 벌써 세 번째다. 1장 3절에서 그는 "형제들아 우리가 너희를 위하여 항상 하나님께 감사할지니"라고 말했고, 같은 장 끝부분에도 "우리도 항상 너희를 위하여 기도함"이라 했다(1:11). 이제 바울은 세 번째로 그들을 위해 기도한다(2:16-17).

바울이 드러나게 기도한 내용도 중요하지만 구하지 않은 내용도 눈여겨볼 만하다. 그는 그들이 처해 있던 어두운 시절을 즉시 없애달라고 기도하지 않았다. 대신 하나님께 그리스도 안에 있는 영원한 위로로 그들을 위로해달라고 기도했다(2:16-17). 그는 또 그들이 당하고 있던 고난을 면하게 해달라고 구하지 않았다. 대신 하나님께 "모든 선한 일과 말에"(2:17) 그들의 마음을 굳건하게 해주시기를 구했다. 사실 이 기도는 예수님이 친히 제자들을 위해 아버지께 드리신 기도와 아주 비슷하게 들린다. "내가 비옵는 것은 그들을 세상에서 데려가시기를 위함이 아니요 다만 악에 빠지지 않게 보전하시기를 위함이니이다"(요 17:15).

우리는 고난당할 때면 하나님이 시련에서 빼내주시거나 직접 개입하여 문제를 해결해주시기를 바랄 때가 얼마나 많은가! 삶에 어두운 폭풍이 밀려들면 우리는 더 빨리 달아나려 한다. 하지만 대부분의 경우 하나님이 어둠을 허락하셔서 우리를 덮게 하시는 것은 그분의 은혜와 자비와 사랑과 힘을 신뢰하는 가운데 이를 통해 배우고 성장하게 하시기 위해서다(참조. 사 43:2-4).

적용: 데살로니가후서 2:13-17
고난이 주는 유익

고난은 하나님이 본래 설계하신 하늘과 땅의 일부가 아니었고(창 1-2장), 최종적으로 계획하신 새 하늘과 새 땅의 일부도 아니다(계 21-22장). 그런데 창세기 3장과 요한계시록 20장 사이의 중간기에 죄와 사망과 고난과 고통이 하나님의 창조 세계에 독을 주입했다. 창조와 새 창조 사이의 이 기나긴 어둠의 시절에, 하나님은 섭리 가운데 고난을 통해 선한 유익을 이루시는 것이 맞다고 보셨다. 이는 "악도 좋은 것이다!"는 말과는 다르며, "고통과 고난은 실존하지 않는다!"는 궤변과도 다르다. 오히려 이는 선하시고 지혜로우시며 능하신 하나님의 특권이다. 그분은 사탄과 죄인들이 본래 악한 뜻으로 하려던 일도 선으로 바꾸신다(창 50:20, 롬 8:28).

그렇다면 이 중간기를 사는 동안 우리 모두가 고난을 통해 얻을 수 있는 유익은 무엇인가? 데살로니가후서 2장 13-17절에서 바울이 격려의 말을 통해 강조했듯이, 지금 성령은 우리를 거룩하게 하시는 중이다(2:13). 이 영적 성장의 과정에 고난이 수반된다. 고통과 박해로 점철된 타락한 세상에서 우리는 온갖 도전에도 불구하고 믿음으로 "굳건하게 서"야 한다(2:15). 강인하게 서려면 늘 위로와 소망이 필요하다(2:16-17). 위로를 받을 수 있는 한 가지 길은 하나님이 고난을 통해 우리 삶 속에 이루시는 일을 묵상하는 것이다.

첫째, 남을 위로할 능력을 얻는다. 고린도후서 1장 3-4절에서 바울은 "찬송하리로다 그는 우리 주 예수 그리스도의 하나님이시요 자비의 아버지시요 모든 위로의 하나님이시며 우리의 모든 환난 중에서 우리를 위로하사 우리로 하여금 하나님께 받는 위로로써 모든 환난 중에 있는 자들을 능히 위로하게 하시는 이시로다"고 썼다. 보다시피 우리에게 위로의 능력을 주는 것은 고통 자체가 아니라 환난당하는 동안 하나님께 받는 위로다. 여러 고난을 통과할 때 우리는 하나님이 그 경험을 남에게 유익하게 쓰실 수 있음을 확신해도 좋다. 우리가 기꺼이 그분이 주시는 위로를 받는다면 말이다. 성령의 능력으로 말미암아 그리스도 안에 우리의 "영원한 위로"가 있다(살후 2:16). 그런데 이 영원한 위로는 시련과 환난을 당하는 동안 인내한 동료 신자들을 통해 현세의 상황 속에서 우리에게 주어진다.

둘째, 하나님을 의지하게 된다. 고생과 도전과 고통과 고난을 견디면 믿음의 근육이 붙어 사도들의 가르침 안에 능히 "굳건하게 서"게 된다(2:15). 고린도후서 1장 8-9절에서 바울은 "형제들아 우리가…당한 환난을 너희가 모르기를 원하지 아니하노니 힘에 겹도록 심한 고난을 당하여 살 소망까지 끊어지고 우리는 우리 자신이 사형선고를 받은 줄 알았으니 이는 우리로 자기를 의지하지 말고 오직 죽은 자를 다시 살리시는 하나님만 의지하게 하심이라"고 썼다. 보다시피 우리는 고통을 통해 자기를 의지하던 마음을 버리고 하나님만 의지하는 법을 배운다. 그래서 고난은 믿음을 무너뜨리는 게 아니라 오히려 세워준다. 능히 "굳건하게 서"게 해준다(살후 2:15).

셋째, 범사에 감사하는 법을 배운다. 고린도후서 1장 10-11절에서 바울은 "[하나님이] 이같이 큰 사망에서 우리를 건지셨고…이후에도 건지시기를 그에게 바라노라 너희도 우리를 위하여 간구함으로 도우라 이는 우리가 많은 사람의 기도로 얻은 은사로 말미암아 많은 사람이 우리를 위하여 감사하게 하려 함이라"고 썼다. 고통당할 때 우리는 기도한다. 그런데 고통과 환난의 때일수록 혼자 기도하지 않고 그리스도의 몸 된 교회가 함께 모여 서로를 위해 기도해야 한다. 그러다 고난에서 건짐을 받으면 하나님의 백성이 한목소리로 하나님께 찬송과 감사를 드리는 것이다. 그래서 이번 단락에 데살로니가 신자들에게 힘을 주시도록 간구하는 기도만 아니라(살후 2:16-17) 그들의 성화에 대한 바울의 감사 기도가 함께 나오는 것은 놀랄 일이 아니다(2:13). 성화는 믿음으로 이루어지고 고난으로 시험된다.

장차 모든 고난이 끝날 날이 온다(계 21:1-5). 그때까지 우리는 선하신 하나님이 고난 중에도 우리를 통해, 우리를 위해, 우리 안에 능히 선을 이루심을 확신하기에 안심할 수 있다. 어둠을 밝힐 빛이 그분 안에 있다. 그 빛이 우리를 평안의 항구로 인도하며 절망의 풍랑에서 보호해준다.

주

1. Bauer, *A Greek-English Lexicon*, 532.
2. 같은 책, 911.
3. Constable, "2 Thessalonians", 717.
4. Bruce, *1 and 2 Thessalonians*, 166.
5. Leon Morris, *1 and 2 Thessalonians*, The Tyndale New Testament Commentaries(Downers Grove, IL: IVP Academic, 1984), 128.
6. 다음 여러 책을 참조하라. Morris, *1 and 2 Thessalonians*, 128. Charles C. Ryrie, *First and Second Thessalonians*, Everyman's Bible Commentary(Chicago: Moody, 2001), 110-111. Wanamaker, *The Epistles to the Thessalonians*, 246-247.
7. Ryrie, *First and Second Thessalonians*, 115.
8. Bruce, *1 and 2 Thessalonians*, 171.
9. John R. W. Stott, *The Message of 1 and 2 Thessalonians: Preparing for the Coming King*, The Bible Speaks Today(Downers Grove, IL: InterVarsity Press, 1991), 177.(『데살로니가전후서 강해: 복음 종말 교회』 IVP 역간)
10. *Merriam-Webster's Collegiate Dictionary*, 제11판, "exhort" 항목.

반응을 명확히 제시함

데살로니가후서 3:1–18

바울은 편지의 첫 단락에서 환난 가운데 있는 데살로니가 신자들을 인정해주었다(1:1-12). 이어 애매하게 혼란스러워진 예언의 사건을 자세히 설명했다(2:1-17). 이제 그는 서신의 "끝으로" 부분으로 넘어간다. 이 종결부에서는 허물없는 사담을 나누듯, 처음 두 단락에서 다룬 사안들에 대한 반응으로 그들이 어떻게 실천해야 할지 실천적 반응을 명확히 제시한다.

이번 단락(3:1-18)에서 바울은 외부의 비신자들이 가해오는 현재의 박해를 견뎌낼 것과 그들 내부에서 벌어지고 있는 논쟁을 처리할 것을 새 신자들에게 촉구한다. 이를 위해 그는 주님이 그들을 인도하여 인내하게 해주시도록 기도했고(3:5), 그들에게 자신을 본받아 기다리는 중에도 일하도록 명했으며(3:7,9), 주위 사람들이 악을 행할 때도 끝까지 옳은 길을 가라고 격려했다(3:13). 그래서 이번 마지막 장의 중심 원리는 절제하며 기다리면 책임감이 길러진다는 것이다.

핵심 용어

παραγγέλλω [*parangellō*, 파랑겔로] *(3853)* '명령을 내리다', '명하다', '지시하다'[1]

바울이 독자들에게 행동을 권할 때는 몇 가지 연관된 동사를 썼다. 그중 "구하노니"(*erōtaō*, 2065, 살전 5:12)는 부드럽고, "권면하노니"(*parakaleō*, 3870, 살전 5:14)는 더 직설적이며, 이번 단어 "명한"(살후 3:4)은 엄숙하고 진지하다. 이 마지막 동사가 데살로니가후서 3장에 네 번 나오는데(3:4, 6, 10, 12) 모두 무책임하게 살아가는 이들을 책망할 때 쓰였다.

ἀτάκτως [*ataktōs*, 아탁토스] (814) '무질서하게', '무절제하게', '반항적으로', '게으르게'

신약에서 이 어군은 데살로니가 서신에만 나온다. 데살로니가전서 5장 14절에 형용사형으로(*ataktos*, 813), 데살로니가후서 3장 6절과 11절에 부사형으로(*ataktōs*), 3장 7절에 동사형으로(*atakteō*, 812) 쓰였다. 어느 사전에는 이 단어가 "질서가 없는, 제자리를 벗어난"으로 정의된 뒤 "열을 맞추지 않은 군인, 오합지졸의 군대, 무단결석한 도제" 등에 쓰인다고 부연되어 있다.[2] 무질서하게 자신의 책임을 다하지 않아 공동체에 무질서를 야기한다는 개념이다.

목회자와 양 떼를 하나로 묶어주는 끈(데살로니가후서 3:1–5)

1끝으로 형제들아 너희는 우리를 위하여 기도하기를 주의 말씀이 너희 가운데서와 같이 퍼져 나가 영
광스럽게 되고 2또한 우리를 부당하고 악한 사람들에게서 건지시옵소서 하라 믿음은 모든 사람의 것
이 아니니라 3주는 미쁘사 너희를 굳건하게 하시고 악한 자에게서 지키시리라 4너희에 대하여는 우리
가 명한 것을 너희가 행하고 또 행할 줄을 우리가 주 안에서 확신하노니 5주께서 너희 마음을 인도하
여 하나님의 사랑과 그리스도의 인내에 들어가게 하시기를 원하노라

바울이 이 서신을 쓴 주목적은 1장과 2장에서 이루어졌다. 그의 최대 관심사는 미래의 일에 대해 데살로니가 신자들이 겪고 있는 혼란이었다. 즉, 그들은 그리스도가 교회를 건지실 일이 이미 일어났거나(이 경우 그들은 뒤에 남겨진 것이다) 아예 일어나지 않을 거라는(이 경우 바울이 틀린 것이다) 착각에 빠져 있었다. 어느 경우든 그들은 주의 날이 이미 이르렀다고 생각했다. 오해가 미친 이런 실제적 악영향 때문에 바울은 아주 신중을 기해 이 문제를 상세히 다루었다.

이번 3장 1절에 나오는 "끝으로"라는 단어는 바울이 이제 맺음말로 넘어가고 있다는 신호다. 이는 대개 바울 서신에서 교리적 교훈에서 도출되는 실천적 권면으로 편지를 매듭짓는다는 뜻이다. 구체적으로 훈계(3:6–15)하기에 앞서, 그는 시대를 초월하여 목자와 양 떼의 중요한 관계를 지배하는 몇 가지 원리부터 다룬다(3:1–5).

사역자나 교인이 된 지 굳이 오래지 않아도 알 수 있듯이 목회자와 양 떼의 관계란 늘 평온하지만은 않다. 싱그러운 푸른 초장에 털북숭이 흰 양들이 흩어져 있고, 넓고 푸른 하늘에 흰 뭉게구름이 떠가는 전형적 목장 풍경과는 다르다. 실제로 양은 시시로 길을 잃고, 서로 물어뜯으며, 우리를 떠나 방황하고, 목자의 삶을 비참하게 만든다. 목자도 때로 직무에 소홀하여 양 떼를 위험에 방치하고, 꼴을 먹여 키우지도 않는다.

3장 1–5절에서 바울은 목자와 양이 때때로 겪는 힘겨운 관계에 대처하는 방법을 소개한다. 그중에는 목자의 책임도 있고(3:1–3) 양 떼의 책임도 있다(3:3–5). 이런 끈을 다 하나로 꼬면 굵고 질긴 밧줄이 되어 회중의 연합을 이루어준다.

—3:1–3—

2장 끝에서 바울은 성부와 성자가 데살로니가 신자들의 마음을 "위로하시고 모든 선한 일과 말에 굳건하게 하시기를" 기도했다(2:16–17). 3장 서두에서도 그 기도의 정신을 이어가며 독자들을 힘써 위로하고 굳건하게 해준다. 교회 안의 건강한 관계는 목사에게서 시작됨을 그는 알았다. 그래서 1–3절에서 교회 지도자가 져야 할 네 가지 책임을 제시한다.

우선 그는 자신과 동역자들을 위한 기도부터 부탁한다. "끝으로 형제들아 너희는 우리를 위하여 기도하기를"(3:1). 이 몇 마디 말로 그는 자신의 연약함, 하나님을 의지하는 마음, 다른 그리스도인의 필요성을 인정한다. 이렇게 자신의 필요를 숨김없이 솔직하게 고백하는 대목을 그의 글에서 흔히 볼 수 있다. 바울 서신에는 내밀하고 투명한 그의 참모습이 적나라하게 있는 그대로 드러난다.[3] 그래서 그의 저작에 그려진 자화상은 자신감에 찬 번드르르한 대형 포스터가 아니라 하나님과 하나님 백성의 필요성을 절감하고 겸손히 의지하는 사람의 모습이다.

바울은 필요를 인정할 뿐 아니라 목표도 명확히 밝힌다. "주의 말씀이…퍼져 나가 영광스럽게 되고"(3:1). "퍼져 나가"로 번역된 단어는 "달려가"로 직역된다.[4] 올림픽 대회에서 경기장을 질주하던 육상 선수처럼 그는 예수 그리스도의 복음도 막힘없이 전진하여 하나님을 영화롭게 하기를 기도했다. 그런데 곧이어 덧붙인 그의 말은 데살로니가 신자들을 은근히 강력하게 인정해준다. "너희 가운데서와 같이"(3:1, 원문에서 이 문구는 문장 끝에 위치한다–역주). 바울은 자신을 위한 기도를 부탁할 때조차도 모범적인 목자답게 양 떼를 향한 자신의 사랑을 드러낸 것이다. 바울은 데살로니가 신자들과의 관계를 강화하고자 자신의 필요를 투명하게 인정했고, 자신의 목표를 결연하게 선포했다(3:1).

이어 바울은 복음을 대적하는 인간의 본성을 정직하게 인식한다(3:2). 그가 익히 잘 알았듯이, 복음이 선해질 기회의 문이 열리려고만 하면 악한 문지기며 잔인한 수위가 입구를 막아 사람들이 진리를 받아들이지 못하게 방해한다(고전 16:9). 그래서 그는 데살로니가 신자들에게 자신과 동역자들을 "부당하고 악한 사람들에게서 건지시"도록 기도해달라고 부탁했다(살후 3:2). 바울이 "부당하고 악한 사람들"이라고 말할 때 특정한 대상을 염두에 두었을 수도 있다. 어쩌면 데살로니가 신자들을 혼란에 빠뜨린 그 거짓 교사들이었는지도 모른다(2:2-3). 어쨌든 바울은 날카로운 이빨로 양 떼를 물어뜯으려 위협하는 사나운 이리 떼에 맞서는 게 때로 목자의 사명임을 알았다. 이리 떼가 목자를 해칠 수 있다면 양 떼를 삼키기는 얼마나 더 쉽겠는가? 사역자들에게는 우리의 기도가 필요하다.

지금까지 바울은 필요를 인정하고, 목표를 밝히며, 적들을 인식했다. 이제 그 세 가닥 끈에 어쩌면 가장 질긴 끈을 섞어 하나로 꼰다. 즉 하나님의 신실하심을 선포한다(3:3). 악인들은 믿음이 없지만(3:2) "주는 미쁘사" 신자들을 굳건하게 하시고 원수가 가하는 맹렬한 공격에서 지키신다(3:3). 얼마나 위로와 격려가 되는 사실인가! 복음을 대적하는 부당하고 악한 사람들과는 얼마나 대조적인가! 존 스토트는 이렇게 주해했다.

> 물론 "악한 사람들"이 대적했고(2절), 그 배후에 "악한 자"가 있었다(3절). 물론 신자들도 영적 전투 중이라 영적 무기가 필요했다. 바울은 설교해야 했고, 데살로니가 교인들은 기도해야 했다. 그러나 설교와 기도의 배후에 바로 신실하신 주님이 계셨다. 그분이 자신의 말씀을 수호하시며, 듣는 이들의 마음속에 계시는 성령으로 말미암아 그 말씀을 확증하신다. 그 결과 그들 안에 말씀이 풍성하게 역사한다(살전 1:5, 2:13).[5]

진리의 원수들이 공격해올 때-반드시 공격해온다-목회자들은 하나님의 신실하심을 기억하고 양 떼에게도 일깨워주어야 한다. 그분이 우리를 위해 싸우신다. 우리는 그분께 부르짖으면 된다. 그러면 그분이 우리를 굳건하게 하시고 지켜주신다. 그분은 결코 약속을 어기지 않으신다. 우리를 버리지도 않고 떠나지도 않으신다(히 13:5).

—3:3-5—

3장 3절에서 바울은 미묘하지만 중요하게 초점을 바꾼다. 목자와 양 떼를 하나로 묶어주는 끈을 계속 꼬는 중이지만, 이번에는 강조점이 목회자 쪽에서 양 떼의 책임으로 옮겨간다. "우리"(3:1-2)에서 "너희"(3:3-5)로 바뀌는 대명사를 보면 알 수 있다.

앞서 보았듯이 바울은 하나님의 미쁘심을 선포했다(3:3). 그분의 신실하심 곧 신빙성의 신학적 기초를 탄탄히 다져주는 것이 그의 목회적 임무였다. 그렇다면 그 실체가 이 구절

묵상의 서재

참호 속의 대화(데살로니가후서 3:1-2)

지난 세월 내가 각종 집회나 행사나 때로 일상적인 점심 식사 자리에서 동료 목회자들과 나눈 대화는 특별히 뜻 깊고 중요했다. 그중에는 규모가 대가족 모임 정도밖에 되지 않는 작은 시골 교회 목사도 있었고, 한날한시에 다 모일 수 없는 대형 교회 목사도 있었다. 사역에 들어선 지 30일도 안 된 목사나 같은 교회를 30년 넘게 사역한 목사와도 진솔한 대화를 나누었다! 그렇게 대화할 때마다 깜짝 놀라거나 가슴이 뭉클해지거나 속이 울렁거렸고, 매번 사역에 대해 무언가 새로운 사실을 배웠다.

회중석을 차지하는 일반 그리스도인은 목회자라는 직분에 대한 오해가 많다. 엿새 동안 쉬다가 주일에만 일하는 게 목사라는 황당한 개념을 말하려는 게 아니다. 오히려 사역을 거의 충격적이리만치 이상화하는 사람이 많다. 그들이 생각하는 목회란 즐거운 드라이브나 공원 산책이다. 그러나 반평생 사역에 몸담아온 우리는 (몇 년 버티지 못한 사람이라면 특히 더) 목회가 처절한 마라톤처럼 느껴질 때가 더 많음을 안다.

여러 해 전 어느 목회자 수련회를 마치고 천천히 차를 몰아 귀가하던 중 나는 지난 이틀 동안 들었던 '참호 속의 대화'를 곱씹어보았다. 목사들이 나눈 전쟁담에는 감격적인 승리도 있었고 가슴 아픈 패배도 있었는데, 그런 사연을 들으며 내 마음속에 사역 동료들을 위한 몇 가지 '목회적 우려'가 싹텄다. 사실은 목사에게만 해당하는 게 아니라 교회 사역을 담당하고 있는 다른 동역자도 이 내용에서 유익을 얻을 수 있다. 목사의 재직을 즐겁거나 비참하게 만들 힘을 지닌 일반 교인도 마찬가지다.

오랜 세월 목사들과 대화하고 사역의 가장 힘든 면들을 숙고하면서 내 마음속에 자리한 가장 중요한 다섯 가지 우려가 있다.

1. 단기적이고 피상적인 헌신. 현재의 사역지를 떠나 다른 갈 만한 곳을 찾느라 시간을 다 보내는 사역자가 너무 많은 것 같다. 현재의 직위를 늘 '이력서를 채울 소재'로 보는 사람도 있다. 더 나은 자리로 가는 길에 잠시 거쳐가는 곳인 셈이다. 이런 태도를 품은 목사는 사기가 떨어져서 사역이 형편없어질 수 있다.

2. **해결되지 않은 성격 문제로 인한 고질적 분쟁.** 내가 대화를 나누어본 목사 중에는 교인이나 심지어 교회 동역자와 계속 견원지간처럼 싸우는 경우가 수없이 많았다. 이런 분쟁은 목사의 진을 빼놓고 기쁨을 앗아간다.

3. **공부에 몰입할 수 있는 시간의 부재.** 전통적으로 목사의 서재는 작은 목자가 목자장과 함께 시간을 보내며 기도로 그분께 아뢰고 그분의 말씀을 듣는 자리였다. 그런데 요즘은 교회가 목사를 가게 주인과 CEO로 만들어버렸다. 그래서 목사가 회의 참석과 행사 주관으로 너무 바빠져 결국 하나님의 말씀과 기도를 소홀히 한다.

4. **약한 모습까지 내보이는 솔직하고 진실한 자세의 결핍.** '교회 시장'마저 이미지에 집착하고 대중 매체에 이끌리다 보니 목사도 하나의 상표가 되기가 너무 쉽다. 외부의 비현실적 기대에 영합하려는 유혹은 얼마나 솔깃한가. 그러나 목사는 자신의 힘든 부분을 솔직히 인정하며 투명하게 살고자 애써야 한다. 변화를 낳는 하나님의 은혜를 강단에서만 전할 것이 아니라 자신이 직접 본을 보여야 한다.

5. **비전의 한계와 확신의 부족.** 자신과 타인과 하나님에 대한 확신이 부족하여 힘들어하는 사역자가 많다. 사역의 도전을 능히 당해낼 자가 없음을 알기에, 많은 목사가 그런 도전에 너무 주눅이 들어 무기력하고 우유부단해진다. 참신한 시각이 필요하며 확신을 끌어올려야 한다.

에 나오는 "너희"인 양 떼에게 어떤 영향을 미치는지 보자. 양 떼가 굳건해지려면 하나님이 베푸시는 힘과 보호를 인정하고 받아들이는 것이 첫째 끈이다. 앞에서는 바울이 주님께 그들의 마음을 "굳건하게" 해달라고 기도했는데(2:16-17) 이번에는 기도가 약속으로 바뀐다. "너희를 굳건하게 하시고 악한 자에게서 지키시리라"(3:3).

물론 신자들에게 올바른 교리를 선포하고 올바른 생활을 독려하는 일은 바울과 실라와 디모데의 몫이었다. 그러나 결국은 데살로니가 신자들이 그들의 의지로 선한 목자이신 주님을 의지해야 했다. 하나님은 "사망의 음침한 골짜기"(시 23:4)에서 그들과 동행하시고, 지팡이와 막대기로 자기 백성을 위로하시며, 원수의 목전에서 풍성히 공급해주시는 목자시다(시 23:5). 마귀가 온 땅을 두루 다니며 삼킬 자를 찾지만(벧전 5:8), 신자들은 친히 그들을 "온전하게 하시며 굳건하게 하시며 강하게 하시며 터를 견고하게 하시"는(벧전 5:10) 하나님만 의지하여 마귀를 물리칠 수 있다.

적의 공격에서 우리를 지켜주시는 하나님을 신뢰하는 데서 양 떼의 책임인 둘째 끈이 나온다. 바로 지도자에게 협력하는 일이다(살후 3:4). 이는 하나님을 신뢰하고 순종할 것이냐 아니면 지도자를 신뢰하고 순종할 것이냐 하는 양자택일의 문제가 아니다. 경건하게 섬기는 지도자들은 하나님의 선물이고, 성령이 그들에게 능력을 주시며, 그리스도가 친히 목자장이 되신다(엡 4:11-16, 벧전 5:1-4). 그래서 바울은 이 편지의 수신자들이 바울 일행이 이미 명한 대로 계속 행하기를 기대했다(살후 3:4). 양을 때려서 복종하게 만드는 것은 자신의 본분이 아님을 그는 알았다. 두려움에 못 이긴 동조는 사랑에서 우러난 경건한 순종과는 다르다. 먼저 하나님께 순종하고 순복하는 태도가 있어야 했다. 그래야 그들은 바울의 가르침과 편지 속에서 하나님의 권위를 알아볼 수 있을 것이었다. 오늘날 우리도 그들과 똑같이 목사와 교사의 가르침을 존중해야 한다. 그들이 사도는 아니지만, 그래도 언행이 하나님의 무오한 말씀 즉 그분의 감동으로 기록된 성경에 일치한다면 그들을 신뢰하고 그들의 지도에 따라야 한다.

3장 5절에서 바울은 다시 기도하는 마음으로 돌아간다. "주께서 너희 마음을 인도하여 하나님의 사랑[에]…들어가게 하시기를 원하노라." 급히 지나가지 말고 멈추어 생각해보라. 우리 마음은 어둡고 악해서 그냥 두면 예수님이 말씀하셨듯이 미움과 악을 낳는다. "마음에서 나오는 것은 악한 생각과 살인과 간음과 음란과 도둑질과 거짓 증언과 비방이니"(마 15:19). 선지자 예레미야도 우리에 대한 흉한 소식을 일깨워준다. "만물보다 거짓되고 심히 부패한 것은 마음이라 누가 능히 이를 알리요"(렘 17:9). 그러나 악한 마음을 하나님이 통치하시면 새 마음(겔 36:26)과 새로워진 생각(롬 12:2, 엡 4:21-24)으로 대체하셔서 능히 "새 생명 가운데서 행하게"(롬 6:4) 하신다.

바울은 하나님이 그들 가운데 역사하셔서 그들의 마음을 "하나님의 사랑" 가운데로 인도해달라고 기도한다(살후 3:5). "하나님의 사랑"이라는 문구의 의미는 하나님을 향한 우리의 사랑인가("하나님을 사랑함"으로 번역될 수도 있다-역주), 아니면 우리를 향한 그분의 사랑인가? 또는 하나님이 우리 마음속에 부어주시는 사랑 덕분에 우리가 서로를 사랑할 수 있다는 뜻인가? 헬라어 문구만으로는 정확한 의미를 알 수 없다. 그래서 일각에서는 아마 바울이 그 모든 의미를 염두에 두었을 거라고 결론짓기도 한다. F. F. 브루스가 바르게 주해했다. "어쨌든 그리스도인의 사랑은…하나님의 사랑이 성령으로 말미암아 그분 백성의 마음속에 부어진 결과다(참조. 롬 5:5). 하나님의 사랑을 바로 알수록 그만큼 그 사랑이 그분과 타인을 향한 사랑으로 반사되어 나온다."[6]

끝으로, 바울은 하나님이 그들의 마음을 인도하여 "그리스도의 인내에 들어가게 하시기를"(살후 3:5) 기도한다. 그리스도는 우리에게 인내의 모범이자 근원이시다. 여기 "인내"로 번역된 헬라어 단어(*hypomonē*, 5281)는 '참을성 있게 견딤', '오래 참음'을 뜻한다. 하나님의 도움 없이는 누구라도 나가떨어질 만한 고역스러운 상황 속에서도 끝까지 의연하다는 뜻이다. 우리 혼자서는 감정이 하늘을 날다가 바닥으로 떨어지기 일쑤지만 하나님에게서 기원한 참된 인내는 그런 양극단을 평평하게 다져준다. 성령은 우리에게 가장 벅찬 장애물 앞에서도 감정과 무관하게 신뢰하고 순종하도록 가르치신다. 요컨대 우리는 초자연적 각오로 그리스도를 위해 인내하고, 성령의 능력으로 하나님을 향한 사랑을 가꾸며, 그분이 주신 지도자들과 협력하고, 대적의 공격에서 그분께 보호를 받아야 한다. 그러면 아무리 음흉한 이리가 그 사이를 갈라놓으려 해도 목자와 양 떼는 하나가 될 수밖에 없다.

적용: 데살로니가후서 3:1-5
사역의 연합

이번 본문에서 바울은 기독교 공동체에 존재하는 몇 가닥 질긴 끈을 꼬아 목자와 양 떼가 서로 헌신하는 원리를 엮어낸다. 앞서 보았듯이 이 원리에 함축된 실제적 의미는 지면에서 튀어나와 우리의 주목을 끌고 순종을 요구한다. 그 내용을 더 잘 이해할 수 있도록, 목회자와 양 떼 모두가 적용해야 할, 사역이 오래 지속될 수 있도록 돕는 네 가지 중요한 헌신을 제안하고자 한다.

첫째, 목사와 양 떼는 서로를 위해 헌신적으로 기도해야 한다. 바울은 데살로니가 신자들을 위해 기도했을 뿐 아니라 자신과 사역 팀을 위해 기도해달라고 부탁했다. 이 점에 주목해야 한다. 서로를 기도로 올려드리는 일이 아주 쉬워야 하는데도 이를 보기 힘든 교회가 얼마나 많은가! 그런데 바울은 거짓 가르침 때문에 혼란과 분열에 빠져 있던 데살로니가 신자들을 다시 모아 하나로 묶어주면서 기도를 힘써 강조했다. 바울이 알았고 우리도 다 배워야 하듯이, 중보 기도는 교회를 연합시켜주고 지도자가 겸손히 자신의 연약한 모습을 내보일 수 있게 해준다. 당신도 지도자와 동역자를 위해 기도하기로 헌신하거나 다시 헌신하지 않겠는가?

둘째, 목사와 양 떼는 신앙의 본질에서 한뜻이 되어야 한다. 바울처럼 우리도 사소한 문제로 산만해지지 않도록 늘 주목적에 초점을 맞추어야 한다. 교리의 특정한 내용과 적용의 특수한 강조점에서 교회가 한뜻이 되어야 한다. 그래야 사역이 계속 옳은 방향을 지향할 수 있다. 즉 우리는 하나님, 그리스도, 성령, 구원, 성경의 권위, 그리스도인의 삶 등 신앙의 핵심 교리를 재확인해야 한다. 교회 안팎에서 이 부분에 도전이 제기될 때는 하나님의 은혜와 능력으로 교리적 오류와 도덕적 악을 물리쳐야 한다.

셋째, 목사와 양 떼는 함께 사역에 가담해야 한다. 사역은 각자도생이나 전문가만의 일이 아니라 관련된 모두가 동참하는 팀워크다. 다함께 기도하고 고난당하며 예배해야 하듯이 봉사도 다함께 해야 한다. 물론 사람마다 독특한 역할이 있다(고전 12:4-11).

끝으로, 목사와 양 떼는 모두 자신의 필요를 인정해야 한다. 목자와 양 떼는 하나님 앞에서 평등하다. 어느 쪽도 완벽하지 못하다. 양쪽 다 강점과 약점, 투쟁하는 부분과 승리를 거두는 부분이 있다. 양쪽 다 주님께 힘입지 않고는 아무것도 할 수 없다. 목사와 회중이 함께 겸손히 하나님이 필요하심을 인정하면 그분이 때가 되면 높여주신다. 그러므로 하나님의 능하신 손 아래에서 겸손하라(벧전 5:6).

비전을 품으라(데살로니가후서 3:6-18)

6형제들아 우리 주 예수 그리스도의 이름으로 너희를 명하노니 게으르게 행하고 우리에게서 받은 전
통대로 행하지 아니하는 모든 형제에게서 떠나라 7어떻게 우리를 본받아야 할지를 너희가 스스로 아
나니 우리가 너희 가운데서 무질서하게 행하지 아니하며 8누구에게서든지 음식을 값없이 먹지 않고
오직 수고하고 애써 주야로 일함은 너희 아무에게도 폐를 끼치지 아니하려 함이니 9우리에게 권리가
없는 것이 아니요 오직 스스로 너희에게 본을 보여 우리를 본받게 하려 함이니라 10우리가 너희와 함
께 있을 때에도 너희에게 명하기를 누구든지 일하기 싫어하거든 먹지도 말게 하라 하였더니 11우리가
들은즉 너희 가운데 게으르게 행하여 도무지 일하지 아니하고 일을 만들기만 하는 자들이 있다 하니
12이런 자들에게 우리가 명하고 주 예수 그리스도 안에서 권하기를 조용히 일하여 자기 양식을 먹으
라 하노라 13형제들아 너희는 선을 행하다가 낙심하지 말라

14누가 이 편지에 한 우리 말을 순종하지 아니하거든 그 사람을 지목하여 사귀지 말고 그로 하여
금 부끄럽게 하라 15그러나 원수와 같이 생각하지 말고 형제 같이 권면하라

16평강의 주께서 친히 때마다 일마다 너희에게 평강을 주시고 주께서 너희 모든 사람과 함께 하
시기를 원하노라

17나 바울은 친필로 문안하노니 이는 편지마다 표시로서 이렇게 쓰노라 18우리 주 예수 그리스도
의 은혜가 너희 무리에게 있을지어다

훌륭한 지도자는 강력한 비전이 있다. 과거를 이해하고, 현재를 분명히 파악하며, 미래에 성취할 최고 목표를 감지한다. 즉 어떻게 지금의 자리까지 왔고, 현실이 어떠하며, 앞으로 어떻게 달라질 수 있는지를 안다. 아울러 그들은 자신의 생각을 남에게 명확하고 설득력 있게 소통하여 의욕과 감화를 불러일으킨다.

그러나 여기까지는 훌륭한 리더십의 단면에 불과하다. 훌륭한 지도자의 비전이 실현되려면 그를 잘 따르는 사람이 있어야 한다. 지도자에게는 그의 지도를 따라올 팀이나 공동체나 하다못해 군대라도 필요하다. 지도자의 비전을 품을 헌신된 참여자가 필요하다.

그리스도가 보이신 모본을 보자. 이 땅에서 사역하실 때 그분은 하나님 나라의 비전을

제시하셨다. 사랑의 공동체인 나라, 의와 진리의 나라, 하나님을 예배하고 찬송하며 영화롭게 하는 나라다. 장차 완성될 그 나라를 그분은 기적을 통해 살짝 맛보여 사람들의 타는 목을 축여주셨고, 동시에 죄와 고통과 죽음이 없는 세상을 향한 갈망을 돋우셨다.

신약은 우리에게 하나님 나라의 비전에 능동적으로 참여할 것을 늘 일깨운다. 예수님은 제자들에게 은사와 재능과 능력을 사역에 투자하도록 촉구하셨다(마 25:14-30). 바울도 우리의 수고가 "헛되지 않"기에 "항상 주의 일에 더욱 힘"써야 한다고 가르쳤다(고전 15:58). 베드로도 우리에게 선한 청지기답게 은사를 활용하여 주님이 궁극적으로 영광을 받으시도록 주님이 주시는 힘으로 봉사하라고 당부했다(벧전 4:10-11). 그리스도인의 참여를 의미하는 데 쓰인 여러 동사를 보면 "투자(장사)하다", "힘쓰다", "싸우다", "달리다", "겨루다", "일하다" 등 액션 영화를 설명할 때 씀직한 역동적 표현들이다.[7]

오늘날 예수님의 제자인 우리는 그분이 제시하시는 삶을 맛보았다. 왕의 권위에 복종하는 이들에게 주어지는 영원하고 풍성한 삶이다. 우리는 예수 그리스도를 믿고 우리와 세상을 향한 그분의 비전을 믿는다. 하지만 주님이 지금 우리에게 기대하시는 바는 무엇인가? 그분의 비전을 품는다는 것은 실제로 무슨 의미인가?

이번 종결부에서 바울은 데살로니가 신자들에게 비전을 품도록 권면한다. 그 교회에는 "나는 사역이 참 좋다! 가만히 앉아서 하루 종일 구경할 수 있다!"는 모토로 살아가는 사람이 너무 많았다. 기독교는 능동적으로 참여하는 신앙인데 그들은 그 중대한 진리를 망각했다. 그리스도의 초대에 응하여 하나님 나라의 비전을 받아들인 사람은 직접 참여하여 그 비전을 수행해야 한다.

—3:6—

바울이 이 서신을 쓴 주목적은 새 신자들에게 박해를 받는 중에도 신앙을 지키도록 격려하고, 특히 종말에 대한 세부 사항과 관련하여 잘못된 가르침을 불식시키기 위해서였다. 일부 데살로니가 신자는 하나님의 예언이라는 시간표에서 자기 자리가 어디인지 몰라 혼란에 빠져 있었다. 그래서 주의 날이 이미 임했다는 진실한 (그러나 잘못된) 믿음을 핑계 삼아 아무 일도 하지 않았다(3:6-15). 그들은 위만 바라보며 수동적으로 주님을 기다리느라-또는 겪고 있던 환난에 대해 걱정하며 두리번거리느라—너무 바빠, 일상생활에서 이루어가야 할 하나님의 비전을 소홀히 했다. 이런 논리에서였다. "이제 세상은 말 그대로 며칠이나 몇 주밖에 남지 않았다. 그러니 부질없는 장기 계획에 시간을 낭비하며 살 필요가 무엇인가?" 아마도 그래서 이들 종말 열성파는 바울이 보였던 모본(3:7)과는 달리 일손을 놓았고, 그리하여 형제자매에게 복이 되기는커녕 오히려 공동체의 짐이 되었다.

게으르게 행하는 이들을 향한 바울의 말은 직설적이고 강경하며 단호하다. 당부나 격려나 권면으로 시작하지 않고 곧바로 "명"한다. 바울은 그런 행동에 대해 매우 심각하게 우려했기에 어조의 수위를 조절할 여유가 없었다. 그래서 "당장 이렇게 하라!"는 식으로 말했다.

바울에 따르면 이런 무책임한 신자들은 사도들에게 가르침을 받은 대로 행하지 않고 "게으르게" 살았다. 이 단어 *ataktōs*는 이전 편지에서 그가 권계할 대상인 교인들을 가리켜 썼던 단어와 똑같다(살전 5:14). 기강이 해이해져 직무 태만으로 부대를 위험에 빠뜨리는 군인을 떠올리면 된다. 학교를 빼먹거나 수업 시간에 자는 학생을 연상할 수도 있다.

바울은 그런 사람에게서 "떠나라"고 데살로니가 교회에 명했다. 교회가 이들을 떠나야 하는 이유는 그런 행동이 용납될 수 없음을 보여주어 그들로 하여금 회개하고 "형제"로서 공동체로 돌아오게 하려는 것이었다(살후 3:15). 거짓 가르침과 죄의 행위를 교회 공동체 안에 계속 방치하지 않는 게 중요했다. 그런 태도와 행동이 쉽게 확산되어 교회 전체에 독소가 될 수 있음을 바울은 알았기 때문이다.

—3:7-10—

교회는 데살로니가의 무절제한 무리를 본받을 게 아니라 실라와 디모데와 바울이 보여준 훌륭한 모본을 따라야 한다(3:7). 후자의 행실은 게으른 부류가 저지르는 무절제한 행동과는 정반대였다. 데살로니가에서 사역할 때 바울 일행은 그곳 사람들에게 폐를 끼치지 않으려고 밤낮으로 일했다(3:8, 참조. 살전 2:9). 이런 생활 방식은 그들이 본받아야 할 귀감이 되었다(살후 3:9).

사도와 동역자들은 그들이 섬기는 대상에게서 재정 지원을 받을 수도 있었다(참조. 고전 9:14). 그러나 돈 때문에 사역한다고 비난받는 사람이 없도록 자비(自費)로 일하는 것이 바울의 정책이었다. 사실 그의 이런 모범된 생활 방식은 "누구든지 일하기 싫어하거든 먹지도 말게 하라"(살후 3:10)는 명구와 일치한다. 바울의 이 말이 그가 가난한 이들을 향해 품은 긍휼과 모순되는 건 아니다(롬 15:26, 갈 2:10). 이 원리가 적용되는 대상은 일할 수 없는 사람이 아니라 일하지 않으려는 사람이다. 그런 무질서하고 무절제하며 게으른 농땡이꾼들은 교회의 건강을 증진하기는커녕 식객 노릇이나 하고 있었다.

—3:11-13—

직무에 태만한 이들 군인과 게으른 도제는 생산적 노동에 바쳤어야 할 모든 시간에 정확히 무엇을 했을까? 우리 생각 같아서는 시원한 음료수를 들고 해변에 드러누워 햇볕이나 쬐면서 주님이 데려가주시기만 기다리고 있었을 법도 하다. 천만의 말이다! 오히려 그들은 "일을 만들기만" 했다(3:11). 이 말에 해당하는 헬라어 원어는 남의 일에 간섭하는 '참견꾼'을 뜻한다.[8] 오지랖 넓게 집집마다 돌아다니며 말파리처럼 독한 뒷말을 늘어놓는 사람을 떠올리면 된다. 그들은 집파리가 똥에 꼬이듯 험담에 혹하며, 이를 뉴스랍시고 가는 곳마다 퍼뜨린다. 그리하여 자신의 오물로 교회 전체를 신속히 오염시킨다.

바울은 따로 그런 사람들을 향해 "조용히 일하여 자기 양식을 먹으라"(3:12)고 명하고 권했다. 분명히 본인들도 그것이 자기에게 하는 말임을 알았을 것이다. 그들은 남에게 얻어먹을 게 아니라 이전에 바울이 명했듯이 조용히 자기 일을 하고 자기 손으로 일해야 했다(살전 4:11).

게으르게 일만 만들던 그들은 교회의 비전을 품고 소매를 걷어붙여 사역에 참여한 게 아니라 오히려 짐이 되었다. 끈질기게 달라붙어 사람들의 주의를 일에서 분산시켜 하나님 나라를 선포하지 못하게 가로막았다. 바울은 그런 쓸데없는 짓에 교회의 한정된 시간과 돈과 에너지를 빼앗기지 말라고 데살로니가 신자들에게 명했다. 아울러 "선을 행하다가 낙심하지 말라"(살후 3:13, 참조. 갈 6:9)고 교회에 권고했다.

데살로니가 교회는 일과 관련하여 문제가 있었다. 일찍이 바울이 어떻게 살아가야 할지를 가르쳐주었는데도(살전 4:11-12) 그중 일부는 악한 직업 윤리를 고집했다. 그런 신자들이 바울의 훈계와 격려를 통해 회개했기를, 그리하여 종말에 대한 잘못된 생각을 고치고 다시 하나님 나라를 진척시키는 데 힘썼기를 바란다.

—3:14-15—

바울은 게으른 자들의 행동에 마땅히 뒤따라야 할 결과로 다시 돌아간다. 그들이 영적 직무 유기를 계속한다면, 사귀지 말아야 할 사람으로 지목하고 절교해야 했다. 그리하여 그들은 자신의 행동 때문에 수치를 당하고(3:14), 바라건대 회개해야 했다. 이런 접근 방법이 오늘날 우리에게 굉장히 가혹하게 들릴 것을 나도 안다. 하지만 무엇이 걸린 문제인지를 바울처럼 제대로 안다면, 우리도 그런 유해한 태도와 행동을 지금처럼 묵과하지는 않을 것이다.

사람을 부끄럽게 하는 것과 치욕에 빠뜨리는 것은 미묘한 차이가 있다. 부끄럽게 하면 상대는 자신의 죄를 슬퍼하고 남에게 가한 고통을 후회한다. 이렇게 회개하는 사람은 결국 일을 바로잡으려 힘쓴다. 반면에 상대를 치욕에 빠뜨리면 회개와 회복의 여지가 거의 남지 않는다. 구속(救贖)보다는 앙심과 복수와 징벌로 흐른다.

물론 우리는 그리스도 안에서 무질서한 형제자매를 무질서한 자로 대해야 한다. 그들의 삶에 질서를 잡아주어야 한다는 뜻이다. 그러나 동시에 그리스도 안에서 무질서한 형제자매를 형제자매로 대해야 한다. 그들은 불경한 이교도나 배교한 적그리스도나 해로운 이단자나 거짓 선지자가 아니다. 고집을 부리지만 여전히 가족이다. 단호히 대해야 하지만 치리와 징계도 사랑과 자비로 해야 한다. 요컨대 은혜로 품어야 한다.

—3:16-18—

이제 바울은 붓을 들어 직접 문안하고 글을 맺는다. 이 서신에서 이제까지 실라와 디모데를 아우르는 일인칭 복수가 쓰였으나 여기서 바뀐다. 그가 데살로니가의 사랑하는 독자들에게 건넨 마지막 인사를 보면, 특별히 그들에게 맞춘 서신 전체의 주제가 강조된다. 그들이 환난과 고생과 혼란과 무질서를 겪고 있었기에 그는 평강의 주님이 "일마다" 그들에게 평강을 주시기를 기도했다. 평강의 주님이 늘 임재하셔야만 그런 평강이 가능함을 그는 알았다(3:16). 그 교회가 처한 불안정한 상황은 일손을 놓고 주님을 기다리던 게으른 그리스도인들 때문에 자칫 온갖 분열과 갈등과 더 큰 혼란으로 치달을 수 있었다. 그래서 주님이 주실 평강을 말할 때 바울은 특별히 그 상황을 염두에 두었을 것이다.

이 편지를 실제로 기록한 사람은 실라이고 바울과 디모데가 협력했을 것이다. 파피루스에 온 마음을 쏟아부었을 세 사람을 상상해보라. 그동안 이 교회와 주고받은 서신과 방문에 대해 의견을 나누며, 이제부터 하려는 말을 전달할 최선의 표현을 함께 정했을 것이다. 그러나 말을 맺을 때는 바울이 서명으로 하나님에게서 받은 사도의 권위를 표했다(3:17). 서신을 기록한 사람이 실라였든 누구였든, 그의 손에서 철필을 넘겨받아 특유의 큰 글자로 마지막 두 구절을 써넣는 바울의 모습을 상상해보면 된다(갈 6:11).

이 서명으로 그는 시작할 때와 똑같이 데살로니가후서를 은혜로 마무리한다. "우리 주 예수 그리스도의 은혜가 너희 무리에게 있을지어다"(살후 3:18).

적용: 데살로니가후서 3:6-18
하나님 나라를 위해 일하라

데살로니가 교회는 하늘만 바라보며 그리스도의 재림을 기다리던 부류 때문에 골치를 앓았으나 오늘의 교회와 사역은 그렇지 않다. 물론 예언을 잘못 배워 주님이 당장이라도 오신다는 확신 때문에 살림도 다 팔고 만사를 접어둔 광신자도 몇은 있을지 모른다. 하지만 대체로 오늘날 교회가 당면한 문제는 데살로니가 신자들의 경우와는 다르다.

그러나 종말 사건에 대한 그릇된 이해와는 다른 이유에서, 지금의 교회에도 사역에 참여하지 않고 손을 뗀 부류가 있다. 이렇게 헌신하지 않고 무책임하기까지 한 익명의 교인들에게 데살로니가후서 3장 6-18절은 여전히 할 말이 많다. 교회 교적부를 보면 그냥 사이드라인에서 응원하거나 관중석에서 구경하는 데 만족하는 사람이 너무 많다. 그들은 교회에 하나님 나라를 위해 당장 해야 할 일이 있음을 망각한다. 교회는 잃어버린 영혼에게 다가가고, 삶을 변화시키며, 사람들을 가르치고, 필요를 채워주며, 사역을 감당해야 한다. 사실 이러한 봉사의 일에 기쁨과 에너지와 장기적인 헌신으로 동참하는 것이 교회의 본분이다. 모든 회중이 참여해야 하고 어쩌면 개인 비용과 희생까지 감수해야 한다.

기독교는 능동적으로 참여하는 신앙이며, 우리는 그 신앙으로 그리스도를 위해 일해야 한다. 당신이 노력해야 할 세 가지 구체적이고 실제적인 분야를 제안하고자 한다. 이를 통해 사이드라인에서 사역의 최전선으로 더 잘 옮겨갈 수 있다.

첫째, 기도로 교회 일에 동참하라. 내가 여태까지 참석한 모든 예배에는 합심 기도나 개인 기도 시간이 있었다. 기도에 더 집중하는 교회도 있지만 어느 교회나 기도 시간이 있었다. 그러나 주일 예배 때 교회에서 하는 기도가 기도 생활의 전부라면, 우리는 교회 일에 동참하는 게 아니라 소홀히 하는 것이다! 그러므로 매일 정해놓고 하는 기도 시간을 늘려 교회와 사역자들과 그리스도 안의 형제자매를 위해서도 기도하기로 결단하라. 아예 기도하지 않고 있다면 적어도 하루 몇 분 기도하는 것으로 시작하라. 기도 시간이 현재 5분이라면 15분을 겨냥하라. 15분이라면 30분을 새로운 목표로 정하라.

둘째, 헌금으로 교회 일에 동참하라. 모교회에서 꾸준히 영의 양식을 공급받고 있다면 당신도 그 교회의 재정적 필요를 채울 공동 책임이 있다. 모교회가 없다면 찾으라! 그리스도를 헌신적으로 따르는 이들에게 교회는 선택 사항이 아니다. 헌신된 교인이라면 재정 후원을 간헐적으로 내는 팁처럼 생각해서는 안 된다. 헌금이란 특별히 자기가 좋아하는 사역에만 하거나 돈이 남아돌아 어찌할 바를 모를 때만 하는 게 아니다. 헌금도 예배에 참석하는 것처럼 꾸준하게 해야 한다. 충분한 생각과 계획을 거쳐 일관되게 희생적으로 드려야 한다. 당신의 헌금이 하나님 나라에 투자한 돈임을 잊지 말라. 그 일에는 물리적 수익이 아닌 영적 수익이 따른다. 꾸준한 기도와 더불어 꾸준한 헌금도 그 나라의 목표를 이루기 위해 우리가 교회와 협력하는 탁월한 방법이다.

셋째, 봉사로 교회 일에 동참하라. 사역에서 '80대20 원리'를 개탄하는 목사가 많다. 어느 교회든 교인 20퍼센트가 약 80퍼센트의 사역을 하는 듯 보인다. 이런 원리는 성경에 전혀 근거가 없다. 말도 안 된다. 오히려 성경은 '100퍼센트 원리'를 가르친다. 예수님을 믿고 거듭나 세례받고 성령으로 말미암아 그리스도의 몸 된 교회에 들어온 신자라면 누구나 은사를 받았으므로 그 은사로 교회를 세워야 한다. 누구나 그렇다. 내 말이 믿어지지 않거든 고린도전서 12장을 읽어보라. 에베소서 4장 12절에도 보면 '유급 사역자'만 아니라 모든 신자가 준비되어 봉사의 일을 해야 한다고 가르친다. 아직 교회에서 하는 일이 없다면 이제라도 참여하라. 문 열기, 벽의 페인트칠, 의자 정리, 노인과 장애인 방문, 유아부 교사, 예배 때 악기 연주하기 등 할 일은 얼마든지 많다. 교회 사역에 당신이 기여할 일이 없다고 생각

된다면 물어보지 않았기 때문이다.

그러니 무엇을 기다리는가? 주님의 재림을 기다리는가? 끊임없는 기도, 일관된 헌금, 헌신적 봉사로 교회 일에 동참하라. 오늘부터 시작하라!

주

1. Bauer, *A Greek-English Lexicon*, 760.
2. G. Abbott-Smith, *A Manual Greek Lexicon of the New Testament*, 제3판(Edinburgh: T. and T. Clark, 1937), 66-67.
3. 신약을 대략 훑어보면 바울이 독자들에게 기도를 부탁하는 사례가 많이 나온다(롬 15:30, 엡 6:19, 골 4:3, 살전 5:25, 몬 1:22).
4. Abbott-Smith, *Manual Greek Lexicon*, 450.
5. Stott, *The Message of 1 and 2 Thessalonians*, 186.
6. Bruce, *1 and 2 Thessalonians*, 202.
7. 다음 구절을 참조하라. 마태복음 25:14-30, 고린도전서 9:24-27, 15:58, 갈라디아서 6:6-9, 골로새서 3:23, 디모데전서 6:11-12, 베드로전서 4:7-11.
8. 다음 책을 참조하라. Bauer, *A Greek-English Lexicon*, 800.

찰스 스윈돌의 신약 인사이트 시리즈
데살로니가전·후서

1쇄 발행 2019년 6월 18일

지은이 찰스 스윈돌
옮긴이 윤종석
펴낸이 고종율

펴낸곳 주) 도서출판 디모데 〈파이디온 선교회 출판 사역 기관〉
등록 2005년 6월 16일 제 319 – 2005 – 24호
주소 서울특별시 서초구 서초대로 141–25(방배동, 세일빌딩 8층)
전화 마케팅실 070) 4018–4141
팩스 마케팅실 031) 902–7795
홈페이지 www.timothybook.com

값 20,000원
ISBN 978–89–388–1649–8 04230
ISBN 978–89–388–1499–9 (세트)